城市轨道交通工程
抗震设计典型案例分析

韩玉珍 潘 毫 张 雷 华福才
张连卫 聂小凡 何纪忠 编著

中国建筑工业出版社

图书在版编目（CIP）数据

城市轨道交通工程抗震设计典型案例分析/韩玉珍等编著.—北京：中国建筑工业出版社，2022.11
ISBN 978-7-112-28045-2

Ⅰ.①城… Ⅱ.①韩… Ⅲ.①城市铁路—轨道交通—工程设计—防震设计—案例 Ⅳ.①U239.5

中国版本图书馆CIP数据核字（2022）第181453号

本书围绕轨道交通工程抗震问题，选取典型工程案例，重点介绍轨道交通工程中常用抗震方法的计算思路及内容，概述地下结构减隔震措施的工作原理及应用场景等，并探讨地上地下一体化复杂结构的抗震分析方法。全书共分10章，主要内容包括：绪论，地下结构的地震反应分析，土层液化分析，标准站抗震计算，换乘站抗震计算，风险穿越工程抗震计算，不良地质条件区间抗震计算，地上建筑与地铁车站组合结构抗震计算，基于Pushover法的地下结构弹塑性抗震分析，地下结构减隔震措施。

本书可供轨道交通行业相关结构设计人员以及高等学校、科研院所相关专业科研人员参考使用。

责任编辑：辛海丽
责任校对：芦欣甜

城市轨道交通工程抗震设计典型案例分析

韩玉珍 潘 毫 张 雷 华福才
张连卫 聂小凡 何纪忠 编著

*

中国建筑工业出版社出版、发行（北京海淀三里河路9号）
各地新华书店、建筑书店经销
唐山龙达图文制作有限公司制版
北京建筑工业印刷厂印刷

*

开本：787毫米×1092毫米 1/16 印张：16 字数：395千字
2023年2月第一版 2023年2月第一次印刷
定价：**66.00元**
ISBN 978-7-112-28045-2
（40163）

版权所有 翻印必究
如有印装质量问题，可寄本社图书出版中心退换
（邮政编码100037）

前　言

　　随着城镇化规模的快速提升，地铁作为城市运营不可或缺的重要交通工具，得到了空前的发展。作为典型的生命线工程，保证其在地震灾害发生工况下的使用性能是轨道交通设计领域的重要工作内容。

　　本书围绕轨道交通工程抗震问题，选取典型工程，重点介绍轨道交通工程中常用抗震方法的计算思路及内容，概述了地下结构减隔震措施的工作原理及应用场景等，并探讨了地上地下一体化复杂结构的抗震分析方法，各部分内容路径清晰，可操作性强，对工程设计人员有一定借鉴价值。

　　第1章绪论，介绍轨道交通工程领域抗震设计现状，阐述地下结构设计常用抗震计算方法的原理及适用性。

　　第2章地下结构的地震反应分析，论述地下结构的震害特征及常见的结构破坏形式，介绍地下结构抗震的概念设计，针对不同结构选型，选择相应的抗震结构体系。

　　第3章土层液化分析，针对液化这一重难点问题，在前人大量研究的基础上，阐述液化机理和液化程度判别准则，分析大量液化引起的地下结构震害案例，介绍不同条件下的液化处理措施，便于设计人员因地制宜采用。

　　第4章以北京某车站为工程背景，详细阐述标准地下车站完整的抗震计算过程，以供设计人员参考执行。

　　第5章以北京某换乘站为例，除二维抗震计算外，采用三维时程分析法进行抗震设计分析，并考虑新建结构与既有结构的相互作用。新建结构完成后，既有结构抗震性能有较大变化，需采取专项措施以满足抗震要求。

　　第6章选取北京某盾构区间穿越既有轨道交通设施为工程背景，重点论述此类穿越工程的抗震计算思路及计算过程，并结合计算结果，分析穿越处上方既有轨道交通结构的存在对下方盾构隧道的影响。计算结果表明，上方既有结构的存在对下方隧道的抗震性能不利，应采取相应的措施给予加强，如增加盾构区间刚度等，以提高下穿段区间的抗变形能力。

　　第7章主要论述液化地层及软硬交互地层条件下的抗震计算思路和具体计算内容，并分析液化地层加固措施的有效性及不同加固范围对区间结构抗震性能的影响规律。计算结果显示，由于注浆部分刚度增大，导致此处刚度突变过大，成为结构薄弱部位。因此，注浆交界面的设定应考虑此种情况，在条件允许的情况下，建议采取全周的注浆加固方式。软硬交互地层存在类似的情况，必要时，也可采取类似的措施，即对上部软土区域进行注浆加固，提高其刚度，以缓解或消除区间周边软硬土刚度不均的影响。

　　第8章重点介绍地上地下组合结构的抗震计算内容，对于组合结构，遵循"就高不就低"的设计原则，考虑到地上建筑的抗震等级为一级，因此，在结合部的地铁主体结构抗震等级也提高至一级。同时，在高层建筑与地铁结合段，采用设置隔震层的方式，进一步减小地上结构与地下结构之间的叠加效应。本章对于组合结构的抗震计算过程、计算思路及抗震措施的选择，可供类似工程参考。

第 9 章以北京地区明挖标准站为算例背景，采用 Pushover 法对单柱双层双跨地铁结构进行静力弹塑性分析，根据计算结果探究结构弹塑性阶段与规范中层间位移角限值之间的关系。同时，论述 Pushover 法在地下结构中的应用思路及建模分析流程。

第 10 章主要论述地下结构减隔震措施，介绍常用的减隔震技术及其作用原理，同时结合地下结构的特点，论述针对地下结构可采取的减隔震思路，为实际工程中的减隔震措施应用提供一定的参考。

综上，本书总结归纳了轨道交通工程抗震计算的典型案例，包括标准明挖站、换乘站、盾构区间穿越既有车站及区间、穿越液化地层、穿越软硬交互地层、地上地下结合的枢纽站等。针对每个案例，均采用目前轨道交通领域常用的抗震计算方法进行详细的抗震计算全过程论述，并给出针对性的分析总结。同时结合地下结构的特点，分析地下结构的破坏机理及形式，给出相应的概念设计思路。本书可供轨道交通行业，特别是结构设计专业人员进行抗震专项设计时参考借鉴。

本书工程案例是作者近年来参与的工程项目的总结归纳，水平有限，难免疏漏，敬请斧正，不吝赐教。

目　录

第1章　绪论 ··· 1
1.1　研究背景及意义 ··· 1
1.2　国内外研究现状 ··· 2
1.3　地下结构抗震计算方法 ·· 4
1.4　本书内容 ··· 13

第2章　地下结构的地震反应分析 ·· 14
2.1　地震及地震作用 ··· 14
2.2　地下结构震害特征分析 ·· 15
2.3　轨道交通结构类型及震害破坏形式 ························· 16
2.4　地下结构抗震概念设计 ·· 22

第3章　土层液化分析 ·· 26
3.1　液化机理分析 ·· 26
3.2　液化危害分析 ·· 28
3.3　液化的判别 ··· 34
3.4　抗液化措施 ··· 37

第4章　标准站抗震计算 ·· 42
4.1　工程概况 ··· 42
4.2　设计原则及设计标准 ··· 43
4.3　抗震要求及计算方法 ··· 46
4.4　静力计算 ··· 51
4.5　反应位移法动力计算 ··· 56
4.6　时程分析法动力计算 ··· 59
4.7　计算结果评价 ·· 66
4.8　抗震措施 ··· 68
4.9　本章小结 ··· 73

第5章　换乘站抗震计算 ·· 74
5.1　工程概况 ··· 74
5.2　抗震要求及计算方法 ··· 77
5.3　新建结构与既有结构整体抗震计算 ························· 82
5.4　车站主体结构标准断面抗震设计 ···························· 97

v

5.5	新建结构与既有结构抗震性能影响分析	111
5.6	抗震措施	117
5.7	本章小结	117

第6章 风险穿越工程抗震计算 … 118

6.1	工程概况	118
6.2	抗震要求及计算方法	120
6.3	盾构区间标准段浅埋断面抗震设计	122
6.4	风险穿越段三维时程分析计算	133
6.5	抗震措施	140
6.6	本章小结	141

第7章 不良地质条件区间抗震计算 … 142

7.1	液化地层条件下区间抗震计算	142
7.2	软硬交互地层条件下区间抗震计算	149
7.3	本章小结	168

第8章 地上建筑与地铁车站组合结构抗震计算 … 169

8.1	工程概况	169
8.2	设计原则及设计标准	172
8.3	抗震计算参数及思路	174
8.4	1～6轴计算（覆土段/单柱双跨）	188
8.5	22～30轴计算（隔振段）	201
8.6	39～48轴计算（GTC段）	210
8.7	框架柱轴压比验算	219
8.8	抗震措施	226
8.9	本章小结	227

第9章 基于Pushover法的地下结构弹塑性抗震分析 … 228

9.1	Pushover法应用背景	228
9.2	Pushover法在标准明挖站中的应用分析	229
9.3	Pushover法计算结果与分析	233
9.4	本章小结	238

第10章 地下结构减隔震措施 … 239

10.1	减隔震意义及前景	239
10.2	减隔震支座	240
10.3	地下结构减隔震技术	245

参考文献 … 247

第1章
绪论

1.1 研究背景及意义

城市轨道交通运量巨大、便捷高效、安全经济、绿色节能，是城市交通的大动脉，是经济腾飞的助推器，在国家发展和居民生活中发挥着举足轻重的作用。我国开通地铁运营的城市之多、线路之长和运量之大均居世界前列，线网规划和在建规模均居世界第一。

经过多年发展，我国城市轨道交通已形成包含设计咨询、工程施工、建设管理、运营维护的完备成熟的产业链条和标准体系，其中在建造施工方面，兼容并包国外开发建设经验，融会贯通国内多年工程实践，形成了适合我国国情和建造环境的技术体系。

由于城市轨道交通工程投资大、难度高、风险多，建设条件异常复杂，施工过程风险不断，尤其是新一轮城市轨道交通规划建设呈现网络化、高密度的新特点，新建造环境下的新问题、新矛盾、新需求接连涌现，而相对应的轨道交通产业建造理念和施工方法较为传统，创新乏力，与世界排名第一的建设规模和运营体量不相匹配，与高度离散的复杂建造环境无法适应。

地下结构位于地层中，除了需要承受自重、人群、设备等各种垂直荷载作用外，更主要的作用是水土压力，地层既是荷载，也是承载体的一部分。在地震作用下，结构体在地层的"裹挟"下同步振动、与地层共同变形，对结构地震反应起主要作用的是地基土的运动特性，而非结构自振特性，结构形状、质量和刚度的改变并不能改变结构与地层运动的振动特性。

不少人盲目认为地下结构受周围地层的束缚，抗震性能较好，震后破坏程度较小，并且地下结构抗震基础理论研究和工程设计脱节。除地铁之外的其他地下结构，包括大型水电站地下厂房洞室结构、铁路公路隧道、矿山井巷、国防和人民防空工程、城市地下空间一体化开发、大型综合枢纽工程等，各类地下结构的抗震设计也遵循各领域不同的设计标准和方法，所以有必要针对这一问题进行系统梳理，根据震害信息等资料进行迭代更新与修正。

地下结构选址尽量避开地震高发等不利地区，少部分位于地震高发区的地下结构，也是近二三十年内建造的，并未经历地震考验，因此地下结构震后破坏实例不多。典型实例有1995年发生在日本神户地区的阪神特大型地震，大开地铁站震害明显，车站柱子发生了较为严重的剪切破坏（图1-1、图1-2）。本次事故使世界各地研究人员认识到地下结构抗震措施的必要性，对地下结构抗震设计进行了大量有益研究，提出了相应的抗震措施和分析方法。

随着地下空间开发利用的持续推进，地下结构密布成网，震害案例逐渐增多。汶川大地震、智利大地震等地震灾害中，地下结构出现明显破坏。事实表明，在较大地震作用下，未考虑抗震专项设计的地下结构，震害明显，经济社会损失严重且易引发次生灾害，因此亟需提高地下结构抗震专项设计的重视程度，极有必要将最先进的抗震基础理论研究成果推荐介绍给工程设计人员。

图1-1 阪神地震中大开车站中柱破坏

图1-2 阪神地震中地铁破坏导致路面塌陷

1.2 国内外研究现状

1.2.1 理论研究

地下结构动力响应分析方法经历了几十年的不断总结完善，在20世纪70年代之后，逐渐形成了自身体系[1]。研究起步较早的国家，如日本已将相关研究成果应用于城市给水排水管道、沉管隧道等地下设施的设计建造；20世纪60～70年代，苏联已将弹性理论应用于地下设施的建造设计[2]；美国在1969年建立了BART隧道抗震设计标准。国内理论研究开始较晚，地下结构抗震一直采用传统的拟静力法。

目前地下结构抗震分析大致有三种方法：解析法、半解析法以及数值法。

数值法利用有限元分析软件等手段建立模型进行计算分析，精度高、能够模拟复杂地质条件和复杂结构属性，可得到较好的结果。

解析法假设条件多，一般是依据弹性地基梁等静力理论推导解析解。如地震系数法[1]、Shukla法[3]、ST.John法[4]、BART隧道设计法[5]、反应变位法[6,9]、地基抗力系数法[1-9]、福季耶娃法[8,9]等。张栋梁[10]基于弹性理论的研究方法，利用复变函数，推导出结构衬砌和周围土介质之间不发生滑移工况下的解析解，以及两者发生完全滑移后结构内力的解析解，并用数值计算验证其正确性。

半解析法是在一定假设条件下，推导出部分解析解，再结合一定算法最终求解，综合了解析法和数值法。如围岩应变传递法[5]、等代地震荷载法[11,12]等。Amir K. Miri 和 Seyyed M. Hasheminejad[13] 研究了阻尼处理层在圆形衬砌隧道中的隔振效应。刘如山等在改进有限元反应加速度加载法的基础上，提出了一种精度更高但同样简单的拟静力计算方法——有限元反应应力法[14]。

综上所述，目前地下结构抗震计算分析的方法不少，各有特点，但仍有许多问题尚未得到解决，如地震波合理模拟、复杂结构简化、动力问题中的材料本构关系等。

1.2.2 数值计算

数值方法可反映结构和岩土介质的整体三维动力特征，提高计算合理性和精度，并随着高性能计算机和并行区域分解算法的发展而不断成熟完善。数值法是基于有限元、有限差分、边界元、离散元等计算机方法的求解法。有限元法、有限差分法可较好地解决非线性、非均质问题，但受人工边界设置的影响较大。边界元法仅需对边界进行离散，自满足远场辐射条件，可以降低积分维数，但由于系数矩阵占内存较大，解题规模受限。离散元考虑了断层、裂隙等结构面对岩石切割造成的非连续性，但对网格数量要求高。大量针对双层隧道、偏压隧道、交叉隧道、岩溶隧道、水工隧道、悬浮隧道、小近距隧道等结构的研究成果涌现，就是得益于数值法的发展，尤其是平面动力有限元或者三维动力有限元整体分析方法。

不少学者陆续提出了新的有限元算法和模型。递推衍射法[15]为计算地基的动力刚度矩阵提供了有限元思路，该方法仅需要计算有界单元域的刚度矩阵和质量矩阵，就可通过递推衍射方程得到无限域的动力刚度矩阵，是一种可以不用解析方式来体现无界辐射条件的有限元设想。周健等[16]提出了一种基于微分方程的 Biot 方程分割算法，由于具备精度高、稳定性好等优点，该算法特别适用于有限元软件及软件的二次开发。文献[17]采用动力有限元数值计算，提出了估算地铁隧道地震响应永久变形的计算模型，并将永久变形量作为分析地铁隧道地震响应稳定性的指标。文献[18]等基于动力有限元和脉冲响应函数原理，用调制非平稳随机地震加速度，建立了地下结构在非平稳随机地震输入下的地震反应随机模型。

超级计算机技术的出现让并行区域分解算法在计算大型三维有限元模型上发挥了重要作用。文献[19]将并行数值仿真技术应用到盾构隧道地震响应分析，该研究建立了节点总数和单元总数分别超过 400 万和 380 万的盾构隧道有限元模型，通过超级计算机并行区域分解算法，利用 LS-DYNA 有限元程序计算地震效应。并行算法能降低对计算机的性能要求，有效缩短计算时间。

为结合有限元、有限差分、离散元和边界元的各自特点，出现了一些耦合方法[20,21]。文献[21]等将六节点超参无穷元与四节点等参有限元耦合，用于双孔矩形地下隧道地震反应分析，得出了在相同精度下耦合模型较有限元模型能缩减有限元计算区域范围的结论。耦合法可以综合考虑各种单一数值法在处理边界条件、复杂介质等模型中的优势。

1.2.3 小结

综上所述，目前国内外已有较多地下结构抗震计算方法，各有特点。解析法一般是建立在线弹性理论或黏弹性理论基础之上，在理论推导和逻辑演绎上有严密的数学基础，但场地条件及地震波等方面的假设条件极大地影响了计算的合理性和精确性，适用范围小，通用性较差，无法解决复杂介质和结构的地震分析。

强震作用下地下结构与地基介质可能呈现明显的非线性、弹塑性状态，地下结构与地基的接触面可能出现局部滑移、脱离等非连续变形现象，此时解析法应用受限。数值法能模拟地震作用下地下结构与地基系统的动力相互作用，还可对地下结构进行特殊情况或特殊部位的抗震分析。数值法以有限元法为代表，原则上可求解任意完备的边值问题，应用广泛。特别是动力有限元法能够考虑土体的非均质性与非线性等动力特征，并且能考虑解析法难以实现的介质与结构的动力相互作用，但其计算结果也受到人工边界设置、计算机运算能力等条件的影响和限制。

综上所述，尽管计算方法很多，但地下结构的抗震问题尚有不少亟待解决的难题，比如地震波简化的合理性问题、复杂结构的实用计算方法问题、动力条件下本构模型适用性问题、计算方法的多元性问题等。

1.3 地下结构抗震计算方法

目前，轨道交通实际工程中常用的抗震计算方法有反应位移法、反应加速度法和时程分析法，下面介绍这三种方法的基本原理和适用场景。

1.3.1 反应位移法

20世纪70年代，日本学者从地震观测入手，提出了地下线状结构抗震设计的反应位移法。其原理是用弹性地基梁来模拟地下线状结构物，把地震时地基的位移作为已知条件作用在弹性地基上，以求解在梁上产生的应力和变形，从而计算地下结构地震反应，公式可以简化为拟静力计算公式。

反应位移法认为，地下结构在地震时的反应主要取决于周围土层的变形，而惯性力的影响相对较小。在计算模型中引入地基弹簧来反映结构周围土层对结构的约束作用，同时定量表示两者间的相互影响。将土层在地震作用下产生的变形通过地基弹簧以静荷载的形式作用在结构上，同时考虑结构周围剪力以及结构自身的惯性力，采用静力方法计算结构的地震反应。

计算模型中，如图1-3所示，结构周围土体采用地基弹簧模拟，包括压缩弹簧和剪切弹簧；结构一般采用梁单元进行建模，根据需要也可采用其他单元类型。反应位移法适用于土层比较均匀，埋深一般不大于30m的地下结构抗震设计分析。

1. 适用性

一般而言，地下结构的视密度（包括结构物和内净空断面的平均密度）比周围土体小得多，因此地下结构的惯性力小，自身难起振。另外，地下结构受周围土体约束，能量耗散较快，衰减较大。相同高程处，地下结构及周围地层的加速度反应，频谱特性和峰值接近，与地面结构的地震响应差别大。

2. 基本原理

反应位移法将周围土体的反应位移等效为外部荷载施加到结构上，假设地下结构地震反应计算可简化为平面应变问题，其在地震时的反应加速度、速度及位移等与周围地层保

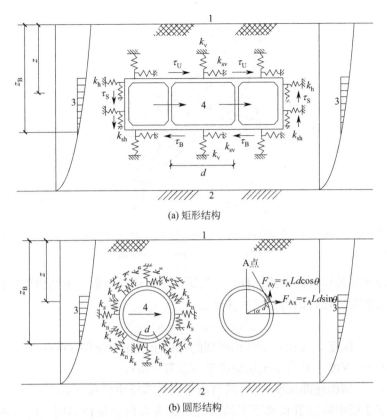

(a) 矩形结构

(b) 圆形结构

1—地面；2—设计地震作用基准面；3—土层位移；4—惯性力；k_v—结构顶底板压缩地基弹簧刚度；k_{sv}—结构顶底板剪切地基弹簧刚度；k_h—结构侧壁压缩地基弹簧刚度；k_{sh}—结构侧壁剪切地基弹簧刚度；τ_U—结构顶板单位面积上作用的剪力；τ_B—结构底板单位面积上作用的剪力；τ_S—结构侧壁单位面积上作用的剪力；k_n—圆形结构侧壁压缩地基弹簧刚度；k_s—圆形结构侧壁剪切地基弹簧刚度；τ_A—点 A 处的剪应力；F_{Ax}—作用于 A 点水平向的节点力；F_{Ay}—作用于 A 点竖直向的节点力；θ—土与结构的界面 A 点处法向与水平向的夹角；d—地基弹簧影响长度

图 1-3 反应位移法计算模型

持一致。因天然地层在不同深度上反应位移不同，地下结构在不同深度上产生位移差。将该位移差以强制位移形式施加在地下结构上，并将其与其他工况的荷载进行组合，则可按静力问题计算，得到结构在地震作用下的响应。

采用反应位移法时，可将周围土体作为支撑结构的地基弹簧，结构可采用梁单元进行建模。反应位移法应考虑土层相对位移、结构惯性力和结构与周围土层剪力作用。土层相对位移、结构惯性力和结构与周围土层剪力可由一维土层地震反应分析得到，也可根据《城市轨道交通结构抗震设计规范》GB 50909—2014 相关公式进行计算。具体计算简图如图 1-4 所示。

3. 计算流程

根据《城市轨道交通结构抗震设计规范》GB 50909—2014，反应位移法具体计算过程如下。

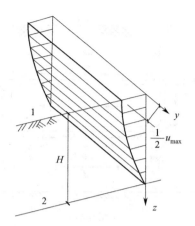

1—地表面；2—设计地震作用基准面；u_{max}—场地地表最大位移；H—设计地震作用基准面的深度

图 1-4　反应位移法计算简图

（1）土层相对位移可按下式计算，土层地震反应位移应取地下结构顶底板位置处自由土层发生最大相对位移时刻的土层位移分布。

$$u'(z)=u(z)-u(z_B) \tag{1-1}$$

式中　$u'(z)$——深度 z 处相对于结构底部的自由土层相对位移（m）；

　　　$u(z)$——深度 z 处自由土层地震反应位移（m）；

　　　$u(z_B)$——结构底部深度 z_B 处的自由土层地震反应位移（m）。

（2）埋于土层中的隧道和地下车站沿土层深度方向土层位移同一时刻的值可按下式计算：

$$u(z)=\frac{1}{2}u_{max}\cdot\cos\frac{\pi z}{2H} \tag{1-2}$$

（3）结构惯性力可按下式计算：

$$f_i=m_i u_i \tag{1-3}$$

式中　f_i——结构 i 单元上作用的惯性力；

　　　m_i——结构 i 单元的质量（各层板自重包括梁、上下一半柱的自重）；

　　　u_i——地下结构顶底板位置处自由土层发生最大相对位移时刻，自由土层对应于结构 i 单元位置处的加速度（m/s²）。

（4）结构上下表面的土层剪力可由自由场土层地震反应分析来获得，等于地震作用下结构上下表面处自由土层的剪力；也可以采用反应谱法计算土层位移，通过土层位移微分确定土层应变，最终通过物理关系计算土层剪力。

因此，顶底板处土层应变可采用下式计算：

$$\gamma=\frac{\partial u(z)}{\partial z}=-\frac{\pi}{2H}\cdot\frac{1}{2}\cdot u_{max}\cdot\sin\frac{\pi z}{2H} \tag{1-4}$$

矩形结构侧壁剪力作用可按下式计算：

$$\tau_s=(\tau_U+\tau_B)/2 \tag{1-5}$$

（5）地基弹簧刚度可按下式计算：

$$k = KLd$$

式中 k——压缩或剪切地基弹簧刚度（N/m）；
K——基床系数（N/m³）；
L——垂直于结构横向的计算长度（m）；
d——土层沿隧道与地下车站纵向的计算长度（m）。

基床系数按地质勘察资料取值；L 按计算模型中杆件实际长度取值；d 取 1m。

计算软件可采用 SAP2000 等，具体计算过程总结如下：

第一步，根据上述公式，分别计算得到不同场地条件和不同地震作用下的反应位移、结构惯性力、侧壁剪力三部分荷载（位移）作用，作为实际地震作用（偶然荷载）的等效，输入所建模型中；

第二步，结合工程详勘资料计算得到的地基弹簧刚度，作为边界条件输入所建模型中；

第三步，同时根据相关荷载规范，在软件中完成相应荷载组合系数的设置；

第四步，根据工程场地的土层参数及结构设计参数，计算得到对应的恒荷载及活荷载输入模型中；

第五步，运行分析，得到相应的内力图、位移图等计算结果。

1.3.2 反应加速度法

1. 基本原理

反应加速度法是一种拟静力法，通过对各土层和地下结构按照其所在的位置施加相应的水平有效惯性加速度来实现在整个土与结构系统中施加水平惯性体积力。通过反应谱理论将地震对结构的作用以等效荷载的方法来表示，用静力分析验算结构抗震承载力和变形（图 1-5）。

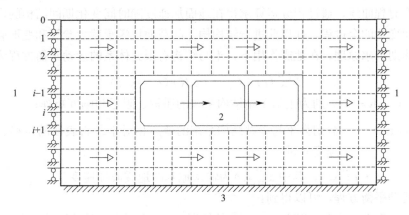

1—水平滑移边界；2—惯性力；3—固定边界
图 1-5 反应加速度法计算模型

反应加速度法需要土层沿深度变化的地震加速度，结构加速度等于相应深度土层处加速度。当土层均匀单一时，施加水平加速度为地下结构顶底板位置处土层发生最大相对位移时刻的水平加速度；当土层复杂时，土层和地下结构宜根据其所在位置施加相应的水平有效惯性加速度，通过对土单元水平方向受力分析得到各土层的水平有效惯性加速度。结构部分仅按照其位置施加水平有效惯性加速度，复杂断面结构也可采用该方法（图1-6）。

2. 计算关键点及方法特点

计算关键点：

（1）设计地震基准面的选取；

（2）空间加速度为结构顶底板发生最大相对位移对应的时刻；

（3）土体等效剪切模量的选取，需进行一维场地分析得到。

方法特点：

（1）土体参数易选取；

（2）不需添加弹簧边界，简单、高效，尤其对于复杂断面样式计算效率高；

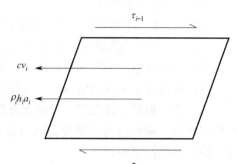

图1-6 水平有效惯性加速度求解方法

（3）加速度信息基于实际场地信息得出，加速度时程曲线更精确。

1.3.3 时程分析法

时程分析法直接从运动微分方程出发，用数值方法逐步积分，可获得结构在整个地震作用中的运动状态变化情况，又称直接动力法，在数学上称步步积分法，抗震设计中也称为"动态设计"。由结构基本运动方程输入地面加速度记录进行积分求解，以求得整个时间历程的地震反应。此法输入与结构所在场地相应的地震波作为地震作用，由初始状态开始，逐步积分，直至地震作用结束。

1. 运动平衡方程

时程分析是对工程的基本运动方程，输入对应于工程场地的若干条地震加速度记录或人工加速度时程曲线，通过积分运算求得在地面加速度随时间变化期间结构的内力和变形状态随时间变化的全过程，并以此进行结构构件的截面抗震承载力验算和变形验算。

根据达朗贝尔原理，在地震作用下，土与结构有限元体系的运动平衡方程为：

$$M\ddot{x}(t)+C\dot{x}(t)+Kx(t)=u(t) \quad (1\text{-}6)$$

式中 M, C, K——分别为土与车站结构系统的质量、阻尼和刚度矩阵；

$x(t), \dot{x}(t), \ddot{x}(t)$——分别为土与车站结构系统的节点相对于基岩表面的位移、速度和加速度向量；

$u(t)=-M \cdot \ddot{x_g}(t)$，其中 $\ddot{x_g}(t)$ 为输入地基的地震波加速度。

基于运动平衡方程，可以得到：

（1）自由振动：动力方程中 $u(t)=0$ 的情况，$u(t)$ 不为零时的振动为强迫振动。

（2）无阻尼振动：$C=0$ 的情况。

（3）无阻尼自由振动：$C=0$ 且 $u(t)=0$ 的情况。无阻尼自由振动方程就是特征值分析方程。

（4）简谐荷载：$u(t)$ 可用简谐函数表示，简谐荷载作用下的振动为简谐振动。

（5）非简谐周期荷载：$u(t)$ 为周期性荷载，但是无法用简谐函数表示，如动水压力。

(6) 任意荷载：$u(t)$ 为随机荷载（无规律），如地震作用。随机荷载作用下的振动为随机振动。

(7) 冲击荷载：$u(t)$ 在短时间内急剧加大或减小，冲击后结构将处于自由振动状态。

地震作用下的运动方程，地面振动加速度是复杂的随机函数，不可能求出解析解，需要采取数值分析方法求解，故常将其转变为增量方程：

$$M\ddot{x}(\Delta t)+C\dot{x}(\Delta t)+Kx(\Delta t)=u(\Delta t) \tag{1-7}$$

再对增量方程逐步积分求解，即将时间 T 转化为一系列微小的时间段 Δt；在 Δt 时间内采取一些假设，假设在各微小时间段 $t\sim(t+\Delta t)$ 内体系是线性变化的，从而能对增量方程直接积分得出地震反应增量，该步 $t+\Delta t$ 的终态值，作为下一时间段的初始态。这样逐步积分，得到体系在整个地震过程中各时刻的运动状态及其变化情况。

2. 阻尼刚度

阻尼是研究动力反应问题的重要方面。按阻尼成因可分为内阻尼与外阻尼。材料内部或结构构件连接之间的摩擦作用产生内阻尼，导致能量损耗而使振动衰减，内阻尼又分为材料阻尼和结构阻尼。结构体系与外部环境介质相互作用则产生外阻尼，一般建筑物置于大气之中，所以又称为空气动力阻尼。由于阻尼随结构形式、材料、几何尺寸、构造、荷载等多种因素变化，阻尼取值非常离散。找到阻尼的影响因素和统计规律，建立工程适用的阻尼矩阵，一直是国内外动力学研究的难题。

近百年来的研究发展形成了多种阻尼理论，最常见的是黏滞阻尼假设。此外，还有复阻尼理论，又称滞变阻尼理论。复阻尼理论的基本概念是假定阻尼力与弹性恢复力成正比，而振动时应变的相位总是落后于应力相位一个角度，从而建立起带有虚数的动力反应方程。

黏滞阻尼理论的基本假设是当运动速度不大时，质点受到的黏滞阻力与质点速度成正比，而且方向相反。阻尼矩阵常采用瑞利阻尼，认为阻尼阵与质量阵和刚度阵成正比，即：

$$C=\alpha M+\beta K \tag{1-8}$$

$$\alpha=4\pi(\zeta_1 T_1-\zeta_2 T_2)/(T_1^2-T_2^2) \tag{1-9}$$

$$\beta=\frac{T_1 T_2(\zeta_1 T_1-\zeta_2 T_2)}{(T_1^2-T_2^2)\pi} \tag{1-10}$$

式中　T_1，T_2——结构第一阶和第二阶自振周期；

　　　ζ_1，ζ_2——结构黏性阻尼比，取 $\zeta_1=\zeta_2=0.05$。

3. 土体动力计算模型

土体本构关系十分复杂，目前主要有弹性本构关系、弹塑性本构关系。弹性本构关系主要有线弹性模型、线性黏弹性模型、非线性弹性模型；弹塑性本构关系主要有剑桥模型、莱特-邓肯模型等。岩土介质的动力力学模型主要包括线性黏弹性模型、非线性弹性模型、弹塑性模型和等价非线性黏弹性模型。土体的屈服准则或破坏准则主要有 Teresa 准则与广义 Teresa 准则、von Mises 和广义 von Mises 准则、莱特-邓肯准则等。

根据弹塑性理论，土体变形可以分为弹性变形和塑性变形两部分，其中弹性变形可以应用广义胡克定律计算，塑性变形可以应用塑性增量理论计算。塑性增量理论包含三个基本要素：屈服准则、流动法则和硬化规律，分别规定了塑性应变增量的产生条件、方向和大小。目前，基于不同的基本要素已经提出了多种弹塑性本构模型，如多重屈服面模型（Nested Surfaces Model）、边界面模型（Bounding Surface Model）等。

目前尚未有成熟的土体本构模型能够模拟各种情况下土的动力非线性特性，并具有广泛的工程应用性，但针对具体问题也有合理适用的模型，如何根据具体情况合理选择地铁地下结构地震反应分析模型还需要进行深入的研究和探讨。

4. 边界条件

在地震反应过程中，覆土会对结构地震反应产生很大影响，合理确定静态和动态人工边界条件是关键。现有人工界限一般不适于地下结构-土层相互作用系统的静态分析，因此通常对静态和动态情况分别采用不同的人工边界条件进行分析。静态问题采用固定人工边界或其他静态边界，动力问题采用动力边界，用两个不同的模型分别计算，再把计算结果进行叠加组合分析，最终得到相应的计算结论。

动力分析中，当地震波输入后，会向模型边界传递。实际情况下，当地震波到达模型边界时，会有部分透射过边界向更远处传递，部分波被反射回来。而采用固定人工边界时，边界处的地震波会被完全反射，与实际情况不符。因此，在采用固定边界条件的情况下，会考虑模型的截断尺寸问题，以使到达的地震波对结构的影响尽可能小。

1）静止边界

在岩土工程中，地下介质土是无限大的。比如地下洞室等结构，其周围土层边界是无限的，在地表及近地面的结构则可以等效为处于半无限介质中。而建模分析计算时，模型大小有限，必须设定一个人工边界。静力分析中，通常在一定范围内截断土体，在边界处采用固定手段，即通常所说的人工固定边界。在较合适的尺寸范围内，该边界条件可有效地模拟地下结构的静力分析。

2）动力边界

在动力分析中，人工边界不仅是固定的静止边界，而且应同时满足地震波的反射和透射两个特性。由于地下介质的阻尼特性，地震波在地下传播的过程中会进行反射、能量耗散、透射等。在模型边界处，地震波的能量并不是又完全反射到模型中，而是部分能量透射到边界外。对于固定人工边界是不能模拟出这样的实际效果的，因此，比较可行的办法是采用一种能同时模拟地震波反射和透射两种特性的动力边界。

3）本书所选边界

实际场地是一个半无限区域，但在对土体-结构进行有限元动力分析时，土体计算范围只能是有限的。对于范围有限的计算区域，在地震激励下，波动能量将在人工截取的边界上发生反射，使波发生震荡，导致模拟失真。为了解决有限截取模型边界上波的反射问题，模型水平边界条件采用自由场边界，自由场边界可以使模型的计算边界扩大10万倍以上，使地震波在边界处的反射影响几乎可以忽略，能较好地模拟出结构对地震波的响应效果。

5. 地震波输入

地震时基岩面首先产生运动加速度，基岩运动以地震波的形式（包括剪切波和压缩波）由基岩面垂直向上入射，使土层和结构产生加速运动，直至地表面。

由于输入地震波不同,地震反应会相差甚远,合理选择地震波来进行动力分析是保证计算结果可靠性的重要前提。国内外学者研究表明,对建筑物场地的未来地震动难以准确地定量确定,但只要正确选择地震动主要参数,地震波基本符合主要参数,时程分析结果可以较真实地体现未来地震作用下的结构反应,满足工程所需精度。地震动三要素为地震动强度、地震动频谱特征、地震动持续时间。在选用地震波时,应全面考虑地震动三要素,并根据情况加以调整。以下分别说明三要素选取与调整办法。

地震动强度(振幅)包括加速度峰值、速度峰值及位移峰值,对一般结构常用的是直接输入地震反应方程的加速度曲线。加速度峰值反映了地面记录中最强烈部分。当震源、震中距、场地土等因素均相同,加速度峰值高时,则建筑物遭受的破坏程度大,这是地震动的主要要素之一。所以,在抗震分析中以地震过程中加速度最大值(峰值)作为强度标准。对选用的地震记录加速度峰值应按适当的比例放大或缩小,使峰值加速度相当于与设防烈度相应的多遇地震与罕遇地震时的加速度峰值。

轨道交通工程抗震计算时,可参考《中国地震动参数区划图》GB 18306—2015 及《城市轨道交通结构抗震设计规范》GB 50909—2014 等规范要求选择对应场地的地震动峰值加速度。

除了地震动加速度峰值对结构体系的反应有明显的影响之外,地震动的频谱特性和持时对结构的影响同样重要。所以,在考虑加速度峰值的问题之外,尚应考虑选取的地震动的频谱特性应与建设场地土的动力特性相一致。因此,在选用地震波时,应使所选的实际地震波的傅里叶谱或功率谱的卓越周期乃至谱形状尽量与场地土的谱特征一致。

振动的持续时间不同,使得能量的损耗积累不同,从而影响地震反应。一般选择持续时间 T 的原则是:

(1) 保证选择的持续时间内包含地震记录最强部分;

(2) 尽量选择足够长的持续时间,一般建议取 $T \geqslant 10 T_1$(T_1 为结构的基本周期)。

轨道交通结构采用时程分析法计算时,通常选取不少于两条实测波和一条人工波模拟加速度时程曲线。一般的地震波是在地表或地下室测得的,记录到的加速度历程是地表或地下室位置的动力响应过程,这种动力响应从根本上说是由基岩运动引起的。对于考虑土与结构相互作用的地震分析,地震激励的来源不再是地表,而是一定深度的基岩。因此,对于分析地下结构的动力反应,需要将地震波记录反演到所需要深度的地震动。

6. 计算中的基本假定

(1) 土介质为符合线性黏弹性模型的水平成层半空间,每一层土都是由一系列相互独立、水平方向无限延伸的薄层组成,即引进平面应变的假定;地下结构材料简化为均质各向同性黏弹性体。

(2) 每一层土为均质、各向同性体,即每层土性质相同,但可随土层不同而改变,最下层土覆盖在刚性基岩面上;动力作用下,各层土之间、土地下结构之间不发生脱离和相对滑动,即界面满足位移协调的条件。

(3) 土层与地下结构的地震激励来自基岩面(或假想基岩面),基岩面上各点的运动一致,即不考虑行波效应;假定地震波是由基岩面垂直向上传播的剪切波和压缩波,不考虑地震波斜入射的情况;系统的阻尼与振动频率无关,系统阻尼特性使用材料阻尼来描述。

7. 时程分析法常用土体本构模型

计算岩土力学的核心是本构模型，是有限元计算的关键要素之一。常用模型包括邓肯-张模型、摩尔-库仑模型、D-P 模型、Hardening Soil（HS）模型等。其中摩尔-库仑模型比较常用，原因是参数简单容易获取，其主要参数 c 和 φ 在一般地质勘察报告中都会给出。但计算误差较大，特别是对于基坑开挖的模拟，会导致坑底发生不符合实际的"隆起"现象。HS 模型为双硬化模型＋帽盖＋卸载，其原理公式为：

$$f_1 = \frac{q}{R_1(\theta)} - \frac{6\sin\phi}{3-\sin\phi}(p+\Delta p) = 0 \tag{1-11}$$

$$f_2 = (p+\Delta p)^2 + \alpha \left[\frac{q}{R_2(\theta)}\right]^2 - p_c^2 = 0 \tag{1-12}$$

式中，f_1 为剪切破坏函数；f_2 为压缩破坏函数。

剪切硬化：土体发生剪切硬化时，重新计算剪胀角。剪切屈服面扩张到摩尔-库仑的破坏面；压缩硬化：可以通过先期固结定义。帽盖屈服面会随着固结应力的函数扩张。此模型适用于模拟砂土、粉土超固结黏土。

HS 模型是一个可以模拟包括软土和硬土在内的不同类型土体行为的先进模型（Schanz, 1998）。在主偏量加载下，土体的刚度下降，同时产生了不可逆的塑性应变。在一个排水三轴试验的特殊情况下，观察到轴向应变与偏差应力之间的关系可以很好地由双曲线来逼近。Kondner（1963）最初阐述了这种关系，后来这种关系用在了著名的双曲线模型（Duncan 和 Chang, 1970）中。首先，它使用的是塑性理论，而不是弹性理论；其次，它考虑了土体的剪胀性；最后，它引入了一个屈服帽盖。

大量工程应用中对比 HS 模型和摩尔-库仑等模型的计算结果发现，HS 模型计算结果优于摩尔-库仑等常用简单模型：

HS 模型对土体卸载特性进行处理，因此 HS 模型比摩尔-库仑模型坑底隆起小。相对于摩尔-库仑模型只有一个单一刚度，HS 模型更加符合土体特性。

HS 模型比摩尔-库仑模型更能体现坑外沉降槽的变化。对于摩尔-库仑模型，土体卸载模量较小，开挖底部隆起带动墙向上移动，影响了坑外沉降槽的形成。

HS 模型计算的墙体位移比摩尔-库仑模型要小，计算的墙体内力比摩尔-库仑模型要大，经过与实测数据对比发现，HS 模型模拟结果更加符合实际情况（图 1-7）。

动土本构模型的特点：

（1）动荷载作用，变形＝弹性＋塑性；

（2）小应变情况，近似弹性体特征；

（3）动应变幅增大，引起土结构改变，产生残余变形＋强度损失。

其应用的两种情况：一是小应变幅，主要研究剪切模量和阻尼比的变化规律；二是大应变幅，主要研究土的强度和变形问题以及振动液化等。此本构模型的应力-应变关系有两大特点，即非线性和滞后性。

能够反映上述特征，目前应用较好的本构模型为 HSS（Hardening Soil with Small Strains Stiffness）模型。

HSS 模型假设土体在卸载和重加载时是弹性的，定义屈服面内的刚度为卸载和再加

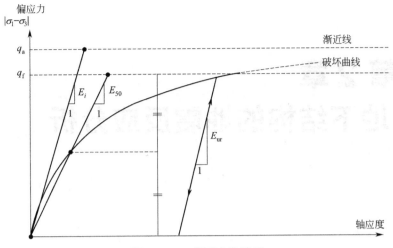

图 1-7 HS 模型本构关系

载 E_{ur},是卸载再加载滞回环的割线模量,然后当卸载再加载的幅值减小,滞回环近乎消失,才能获得近乎真实的弹性刚度,即小应变刚度。

HSS 模型在 HS 模型的基础上引入小应变刚度发展而来。小应变情况下的应力-应变曲线可以用简单的双曲线来拟合,小应变情况下刚度与剪切应变的关系可表述为:

$$\frac{G_S}{G_0} = \frac{1}{1+\alpha\left|\dfrac{\gamma}{\gamma_{0.7}}\right|} \quad (1\text{-}13)$$

其考虑了弹塑性即循环效应(滞回圈)。相对于 HS 模型,HSS 模型多了两个参数:G_0,$\gamma_{0.7}$。其中 $G_0 = \rho v_s^2$,v_s 为剪切波速;$\gamma_{0.7}$ 可由弹性模量 G 与 G_0 之间的关系换算得到。

1.4 本书内容

本书围绕轨道交通工程抗震问题,选取典型工程,重点介绍轨道交通工程中常用抗震方法的计算思路及内容,概述地下结构减隔震措施的工作原理及应用场景等,并探讨地上地下一体化复杂结构的抗震分析方法。

全书共分 10 章,第 1 章绪论,第 2 章地下结构的地震反应分析,第 3 章土层液化分析,第 4~8 章为典型工程案例分析,第 9 章为推覆分析法在地下工程中应用的探究,第 10 章地下结构减隔震措施。

本书地下结构抗震计算的典型案例,涵盖标准明挖站、换乘站、盾构区间穿越既有车站及区间、穿越液化地层、穿越软硬交互地层、地上地下结合的枢纽站等,介绍了目前轨道交通领域常用的抗震计算方法,分析了地下结构的破坏机理及形式,给出相应的概念设计思路,对于轨道交通工程抗震专项设计有一定参考价值。

第 2 章
地下结构的地震反应分析

2.1 地震及地震作用

地震，又称地动、地振动，是地壳快速释放能量过程中造成的振动，期间会产生地震波。地球板块与板块之间相互挤压碰撞，造成板块边沿及板块内部产生错动和破裂，是引起地震的主要原因。据统计，地球上每年约发生 500 多万次地震，即每天要发生上万次地震。其中绝大多数太小或太远，以至于人们感觉不到；真正能对人类造成严重危害的地震有数十次；能造成特别严重灾害的地震有一两次。人们感觉不到的地震，必须用地震仪才能记录下来；不同类型的地震仪能记录不同强度、不同远近的地震。世界上运转着数以千计的各种地震仪器日夜监测着地震。

地震发生时，震源区的介质发生急速的破裂和运动，构成一个波源。由于地球介质的连续性，这种波动就向地球内部及表层各处传播，形成连续介质中的弹性波，即地震波。由地震波传播产生的地震作用一般受到以下因素的影响：震级、震中距、震源深度、地震持续时间、地形、地质条件、结构类型等。

震级是指地震释放能量的大小，用阿拉伯数字表示，一次地震只有一个震级。震源是地震发源的位置，即岩石急速破裂和运动的位置。震中是指震源在地面上的垂直投影，是地面上距离震源最近的点。震中距是指震中到地面上任一点的距离。震中距在 100km 以内的称为地方震，在 1000km 以内的称为近震，大于 1000km 称为远震。震源深度是指震源至震中的距离。地震可按照震源深度分为浅源地震、中源地震和深源地震。浅源地震大多发生在地表以下 60km 深度以内；60～300km 深度为中源地震；300km 深度以上为深源地震。其中，浅源地震的发震频率高，占地震总数的 70% 以上，所释放的地震能量占总释放能量的 85%，是地震灾害的主要制造者。

地震持续时间的影响主要发生在结构反应进入非线性之后，持时的增加可能产生较大的永久变形，持时越长，则反应越大，产生震害的累积效应。盆地等特殊地形条件下，还会对地震波产生放大效应，导致此地形下的震害相比周围其他地区更为严重。震害经验表明，小震、近震、坚硬场地上的地震动容易使刚性结构产生震害，大震、远震、软厚场地上的地震动容易使高柔结构产生震害，这是因为前一种地震动的高频成分比较丰富，而后一种低频成分较强。因此，由于共振效应，前者易使高频结构受到破坏，后者易使低频结构受损。

地震作用分为水平地震作用和竖向地震作用，设计时根据其超越概率，可视为可变作用或偶然作用。在轨道交通工程特别是地下结构的抗震设计中，因其特有的结构断面形式，地震作用以水平地震作用为主。在发生断层附近或无柱车站等特殊条件下，需考虑竖向地震作用。这主要是因为竖向地震动的峰值加速度一般均小于水平地震动峰值加速度，约为水平地震动峰值的1/2～2/3，而地下结构一般均具有较强的竖向支撑体系，侧向支撑较弱。在断层附近，竖向地震加速度很大，竖向地震作用更明显，特别是当浅埋地下结构中存在大跨或长悬臂等构件时，竖向地震作用不可忽视。

2.2 地下结构震害特征分析

2.2.1 地下结构的震害特征

基于以往地震震害观测实例，地下结构的震害有以下特征：

对于埋深较大的地下结构明显比埋深较小的结构受害程度低，而且，土层中的地下结构比在岩石中的结构更易受到损害，这主要是因为岩石对地下结构的约束力更强。再则，加大隧道衬砌的刚度和厚度，可有效提高整体抗震性能，但若不同时加强附近软弱地层，会使隧道衬砌内出现较大内力。

影响地下结构破坏程度的最重要因素是地震持续时间，另外在同等地震烈度和震中距离的条件下，地震峰值速度和峰值加速度也是影响地下结构受害程度的关键因素。

同时，地下隧道的地面出入口，在地震作用下，会由于边坡失稳塌方而出现严重损害。距离震中比较近的地下结构，地震波的高频部分有可能会使结构的混凝土发生剥离现象。

地下结构的尺寸也是影响受害程度的因素之一，当小于地震波的波长时，地震对结构的影响较小，而相关研究表明，当地震波的波长为隧道口径的1～4倍时，地震反应明显放大。

总之，地下结构震害程度与许多因素有关，比如结构所在的场地特征、埋置深度、结构形式、地震烈度以及地震波自身特性等。结构周围土层变形是影响结构震害反应的主要因素。目前，研究结论主要以理论定性分析为主，尚缺少具体量化标准，许多问题需进一步研究。

2.2.2 地下与地面结构抗震分析的区别

地下结构和地面结构抗震分析方法不同，体现在如下几个方面：

首先，由于受到地下岩土的束缚和保护，地下结构在地震过程中的破坏程度相对于地上结构来说，有其独特性：地下结构的受破坏程度更多地取决于周围土层的变形扰动程度，而地上结构取决于结构本身的自振特性。地下结构振动模态与地震波的入射方向有很大关系，当入射方向微小改变时，震害反应变化很大，而地上结构动力反应和地震波的入射方向关联性小。

地下结构变形和地震波加速度关系不大，主要由周围土层变形决定，而地上结构动力反应与地震波加速度关系密切。振动中各点相位差，地下结构比地上结构的差别更明显。

地面和地下结构在地震作用下的动力反应都需要考虑地基和结构的相互作用，但地下结构考虑程度更大，考虑方式更复杂。地上结构，地基的深浅对其抗震性能影响大；但地下结构，该因素（除非埋深相差比较大）对结构动力反应影响较小。

综合以上，地面结构，其形状、质量、刚度变化，即其自振特性的变化，对结构反应影响大，可引起质变；地下结构，起主要作用的是地基运动特性，结构自身特性，一般来说，对反应影响较小。因此目前学术界研究中，地面结构的科研成果集中于结构自振特性研究，地下结构则是地基地震动研究占比大。

2.3 轨道交通结构类型及震害破坏形式

2.3.1 地下车站结构类型

按使用功能，城市轨道交通地下车站结构可分为主体结构和附属结构。主体结构主要承担轨道交通车辆运行功能；附属结构主要承担出入主体结构、设备放置等功能。主体结构与附属结构体量和结构形式不同，地震破坏程度和破坏形式也不同。

地下结构可分为线性地下结构与非线性地下结构。线性地下结构的横断面尺寸远小于纵向长度，比如轨道交通地下车站和区间隧道等；非线性结构的宽度和长度相差不大，比如换乘大厅、风井等。根据断面形式，地下结构可分为圆形结构、矩形结构、拱顶直墙、拱顶曲墙、马蹄形结构等。按照施工方法，可分为明挖法地下结构、盖挖法地下结构、矿山法地下结构、盾构法地下结构等（图 2-1～图 2-3）。不同结构形式的震害特征及地震响应也不同。

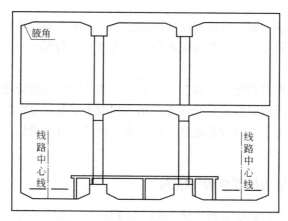

图 2-1 明挖法地铁车站结构断面

明挖车站为大断面地下构筑物，一般为双层或多层、双跨或多跨箱形框架结构，其主体结构受力体系由侧墙、立柱、纵梁和楼板等构件组成。为增加楼板刚度并改善楼板的受力条件，在楼板与纵梁、楼板与侧墙交界处设置受力斜托；为抵抗较大的水土压力以及人防荷载等，车站的梁、板结构均较厚重；为满足使用功能要求，车站内部很少设承重墙，

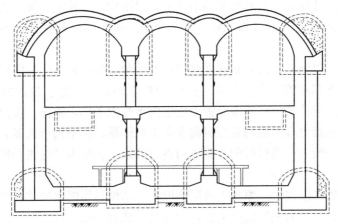

图 2-2 洞桩（柱）法地铁车站结构断面

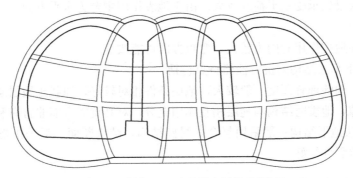

图 2-3 暗挖 CRD 法地铁车站结构断面

特别是沿车站横截面方向，除端墙外几乎没有横墙。从地下结构震害案例分析可知，明挖地铁车站较其他形式的车站及区间隧道震害数量多且震害规模大，是地下结构抗震设计的重点。

明挖法地下车站结构的抗震性能特点如下：

（1）明挖车站一般埋深较小，地质条件差，回填不密实，地震波引起的地层变形也较大，容易遭受震害。

（2）明挖法车站的视密度与土层的相对密度一般不超过 0.5，因此，地震产生的惯性力较小，再加上结构受周围地层的约束作用，所以惯性力对结构内力的影响较小。

（3）明挖法地铁车站一般为箱形框架结构，结构横断面方向的抗震性能与框架结构类似，结构纵断面方向的抗震性能与框架-剪力墙结构类似。

（4）车站结构的等效剪切刚度远小于地层刚度，也小于出入口隧道等小断面隧道的刚度，且断面越大，则等效刚度越小。

（5）地震产生较大横向变形时，容易形成震害。绝大部分车站通过内部排桩形成大跨度轴网，梁柱节点处无法形成"强柱弱梁、强剪弱弯"的延性结构。

（6）中柱结构一般为钢筋混凝土结构，中柱轴力大，延性差，是结构抗震的重点和薄弱环节。

（7）基坑围护结构的刚度和强度一般比较大，对主体结构的抗震性能有一定的正面作用。

(8) 采用放坡开挖时，若基坑回填不密实，对结构抗震性能非常不利。

暗挖法车站又分为CRD法及洞桩法，这两种工法的结构断面形式各异，地震响应差异明显。

洞桩法又称"PBA"工法，是浅埋暗挖法的一种，近年来被大量应用于地下暗挖车站建设。洞桩法地下车站的结构由边桩、中桩（柱）、顶梁、次梁、顶拱共同组成初期受力体系，承受施工过程荷载；在顶盖保护下逐层向下开挖土体，施作二次衬砌，最终形成由初期支护＋二次衬砌组合而成的复合衬砌永久承载体系，其结构形式多为直墙多层多跨拱形结构，其顶板一般为曲线形衬砌，侧墙为直墙形式，底板为平底或仰拱。其结构的抗震性能特点包括：

(1) 车站埋置深度较大，原状土地层刚度大，结构与周围地层结合紧密。

(2) 车站中柱一般为钢管混凝土柱，中柱的承载力和延性性能好。

(3) 由于车站结构施工步序复杂，施工缝较多，对结构的整体性有一定的不利影响。

(4) 顶拱冠梁处承受水平荷载较大。由于地震作用主要为水平方向，维持拱顶平衡需要较大水平推力。

(5) 顶拱在地震作用时内力较大，弯矩方向可能改变。

CRD法地下车站结构的抗震性能特点包括：

(1) 地下结构的埋置深度一般较大，地层条件相对较好，原状土地层刚度大，衬砌背后注浆填充空隙，地震时结构与地层相互作用充分，对其抗震性能非常有利。

(2) CRD法地下结构一般采用复合式衬砌结构，结构断面一般为拱形或马蹄形，结构承载力高，抗震性能好。

2.3.2 地下区间结构类型

区间隧道结构抗震计算时应充分考虑不同施工方法建造的差别，常用施工方法有明挖法、盾构法和浅埋暗挖法，如图2-4～图2-7所示。

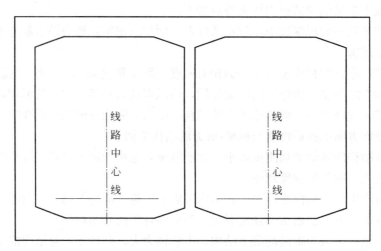

图2-4 明挖法区间隧道

明挖法、浅埋暗挖法区间隧道的横向抗震性能与相同工法的车站结构相似，可按

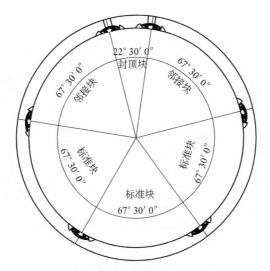

图 2-5　盾构法区间隧道

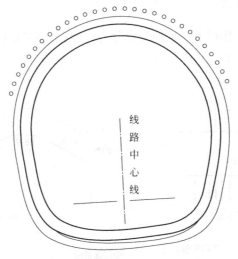

图 2-6　浅埋暗挖法单线区间隧道

2.3.1 节的规定进行抗震设计。隧道的纵向抗震性能与相同工法的车站结构有较大不同，隧道为长线行结构，沿纵向不同里程的地震反应存在相位差别，纵向地震反应往往是抗震设计的控制因素。

盾构区间采用预制拼装的施工方式，管片衔接处采用高强度螺栓连接，延性高于整体现浇的隧道。盾构区间的抗震性能特点如下：

（1）隧道施工对原状地层的扰动小，地震时结构与地层共同作用好。

（2）隧道衬砌为预制管片衬砌，隧道适应地层变形能力强，延性好。

（3）隧道断面单一，刚度均匀，是结构抗震设计的理想结构形式，遭受震害的可能性较小。

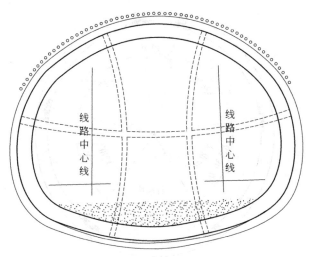

图 2-7 浅埋暗挖法双线区间隧道

2.3.3 结构破坏形式分析

地下结构在水平地震作用下产生的变形分为三种：纵向拉压变形、纵向弯曲变形和横向剪切变形，如图 2-8 所示。

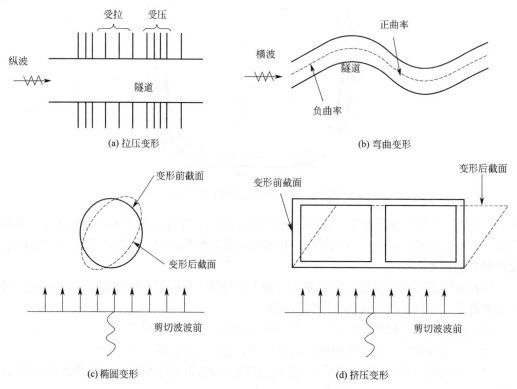

图 2-8 地下结构在水平地震作用下产生的变形

相关震后资料及大量学者相关研究已形成普遍共识：即车站中柱为薄弱点，地震发生时，中柱轴压比大幅增加，抗横向变形能力被削弱，发生脆性破坏失去竖向承载力，随后顶板塌落，整个车站发生"M"形破坏。如图 2-9、图 2-10 所示为日本大开地铁站震后发生的破坏简图。

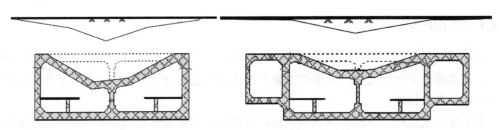

图 2-9　大开地铁站中柱＋顶板破坏形式

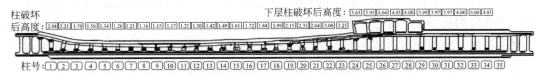

图 2-10　大开地铁站破坏纵断面图

隧道结构常见破坏形式为剪切错动、衬砌开裂和边墙变形，如图 2-11 所示。

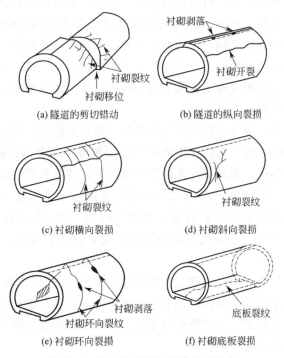

图 2-11　地震作用下的隧道破坏形式

（1）隧道的剪切错动。当隧道建在断层破坏带时，可能发生此类破坏。

（2）衬砌开裂。在地震中，衬砌开裂是隧道最常发生的破坏形式，可分为纵向裂损、横向裂损、斜向裂损，以及由斜向裂损发展成的环向裂损、底板裂损、衬砌开洞处裂损等。

2.4 地下结构抗震概念设计

2.4.1 理论概述

抗震设计包括概念设计、抗震计算和构造措施，三方面内容是不可分割的整体，忽略其一，可能使抗震设计失效。本节将对地下结构的抗震概念设计进行论述，其他两部分内容将在后续章节体现。

地下结构抗震概念设计，是指根据地震灾害和工程经验等形成的基本设计原则和设计思想，进行地下结构总体布置并确定细部构造的过程。它是人们对地震灾害的经验总结，为抗震设计的完成提供正确的概念和思路。"概念设计"应为地下结构抗震设计的首步工作，强调根据抗震设计的基本原则，在工程建设场地选择、建筑结构平面及剖面布置、结构体系选择、刚度分布、抗震措施等方面的综合考虑。在概念设计的基础上再通过定量计算分析，辅以适合的抗震构造措施，才算完成满足性能要求的抗震专项设计。

概念设计为方案之本，若设计之初，概念设计走偏甚至错误，无论采取计算还是措施，工程都无法表现出优良的抗震性能。目前，地震动的不确定性强，复杂度高，结构计算假定多，模拟手段有局限性，对照规范进行"简单"的抗震计算得出的"单一"抗震设计，无法保证抗震安全性。1985年墨西哥震害、1988年美国旧金山震害及1994年洛杉矶震害证实，经过抗震设计的结构，在地震作用下也大量破坏及坍塌，而逐本溯源，主要归因于错误的抗震方案设计。松散土上未选择合适的基础形式，错误的平面及剖面布置放大了地震动作用，不均匀的刚度布置带来了应力集中，与主体结构变形不一致的次要建筑构件布置降低了整体结构抗震性能等。

国内外的抗震防护，通常以抗震设计规范为出发点和依据。规范所寻求的抗震保护水平是由公共权力机构确定的，是防护措施所需费用和各国综合国力相互"妥协"的结果。震害结果表明，震中地区，尤其是在大地震的情况下，建筑承受的地震作用往往比抗震规范规定的荷载大得多。如中国2008年汶川地震，实际烈度基本在7.5～10度，部分重灾区如映秀、北川等烈度甚至达到了11度。按照当时的《建筑抗震设计规范》GB 50011—2001的规定：德阳、绵阳、广元的设防烈度为6度，汶川、青川、北川等重灾区的设防烈度仅为7度。

震害结果表明，只有在项目前期及实施过程中采用正确的抗震设计方法，才能够抵抗强地震作用。实际上结构会不同程度地响应土体传来的震动，这种响应可能是放大、持平或缩小。一道墙、一个柱子、一定的板厚变化、一个开洞或者变形缝位置的调整，都可能对结构在地震中的响应造成影响。

因此，抗震概念设计应贯穿于整个地下结构抗震设计过程中，伴随各阶段的结构形式调整及抗震计算结果给予针对性分析，确保结构抗震方案的合理性。同时，需要特别强调，抗震概念设计并不是简单、机械地套用抗震设计概念或原则，使地下建筑设计缺乏创造性和艺术性。大量富有想象力和创造性的地下建筑进行抗震概念设计后，在地震作用下表现良好。

2.4.2 原则

随着我国轨道交通大规模建设，城市线网不断加密，换乘站日益增多，轨道交通地下结构与周边工程一体化的案例也越来越多，综合管廊随轨建设大力推进，TOD 一体化开发项目火热开展，地下结构的布置形态不再是呈单一的"长条形"，呈现多元化的趋势。地下结构的平面及剖面布置，对其抗震性能有重要影响。

地下结构在地层约束下，发生与地层相协调的变形，避免协调变形中过大的应力集中，并在此变形下保持结构各构件的延性，是地下结构平面及剖面布置的重点。为了使地下结构在地震中的变形和地层的变形协调，可以通过调整结构构件的刚度及不同刚度构件的平面及剖面设置。基本原则如下：

（1）应通过合理的结构平面及剖面设置，使各构件的受力及变形协调，从而使结构构件具备足够的延性。

（2）当通过合理的结构平面及剖面布置，局部构件可以达到与地层及其他构件的变形协调，但延性难以保证时，应考虑改变局部构件的结构材料，如采用钢管混凝土柱子代替混凝土柱子，或者增设阻尼材料等。

（3）应优先通过变形缝对不同的刚度单元进行有效的划分，从而避免变形不协调产生过大的应力集中。同时，使结构变为便于计算分析的单体，使复杂不宜掌控的地下结构计算更具针对性。

（4）当平面或剖面形状差异较大，但又难以设置变形缝将其分割时，应结合建筑功能调整主体结构及其内部附属结构的构件刚度及不同刚度构件的分布，使形状差异较大的结构刚度分布趋于均匀且与地层的变形相协调。

2.4.3 抗震结构类型设计

地震区域的地下结构单体，平面宜以刚度均匀的正方形、矩形、圆形为好，正多边形、椭圆形也是较好的形状，如图 2-12 所示。

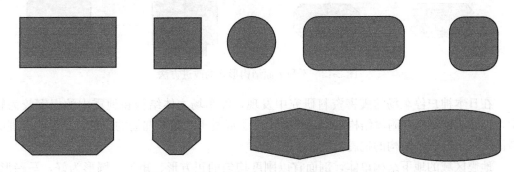

图 2-12 抗震有利的结构单体平面布置形式

应注意，并不是结构采用了上述的平面形状，地下结构就会有良好的抗震性能，上述平面形状为平面双轴或多轴结构，可减小结构水平面内扭转。若其内部结构刚度分布不均匀，依然会发生震害破坏，还需结合其他抗震措施进一步优化。

实际地下结构方案设计中，由于城市规划、建筑用地，使用功能及艺术效果的需求，地下结构不可避免地出现L形、T形、H形、十字形等各种复杂的平面结构。此时，可通过变形缝对刚度不同的结构进行有效分割，使地下结构转化为抗震性能较为优良且便于计算分析的单体结构，也可通过对形状进行适当的调整，使其趋于抗震有利的平面布置形式（图2-13）。

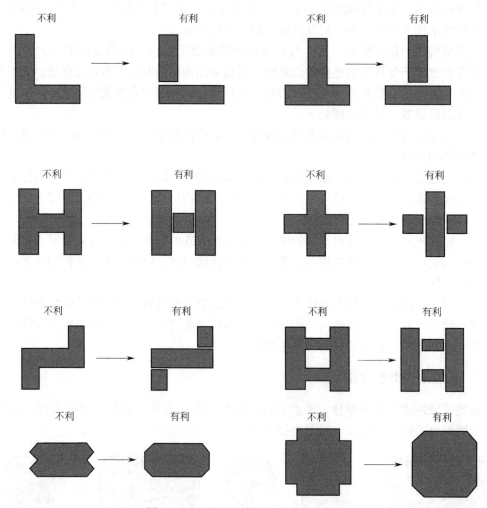

图2-13 不利平面结构形式的改进方法

在日本神户停车场的震害资料研究中发现，停车场主体结构在地震中的损害较为轻微，但在主体结构和附属结构的结合部位出现了混凝土脱落和漏筋的现象。这说明合理的断面分割，有利于结构的抗震性能。

地震区域的地下结构单体，剖面宜以刚度均匀的正方形、矩形、圆形为好，马蹄形、直墙拱形也是相对较好的剖面形状，如图2-14所示。

2.4.4 抗震结构体系选择分析

抗震结构体系是抗震设计需要考虑的重要问题。结构方案的选取是否合理，对安全性及经济性至关重要。结构体系应根据抗震设防类别、抗震设防烈度、结构平剖面布置、场

图 2-14 抗震有利的结构单体剖面布置形式

地条件、地基、结构材料和施工等因素，经技术、经济和使用条件综合比选确定。

选择结构抗震体系，应符合下列要求：

(1) 应具备明确的计算简图和合理的地震作用传递途径。

(2) 宜有多道抗震防线，避免因部分结构或构件破坏而导致整个结构丧失抗震能力。

(3) 应具备必要的抗震承载力、良好的耗能和变形能力。

(4) 宜具有合理的刚度布置，避免因局部削弱形成薄弱部位，产生过大应力集中或塑性变形，对可能出现的薄弱部位应采取措施，提升其抗震能力。

构件设计应符合下列要求：

(1) 混凝土结构构件应合理选择尺寸、配置纵向受力钢筋和箍筋，避免剪切破坏先于弯曲破坏、混凝土压溃先于钢筋屈服、钢筋锚固粘结破坏先于构件破坏。

(2) 钢结构构件应合理选择尺寸，避免构件整体或局部失稳。

(3) 砌体结构应按照规定设置混凝土圈梁、构造柱或采用配筋砌体等。

结构各构件间应可靠连接，保证结构的整体性，应符合下列要求：

(1) 构件节点破坏不应先于连接构件。

(2) 预埋件的锚固破坏不应先于连接的构件。

(3) 装配式结构的构件连接应能保证结构的整体性。

(4) 各抗震支撑系统应能保证地震作用下结构的稳定。

除了强度和刚度要求外，结构应具备足够抵抗塑性变形的能力，即满足延性要求。通过结构塑性变形来吸收和消耗地震能量，有利于抵抗倒塌破坏，提高抗震冗余度。

第3章 土层液化分析

3.1 液化机理分析

1978年美国土木工程师协会岩土工程分部土动力学委员会对"液化"的定义是:"任何物质转化为液体的行为或过程。就无黏性土而言,这种由固体状态到液体状态的变化是孔隙水压力增大和有效应力减小的结果"。1985年日本土力学与地基协会对液化的定义是"饱和砂土由于孔隙水压力的增加。丧失剪应力,从而有效应力降低的状态"。《工程地质手册(第五版)》(中国建筑工业出版社,2018)中对液化的定义为:"当孔隙水压力上升达到围压时有效应力降低为零,从而土体丧失抗剪强度,物质由固体状态转化为液化状态的过程和行为。"

液化机理的认识,通常依赖于室内试验研究。黄文熙、汪闻韶等对振动液化机理方面做出了开创性工作。黄文熙(1959)认为,圆筒仪振动液化试验并不符合砂基、砂坡中的应力条件,建议采用具有特殊动力加载设备三轴压缩仪来进行,也为振动三轴仪的开发提供基础。振动三轴仪的应用,使液化机理的研究从现场宏观调查转入室内试验,并取得大量研究成果。

地基液化和喷砂、喷水的机理如图3-1所示。砂土颗粒之间完全被地下水充满,达到饱和状态。地震前砂土颗粒间接触,承受土的自重和结构物等的荷载,由于地震的摇晃,砂土颗粒间脱离接触,分散浮于水中。这种地基土变成水和砂混合液体状态的现象,称为液化现象。

液化机理从土力学的角度来解释,深度 h 处的地基垂直总应力 σ_v 为:

$$\sigma_v = \gamma_s \cdot h \tag{3-1}$$

式中 γ_s——土的饱和重度;

h——地表面到土的应力计算点的深度,为简化起见,假设地下水位在地表面处,即所有土层处于饱和状态。

垂直总应力可表示为砂土颗粒承受的有效应力 σ_v' 和砂土颗粒之间地下水的压力即孔隙水压力 μ 的和,即:

$$\sigma_v = \sigma_v' + \mu \tag{3-2}$$

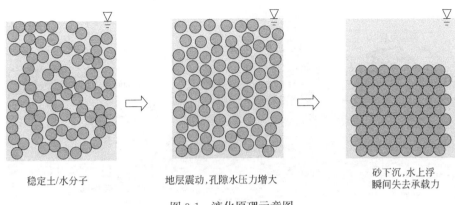

稳定土/水分子　　　　地层震动,孔隙水压力增大　　　　砂下沉,水上浮
瞬间失去承载力

图 3-1　液化原理示意图

地震的摇晃导致松砂发生体积收缩,因而难以压缩的孔隙水的压力 μ 增大。设增加的水压为超孔隙水压力 $\Delta\mu$,则:

$$\mu = \mu_i + \Delta\mu \tag{3-3}$$

式中　μ_i——初始孔隙水压力;

　　　$\Delta\mu$——超孔隙水压力。

如式（3-1）所示,即使发生液化,土的饱和重度 γ_s 不变,垂直总应力 σ_v 为定值,因此孔隙水压力增加 $\Delta\mu$ 导致垂直有效应力 σ'_v 减小。当垂直有效应力为 0 时,成为完全液化状态,超孔隙水压力 $\Delta\mu$ 等于起初土的有效应力 σ'_{vi}。当达到液化状态时,砂土颗粒脱离接触,地基表现为砂土颗粒和地下水的混合液体。液化发生将导致各种各样的破坏。孔隙水压力上升,地下水从地面比较薄的地方或者通过建筑物的基础与地基的缝隙喷出地表,成为喷水。喷水的同时,砂土颗粒一起喷出,称为喷砂（图 3-2、图 3-3）。

图 3-2　地震液化导致的地表喷砂现象

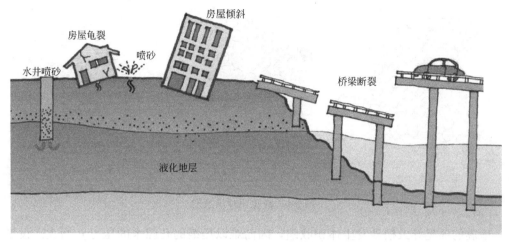

图 3-3 地震液化机理示意图

根据颗粒大小，土可分为：砾石，颗粒最大，粒径 2~75mm；其次为砂土，粒径 0.07~2mm；比砂土更小的颗粒构成粉土和黏土（又称细颗粒），粉土的粒径为 0.005~0.075mm，黏土的粒径为 0.005mm 以下。土中砂土的含量越多越容易发生液化，二粉土和黏土本身不会发生液化，粉土和黏土含量越多越不容易发生液化。另外，砾石含量多的土，砾石透水性较高，超孔隙水压力容易消散，不易液化。

若土中含有大量的细颗粒如粉土和黏土，则土颗粒间的粘结强度变大，不易发生液化。2011 年，日本东北地区太平洋近海地震时，浦安市的填埋区可划分为喷砂发生区域和喷砂未发生区域。浦安市既有疏浚海底土填埋而成的地区，也有开挖土体填埋而成的地区。由于山体的土中含有较多的粉土和黏土等细颗粒，填埋而成的地区没有发生液化；由疏浚海底的砂土填埋而成的地区，在远离砂土排水管出口的地方，堆积着粒径较小的粉土和黏土，也难以发生液化。因而在狭小区域内，也存在液化有无的明显区别。

地基发生液化的条件包括以下几点：
(1) 砂土地基（含砂较多的地基）；
(2) 地下水位较高（砂土颗粒间充满地下水）；
(3) 砂土颗粒处于松散堆积状态。

满足上述条件的地基包括海滩、沼泽、沿河洼地、三角洲、古河道（原本是河流的土地）、河床等。相反，液化可能性低的地基包括山地、高原、丘陵地带等。即使在高原和丘陵地带，若河流沿岸存在松散砂土地基，仍可能液化。有学者指出填埋年代也是容易引起地基液化的影响因素。当土中含有粉土和黏土时，随着时间推移，细粒土中的化学成分增强了土颗粒之间的粘结强度，增加了对液化的抵抗能力。事实上，东北地区太平洋近海地震时，根据东京湾沿海地区填埋地液化的调查分析，指出与新填埋地相比，填埋时间较早的填埋地的液化程度相对轻微。

3.2 液化危害分析

1964 年 6 月 16 日，日本新潟县南方近海 40km 发生 7.5 级大地震，引发严重液化现象，包括涌砂、喷水、地层下陷、建筑物沉陷与倾斜、地下室上浮、桥墩下沉，以及港湾、机场损毁。当时新建楼房考虑了抗震问题，整体性好，未因地震而坍塌，但很多建筑却出现地基失效，整体倾斜，有些虽未完全倾倒，倾斜度却超过60°（图3-4）。这是日本与世界地震史上第一个以严重土壤液化灾害闻名的地震，当时拍摄的影像迅速传播至全世界，引起世界工程地质领域对砂土液化的关注和深入研究。

1964年新潟地震后，开始从工学的观点认识到液化现象和液化危害。不过，新潟地震以前的地震也报道了喷砂、喷水、地裂缝等液化现象。如前所述，液化是以砂土为主的地基和地下水混合物呈现液体的现象，会造成以下危害。

1. 地基承载力显著减小，引起结构物下沉、倾斜、倒塌

粉土、砂土等地质结构，其承载力主要来源是土颗粒间形成的骨架作用，但有水的存在，在地震波的振动下土颗粒彼此逐渐离散并悬浮于水中，处于类似液态的可流动状态，抗剪能力大幅下降，甚至为零，造成地表的沉降，对地下结构及地表建筑物造成破坏。

图3-4 日本新潟地震楼房倾斜

另一种破坏力巨大的砂土液化是流动破坏，又被称为流向塌方，这种情况下，大块的土地以液体形式流动较长的距离，或整块漂浮在液体之上，规模大，行进速度高，是对生命财产危害最大的一类砂土液化灾害。印尼地震中的砂土液化就属于这一类。此类灾害如果发生在近海的海底还可能引发海啸，一个最典型的例子是1964年的美国阿拉斯加大地震。

1964年3月27日，美国阿拉斯加发生9.2级地震，地震引起的砂土液化主要发生在阿拉斯加沿岸海湾水底，塌陷达10m之深，造成西沃德和瓦尔德芝两地码头建筑完全被毁并引发海啸，夺走许多生命，是美国和北美历史上最大的地震（图3-5）。

近年国内发生较大地震中，也发现了较广的地层液化导致地表喷水、喷砂，地面建（构）筑物沉陷倒塌的案例。2003年2月24日10时3分42秒，新疆巴楚-伽师地区发生6.8级地震。值得注意的是，本次地震后发生了大范围砂土液化现象，是1976年唐山地

图 3-5 1964 年美国阿拉斯加地震

震后近几十年来,中国大陆地区砂土液化现象最显著的一次地震。

此次地震发生在人口密集的冲积平原地区,由于该地区地下水埋深小,土质疏松(地基下广泛分布粉砂、细砂),导致地震中"喷水冒砂"的震害现象十分显著(图 3-6)。土体液化过程中,伴随着孔压上升出现喷水冒砂现象,同时土体失去承载力,加重了灾区房屋的破坏程度。

图 3-6 琼库尔恰克乡中学操场被液化冒出的水淹没

1966 年 3 月 8 日,河北省邢台地区发生 6.8 级地震,震中烈度 9 度;1966 年 3 月 22 日,邢台地区宁晋县发生 7.2 级地震,震中烈度 10 度。地震造成的地面破坏以地裂缝和喷水冒砂为主（图 3-7）。地形地貌变化显著，出现大量地裂缝、滑坡、崩塌、错动、涌泉、水位变化、地面沉陷等现象，喷水冒砂现象普遍，最大的喷孔直径达 2m，地下水普遍上升 2m 多。

这次地震砂土液化的一个重要特点是沿古河道不仅地裂缝及喷水冒砂普遍，而且位于古河道上的村庄比相邻村庄的破坏严重；在同一村庄中，古河道通过地段的房屋比其他地段破坏严重。

图 3-7 邢台地区宁晋县地震后的地裂缝和喷水现象

1970 年 1 月 5 日，云南省峨山、通海地区发生了 7.7 级地震，震中烈度 10 度。此次地震喷水冒砂现象十分严重，喷冒孔有单孔的，也有成群串珠状的，总体走向与曲江断裂的走向基本一致。

1976 年 7 月 28 日，河北省唐山地区发生了 7.8 级强烈地震，震中烈度达 11 度，当天 18 点又在滦县发生了 7.1 级地震，主震后的余震加重了地震灾害。喷水冒砂和地表裂缝是唐山地震地表震害的主要形式（图 3-8）。

图 3-8 唐山震后出现大量液化导致的喷砂、喷水现象

唐山地震造成液化面积广大，震后航拍和现场考察证实，液化范围约2.5万km²，因此无论是破坏程度，还是波及规模，都是近现代地震历史上罕见的。值得一提的是，唐山地震的砂土液化现象对我国规范液化判别的修订起到了非常重要的作用，唐山地震液化场地数据占规范数据的60%。

1999年9月21日凌晨，7.3级强烈地震发生在我国台湾集集镇，俗称"9·21地震"。本次地震后，员林、南投、大肚溪以及台中港等大规模地区发生砂土液化现象，导致地层下陷、喷水冒砂、房屋倾斜、倒塌（图3-9）。

图3-9 彰化县大肚溪发生的土壤液化

2008年5月12日14时，我国四川汶川、北川境内发生8级强烈地震，最大烈度11度。汶川地震是新中国成立以来波及范围最大、破坏性最强的一次地震，其强度、烈度都超过了1976年的唐山大地震。中国地震局工程力学研究所岩土室研究人员考察结果表明，此次大地震的液化分布范围也是新中国成立以来最广的一次，调查确认有118个液化场地和液化带，涉及10万km²的区域。

此次地震一个重要的特点是砂砾土液化分布广泛，造成危害特别严重（图3-10）。汶川地震液化场地喷砂类型对比我国以往发生的地震液化砂类明显丰富，喷砂类型包括粉砂、细砂、中砂、粗砂、砾石，甚至卵石。为我国砂砾土液化研究提供了大量有价值的数据。

2. 液化土的浮力造成地下结构物的上浮

液化土的重度大约为16~20kN/m³，与此相比，像地下管道、地下人行通道、地下车站、地下区间等地下结构物，考虑内部空间体积后的换算重度一般小于该值。地震中经常出现地下结构物上浮的情况。2004年，日本新潟县中越地区7级地震发生时，造成土层液化，导致街道周边的管道井发生上浮（图3-11）。

轨道交通领域，由于选址避开了液化相对严重的区域，目前液化导致损害案例较少。但液化现象如若发生，对地铁结构的影响强烈，设计时需采取抗液化措施。

3. 土工结构物（填土、堤防、土坝）的破坏

填土、堤防和土坝等土工结构物，由于地基和结构物填筑材料的液化，会产生较大变

图 3-10 汶川地震砂砾土液化喷出现场

图 3-11 街边下水道上浮（2004 年日本新潟县中越地区 7 级地震）

形和沉降（图 3-12、图 3-13）。通常土工结构物填筑时，多使用砂质材料，更易发生液化现象。

综合整理液化导致的震害现象，可发现地震液化造成的损害十分巨大，应采取相应的加固措施，3.4 节将详细论述抗液化措施。

图 3-12 "5·12"汶川地震引发岷江河漫滩砂土液化

图 3-13 唐山大地震导致铁路路堤破坏、铁轨变形

3.3 液化的判别

目前，对于液化场地的判别方法较多，根据日本相关规范，其液化判别根据结构物的重要程度、种类和土质调查精度有以下三种方法：

(1) 根据地形、地质条件的简便方法；
(2) 根据 N 值和粒径分布等土质调查结果的方法；
(3) 基于室内液化强度试验和地基的地震响应分析的详细方法。

对生命线埋设管道等大范围地基液化进行判别，常采用方法（1），按如下分类进行判别：

液化可能性高的地区（A），现在的河道、古河道、河流沿岸的冲积地、海滨、河流、田地和山谷的填埋地、沙丘之间的洼地；

有液化可能的地区（B），（A）和（C）以外的地基；

液化可能性低的地区（C），台地、丘陵、山地、扇形地。

上述方法是相对较粗放的判别，如汶川地震时，夹杂砾石甚至卵石的地层也发生了较大范围的液化。

国内特别是轨道交通领域（液化案例较少），目前大多采用方法（2），即《城市轨道交通结构抗震设计规范》GB 50909—2014 规范中的判别方法。

基于现有液化研究水平，《城市轨道交通结构抗震设计规范》GB 50909—2014 中对是否进行液化判别的情况做了说明：

(1) 当抗震设防地震动分档为 0.05g 时，对标准设防类城市轨道交通结构物可不进行场地地震液化判别和处理。当抗震设防地震动分档为 0.05g 时，相当于地震烈度为 6 度。这时，地震动加速度小，烈度低，地基一般不会液化或液化程度较低，对地下结构产生的影响较小。对于标准设防类地下结构，可不进行液化判别和采取抗液化措施。

(2) 对特殊设防类、重点设防类城市轨道交通结构物，抗震设防地震动分档为 0.05g 时，应按抗震设防地震动分档为 0.10g 的要求进行场地地震液化判别和处理。

(3) 当设防地震动分档为 0.10g 及以上时，重点设防类、标准设防类城市轨道交通结构物可按本地区的抗震设防地震动分档的要求或采取经主管部门批准的工程场地地震安全性评价的结果进行场地地震液化判别。

(4) 特殊设防类轨道交通结构物应进行专门的场地液化和处理措施研究。

(5) 对特殊设防类、重点设防类轨道交通结构物，宜对遭遇 E3 地震作用时的场地液化效应进行评价。

特殊设防类、重点设防类城市轨道交通地下结构在遭遇 E3 地震作用时，若场地发生液化，将造成轨道交通地下结构失去稳定或产生较大破坏，导致轨道交通线路瘫痪。因此，宜对 E3 地震作用下地基是否液化进行判别，并对液化引起的地基承载力降低和变形对特殊设防类、重点设防类城市轨道交通地下结构产生的影响进行评价。

当饱和砂土或粉土地基符合下列条件之一时，可初步判定为不考虑液化影响：

(1) 当地质年代为第四纪晚更新世（Q_3）及以前，且抗震设防地震动分档为 0.10（0.15）g、0.20（0.30）g 时，可判别为不液化。

(2) 当粒径小于 0.005mm 的粉土的黏粒含量百分率对应抗震设防地震动分档为 0.10（0.15）g、0.20（0.30）g、0.40g 分别不小于 10、13 和 16 时，可判别为不液化土。

(3) 对浅埋天然地基的结构物，当上覆非液化土层厚度和地下水位深度符合下列条件之一时，可不考虑液化影响：

$$d_u > d_0 + d_b - 2 \tag{3-4}$$

$$d_w > d_0 + d_b - 2 \tag{3-5}$$

$$d_u + d_w > 1.5d_0 + 2d_b - 4.5 \tag{3-6}$$

式中 d_u——上覆盖非液化土层厚度（m），计算时宜将淤泥和淤泥质土层扣除；

d_b——基础埋置深度（m），不超过2m时应采取2m；

d_w——地下水位深度（m）；

d_0——液化土特征深度（m），可按表3-1采用。

液化土特征深度 　　表3-1

饱和土类别	0.10(0.15)g	0.20(0.30)g	0.40g
粉土	6	7	8
砂土	7	8	9

场地地震液化的进一步判别可采用标准贯入试验判别法，并应符合下列规定：

（1）液化判别的土层深度应达到地面以下20m。当饱和土标准贯入锤击数（未经杆长修正）小于或等于液化判别标准贯入锤击数临界值时，应判定为可液化土。

（2）在地面下20m深度范围内，液化判别标准贯入锤击数临界值可按下式计算：

$$N_{cr} = N_0 \eta_m [\ln(1.5 + 0.6d_s) - 0.10d_w]\sqrt{3/\rho_c} \tag{3-7}$$

式中 N_{cr}——判别标准贯入液化锤击数临界值；

N_0——液化判别标准贯入锤击数基准值（表3-2）；

d_s——饱和土标准贯入点深度（m）；

d_w——地下水位深度（m）；

ρ_c——黏粒含量百分率，当小于3或为砂土时，应采用3；

η_m——与设防地震动加速度反应谱特征周期分区相关的调整系数，应按表3-3采用。

液化判别标准贯入锤击数基准值N_0　　表3-2

地震动分档(g)	0.10	0.15	0.20	0.30	0.40
N_0	7	10	12	16	19

调整系数η_m　　表3-3

反应谱特征周期分区	η_m
0.35s 分区	0.80
0.40s 分区	0.95
0.45s 分区	1.05

当采用标准贯入试验判别法判定土层液化后，应根据土层的液化程度对地基的变形模量、地基的基床系数、地基承载力和桩周边土的承载力等土层参数进行修正。

可液化土层的设计参数宜采用该土层在不发生液化时的土层设计参数乘以该土层液化影响折减系数C_e进行修正。土层液化影响折减系数可按表3-4取值。折减系数为0的土层不应计该土层的抗力作用。

土层液化影响折减系数 C_e 表 3-4

土层的液化抵抗率	计算深度(m)	C_e
$F_L \leqslant 0.6$	$d_s \leqslant 10$	0
	$10 < d_s \leqslant 20$	1/3
$0.6 < F_L \leqslant 0.8$	$d_s \leqslant 10$	1/3
	$10 < d_s \leqslant 20$	2/3
$0.8 < F_L \leqslant 1.0$	$d_s \leqslant 10$	2/3
	$10 < d_s \leqslant 20$	1

当采用标准贯入锤击数表征土的液化抗力时，土层的液化抵抗率可按下式计算：

$$F_L = \frac{N_1}{N_{cr}} \tag{3-8}$$

式中 F_L——土层的液化抵抗率；
N_1——场地土标准贯入锤击数实测值；
N_{cr}——液化判别标准贯入锤击数临界值。

对存在可液化土层的地基，应探明各液化土层的深度和厚度，按下式计算每个钻孔的液化指数：

$$I_{lE} = \sum_{i=1}^{n} \left(1 - \frac{N_i}{N_{cri}}\right) d_i W_i \tag{3-9}$$

式中 I_{lE}——液化指数；
n——在判别深度范围内每一个钻孔标准贯入试验点的总数；
N_i——i 点标准贯入锤击数实测值；
N_{cri}——i 点液化判别标准贯入锤击数临界值，当实测值大于临界值时应取临界值的数值；
d_i——i 点所代表的土层厚度（m），可采用与该标准贯入试验点相邻的上、下两标准贯入试验点深度差的一半，但上界不高于地下水位深度，下界不大于液化深度；
W_i——i 土层单位土层厚度的层位影响权函数值（m^{-1}）。当该层中点深度不大于 5m 时，应采用 10；等于 20m 时，应采用 0；5~20m 时，应按线性内插法取值。

根据式（3-9）计算得到对应土层的液化指数，并按照表 3-5 的对应关系，最终确认相应地层的液化等级。

地基液化等级与液化指数的对应关系 表 3-5

地基液化等级	轻微	中等	严重
I_{lE}	$0 < I_{lE} \leqslant 6$	$6 < I_{lE} \leqslant 18$	$I_{lE} > 18$

3.4 抗液化措施

3.4.1 抗液化基本方法

液化对策基本上有以下两种思路：一是直接防止地基液化；二是提高结构物强度和安

全度，以抵御地基液化。

思路一主要通过改变地基使其难以液化，如前所述，一般地基液化的条件包括松的砂质地基以及砂土颗粒之间饱和地基（在地下水位以下的饱和状态）。防止地基液化的具体做法有：

（1）压实松散地基，使其变成坚硬地基；
（2）降低地下水位，使砂土地基处于不饱和状态；
（3）防止砂土颗粒间的水压力即孔隙水压力上升。

液化现象是因为地震动使孔隙水压力上升，砂土颗粒之间失去连接，从而使砂土颗粒在孔隙水中处于悬浮状态。通过在地基中打入排水性良好的砂砾柱或有开孔的管道等，使上升的超孔隙水压力消散、减小，从而化解液化的不利影响。

压实地基的方法主要有振浮压实法、挤密砂桩法、强夯法等。

挤密砂桩法是将钢套管压入地下，向套管内注入砂，一边振动一边拔出套管，在地基中构筑压实砂桩，如图 3-14 所示。

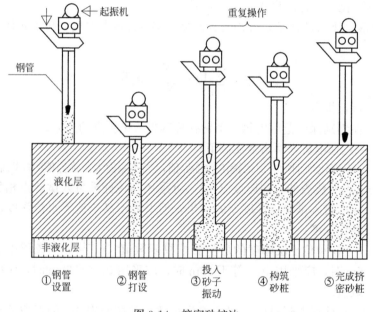

图 3-14 挤密砂桩法

强夯法是使重锤自空中向地面落下，依靠冲击力压实地基的方法，如图 3-15 所示，该方法虽可以降低施工成本，但能加固的地基深度仅为 3～4m，当更深处存在液化土层时不宜采用。

振浮压实法和挤密砂桩法可以加固到地面以下 10～20m 的深度，具体采用何种地基加固方法，需要综合考虑液化土层的深度、液化程度、结构物种类、经济性，以及对周围环境的影响等因素。

除此之外，还有注浆法，即向地下注入水泥系材料，进行地基加固，如图 3-16 所示，以及注入固化材料并在地基中进行搅拌的深层搅拌法等。深层搅拌法多用于既有护岸的抗震加固，加固护岸前面的海底地基，可以起到抵抗护岸移动和翻倒的效果。该方法的优点

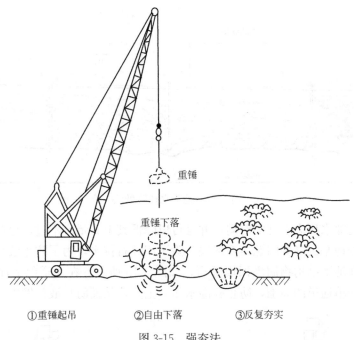

①重锤起吊　　②自由下落　　③反复夯实

图 3-15　强夯法

是施工中不产生振动，但存在注浆材料侵入地下水，难以准确把握注浆效果等问题。

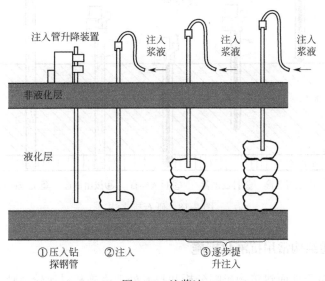

①压入钻探钢管　　②注入　　③逐步提升注入

图 3-16　注浆法

　　降低地下水位的方法，除了使液化土层处于不饱和状态外，也可通过增加表层的非液化土层的厚度，使地下水位以下土体的垂直有效应力变大，从而增加抗液化强度。如图 3-17 所示，某地采取柔性防渗墙把油罐地基整体隔断，降低了场地内的地下水位，但需要解决由于抽取地下水引起的不均匀沉降，以及长时间地下水位降低等问题。

　　防止孔隙水压力上升的方法有用碎石作为材料的砂砾排水法和用有孔管道的排水法，如图 3-18 所示。这些方法中，排水体周围的地基没有被改良，孔隙水通过排水体迅速排

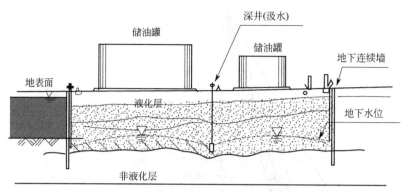

图 3-17 地下水位降低法

出,可以缩短孔隙水压力上升的时间,并且可以降低其上升量。不过,也存在排水体的堵塞、伴随排水的地基沉降等问题需要解决。除了用碎石排水,为了防止液化对地下结构物的破坏,也可在地下结构物周围回填砾石,如图 3-19 所示。在通道的下面构筑砾石桩的同时,用砾石回填通道的周围,防止孔隙水压力上升,从而防止液化发生。

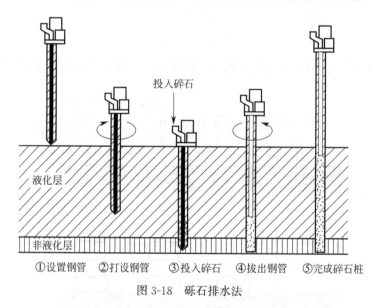

图 3-18 砾石排水法

3.4.2 轨道交通结构常用抗液化措施

可液化地层对于地面建筑物影响分析和技术处理措施相对比较清晰,但对地下结构的影响目前研究尚不充分。地震液化的早期研究,通常认为土层只要液化就会造成震害,就需要采取抗液化措施。近几年来,通过总结几次大地震经验认识到,土层液化了,但不一定造成震害。

经验表明液化土层具有双层作用:地基失效,会加重震害;隔震作用,可减小传递给结构的地震能量,减轻震害。在这双重因素综合作用下,与所在地区的平均震害相比,液化土层对结构震害的影响有三种情况:震害加重,震害不加不减,震害减轻。

分析结果表明：土层液化对于短自振周期建筑物往往起到隔震作用；对长自振周期建筑物承受的地震作用有增有减，比较复杂，取决于许多因素。由于地下结构的自振周期长，应考虑液化的不利影响，即加重震害。

根据数值计算和振动台试验表明，可液化土层位置不同时，其对地下结构产生的影响也不同：

（1）当液化土层位于顶板上方时，对地下结构影响较小；

（2）可液化土层位于侧墙和底板且覆土较浅时，可能会导致地下结构上浮；

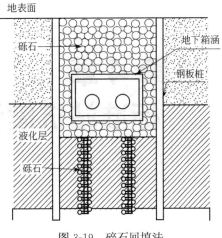

图 3-19　碎石回填法

（3）如果液化土层位于底板下方时，导致地下结构产生较大沉降或倾斜变形；

（4）如果地下结构完全处于可液化土层中，土层可能产生较大滑移，使地下结构发生较大的刚体位移。

因此，根据液化土层与地下结构相对位置的不同，应分别采取不同的应对措施：

（1）在设计时，应考虑地震时液化土层产生的孔隙水压力对地下结构上浮的影响；

（2）当液化地层位于顶板以上时，可以基本不采取工程措施；

（3）当液化地层位于结构侧墙位置时，抗震分析时可根据液化程度对液化层厚度范围内的土层进行弱化处理；根据计算结果和以往的工程经验综合确定工程措施。严重液化的地层可通过基坑围护结构、地层注浆加固等进行处理。如果侧墙处的可液化土层范围较大且液化等级较高时，应对其处理范围进行专门研究，保证工程经济性和安全性。

（4）如果车站结构底板处存在可液化土层时，应进行处理，可采取换填、挤密桩等措施。底板土层液化时，孔隙水压力会上升，从而增加结构的浮力，因此需要对结构的抗浮工况重新验算。

以上情况，尤其底板位于液化土层的情况，目前可供参考的资料不多，开展的振动台试验和动力时程分析等研究成果表明影响复杂，上浮变形也受地层分布、液化程度、结构布置等控制，对结构影响不利。因此，地震效应分析及相应的处理措施等应专门研究。

对于不同类型的地下结构，也存在不同的液化处理措施：

（1）明挖车站周围存在液化土层时，可通过地下连续墙等围护结构封闭隔离液化土层，在抗震设计时，应考虑地震时的孔隙水压力增加对围护结构的作用。

（2）区间隧道存在液化土层时，一般可考虑调整线路位置和隧道埋深的方式，从而避开液化土层，或使液化土层与区间隧道的空间位置关系尽可能处于抗震有利的位置。

（3）盾构隧道应尽量避开液化土层，如无法避开时，应对盾构区间隧道底部地层采取可靠的改良措施。

第 4 章
标准站抗震计算

本章以北京某工程为例,对标准明挖站的抗震专项设计过程进行详细介绍。具体包含静力计算、反应位移法计算、时程分析法计算、结果评价及抗震构造措施等,涵盖了工程中抗震设计的各个部分,对工程设计人员有一定参考价值。

4.1 工程概况

4.1.1 项目概况

车站总长360m,标准段宽37.3m,高21.54m,顶板覆土约3.3m,轨面埋深约23.2m。车站为地下三层站,标准段为三柱四跨结构(图4-1、图4-2)。车站主体采用明挖法施工,车站东、西两端区间隧道均采用矿山法施工。车站共设置2个换乘通道、5个出入口(含3个物业出入口)、5个安全出口及2组风亭。

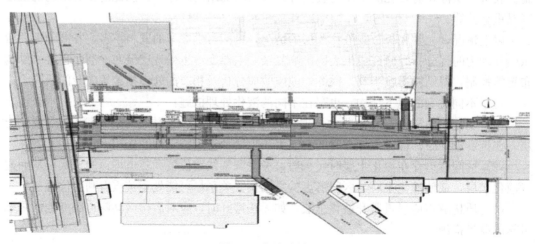

图 4-1 车站总平面

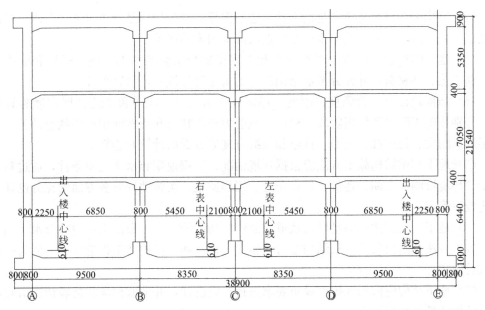

图 4-2 车站标准段结构横断面

4.1.2 水文地质条件

1. 地质条件

场区地形由南向北逐渐升高,自然地面标高为 37.66~46.65m,表层为人工填土层,其下为新近沉积的粉土、粉质黏土、砂土地层,往下为第四纪全新世冲洪积的黏性土、粉土与砂土互层,再下为第四纪晚更新世冲洪积的以粗粒的圆砾卵石土夹砂土层为主,圆砾卵石土层之间夹厚度不等的黏性土、粉土层。局部揭露古近纪以泥岩、砾岩为主的基岩。

2. 水文条件

本场区 70.0m 深度范围地下水以第四纪松散沉积物孔隙水为主,受地层岩性分布特点的影响,该水文地质单元,主要分布两层地下水,地下水类型为上层滞水(一)和层间水(四)。

上层滞水(一):随季节、大气降水及地表水的补给变化而变化,分布呈无规律性,含水层主要为砂质粉土、黏质粉土③层。

层间水(四):本工程初步勘察成果显示此层稳定水位埋深在 27.80~29.50m,稳定水位标高为 14.34~14.93m,含水层主要为粉质黏土⑧层、卵石圆砾⑨层及其以下地层。

4.2 设计原则及设计标准

4.2.1 设计原则

(1)结构设计应在"安全可靠、经久耐用、技术先进、经济合理、施工方便、确保质量"的基本前提下,以"结构为功能服务"为原则,满足行车运营、城市规划、环境保护、施工工艺、防水、防灾、防迷流、防腐蚀、杂散电流防护及人民防空等有关要求。

（2）结构的净空尺寸应满足地下铁道建筑限界和其他使用及施工工艺的要求，尚应考虑施工误差、测量误差、结构变形和后期沉降等因素的影响。

（3）地下结构设计应贯彻理论计算和工程类比相结合的基本原则，运用和引进新技术、新工艺、新材料，并充分考虑结构设计的安全可靠性和经济合理性。

（4）结构设计应符合强度、刚度、稳定性、耐久性、抗浮和裂缝开展宽度验算的要求。分别按施工阶段和使用阶段，根据承载能力极限状态和正常使用极限状态的要求，进行强度、刚度、稳定性、变形、抗浮和裂缝宽度等方面的计算和验算。

（5）地下车站结构施工方法应根据环境情况、工程地质和水文地质条件，通过对工程安全、环境影响、工期、造价、技术先进、工程质量、实施性好等多方面的充分论证和综合比较后确定。

（6）地下结构形式应满足城市轨道交通使用功能的需求，根据工程地质及水文地质条件、施工方法及断面尺寸，从结构受力、施工工艺、环境保护及工程造价等方面通过综合比较后确定。

（7）地下结构应按场区抗震设防要求进行抗震设计，并采取相应的抗震构造措施，以提高结构的整体抗震能力。

（8）当结构位于液化地层时，应考虑地震及车辆振动可能对地层产生的不利影响，并根据结构和地层情况采取相应的技术措施。

（9）地铁结构具有战时人防的要求。在规定的设防部位，结构设计按批准的抗力标准进行验算，并设置相应的防护设施。

（10）结构计算模型应符合实际工况条件，充分考虑结构与地层的相互作用和施工中已形成的支护结构的作用。

（11）结合沿线地面及地下建（构）筑物等的结构类型、受力特点、使用要求、地层条件、地铁施工条件，确定施工可能引起的影响，按照建（构）筑物的安全要求，制定合理的工程措施，严格确保地上、地下建（构）筑物的安全。

（12）明挖法及矿山法结构施工应在无地下水的条件下进行，根据隧道所穿越的地层及水文情况、隧道埋深、环境要求，从施工安全、环境影响、工程造价等方面进行综合比较，确定降水或止水方案。

（13）结构工程材料应根据结构类型、受力条件等要求选用，并考虑经济性、可靠性和耐久性。

4.2.2 设计标准

（1）地下结构的主体结构和内部结构按永久构件进行设计，并应符合下列规定：

①设计使用年限为100年，相应结构可靠度理论的设计基准期均采用50年，并根据使用环境类别进行耐久性设计。

②应按荷载效应的基本组合和偶然组合进行承载能力极限状态计算，荷载效应基本组合时结构重要性系数应取$\gamma_0=1.1$，荷载效应偶然组合时结构重要性系数应取$\gamma_0=1.0$。

③应按荷载效应的准永久组合并考虑长期作用的影响进行正常使用极限状态裂缝宽度验算。一般环境（Ⅰ类）和冻融环境（Ⅱ类）中，结构构件正截面的受力裂缝控制等级为三级，与地下水、土接触并有自防水要求的混凝土构件，其表面最大裂缝宽度限值应取

0.2mm，其他构件的最大裂缝宽度限值应取 0.3mm。在裂缝宽度验算时，当钢筋的混凝土保护层实际厚度超过 30mm 时，保护层厚度可取 30mm。

④应按荷载效应的准永久组合并考虑长期作用的影响进行正常使用极限状态变形验算。受弯构件的最大挠度限值不应超过 $L_0/400 \sim L_0/300$，悬臂构件的最大挠度限值不应超过 2（$L_0/400 \sim L_0/300$），L_0 为构件的计算跨度。

（2）地下结构的基坑支护及矿山法初期支护按临时构件进行设计，仅按荷载效应的基本组合进行极限承载能力计算，结构构件的重要性系数取 $\gamma_0=1.0$，同时不考虑耐久性设计要求。

（3）施工过程中控制设计的永久构件仅按进行荷载效应基本组合的极限承载能力计算，结构构件重要性系数取 $\gamma_0=1.0$。

（4）结构设计应按最不利情况进行抗浮稳定性验算，在进行抗浮稳定验算时，各荷载分项系数均取 1.0。在不考虑侧壁摩阻力时，其抗浮安全系数不得小于 1.05；当计及侧壁摩阻力时，其抗浮安全系数不得小于 1.15。当结构抗浮不能满足要求时，应采取相应的工程措施，如压重、顶部压梁或底部抗拔桩等，但不宜采用消浮措施。

（5）地下结构的地震作用应符合 8 度抗震设防烈度的要求，并根据北京市政府主管部门批准的地震安全性评价结果选择相应的设计地震参数。地下车站主体结构的抗震等级为二级；地下车站出入口通道、风道等附属结构及区间隧道的抗震等级应为三级（对于多跨附属结构按照抗震等级为二级考虑）；当地下结构与地面建筑物合建时，其抗震等级应与上部建筑物的抗震等级一致。

（6）地下结构须具有战时防护功能并具有平战转换功能。本工程属甲类人防工程，在规定的设防部位，结构设计按防核武器抗力级别 5 级、防常规武器抗力级别 5 级进行验算，并设置相应的防护设施。新线结构与既有线路连通或上跨、下穿既有线时，应保证不降低各自结构的设防标准。地下车站人防门防护段以外的通道结构或构件、出入口的楼梯踏步和休息平台均要考虑人防荷载，计算方法和要求见《轨道交通工程人民防空设计规范》RFJ 02—2009 和《人民防空工程设计规范》GB 50225—2005 的规定。

（7）地下结构设计应满足《建筑设计防火规范》GB 50016—2014 的相关要求，地下结构中承重构件的耐火等级为一级，其他构件应满足相应的室内建筑防火规范要求。

（8）地下结构的自身防水要求应满足建筑物防水等级要求，地下车站、人行通道以及风道的设备区按一级防水等级要求设计，风道非设备区、区间隧道和辅助线隧道及联络通道的结构防水等级定为二级。

（9）地下结构应根据行业标准《地铁杂散电流腐蚀防护技术标准》CJJ/T 49—2020 采取防止杂散电流的措施，钢结构及钢连接件应进行除锈和防腐蚀处理。

（10）当地下结构处于有侵蚀地段时，应采取抗侵蚀措施，混凝土抗侵蚀系数不得低于 0.8。

（11）与地面线相接的区间隧道入口处应做防洪设计，下穿河湖的区间两端应做防淹设计。

（12）区间结构的净空尺寸除满足建筑限界要求外，尚应考虑施工误差、结构变形、后期沉降的影响。

4.3 抗震要求及计算方法

4.3.1 地震动参数

1. 抗震设防要求

城市轨道交通结构应划分为标准设防类、重点设防类、特殊设防类三个抗震设防类别。根据《城市轨道交通结构抗震设计规范》GB 50909—2014，本车站抗震设防类别为重点设防类（乙类建筑）。

2. 抗震性能要求

依据《城市轨道交通结构抗震设计规范》GB 50909—2014，城市轨道交通结构的抗震性能要求应分成三个等级：

性能要求Ⅰ：地震后不破坏或轻微破坏，应能保持其正常使用功能；结构处于弹性工作阶段；不应因结构的变形导致轨道过大变形而影响行车安全。

性能要求Ⅱ：地震后可能破坏，经修补，短期内应能恢复其正常使用功能；结构局部进入弹塑性工作阶段。

性能要求Ⅲ：地震后可能产生较大破坏，但不应出现局部或整体倒毁，结构进入弹塑性工作阶段。

3. 抗震设防目标

本车站抗震设防类别为重点设防类（乙类建筑），重点设防类地下结构抗震性能要求如表 4-1 所示。

城市轨道交通结构抗震性能要求 表 4-1

地震动水准		抗震设防类别	结构抗震性能要求
等级	重现期(年)		地下结构
E1 地震作用	100	重点设防类	Ⅰ
E2 地震作用	475	重点设防类	Ⅰ
E3 地震作用	2475	重点设防类	Ⅱ

同时根据《城市轨道交通工程设计规范》DB 11/995—2013 第 11.7.3 条要求，轨道交通工程地下结构抗震设计应符合以下规定：

当遭受低于本工程抗震设防烈度的多遇地震 E1 影响时，市政地下工程不损坏，对周围环境和市政设施正常运营无影响；

当遭受相对于本工程抗震设防烈度的地震 E2 影响时，市政地下工程不损坏或仅需对非重要结构部位进行一般修理，对周围环境影响轻微，不影响市政设施正常运营；

当遭受高于本工程抗震设防烈度的罕遇地震 E3（高于设防烈度 1 度）影响时，市政地下工程主要结构支撑体系不发生严重破坏且便于修复，无重大人员伤亡，对周围环境不产生严重影响，修复后市政设施可正常运营。

4. 抗震设计条件

1）场地类别

根据《城市轨道交通结构抗震设计规范》GB 50909—2014 综合判定本工程沿线场地属于对建筑抗震一般地段。

2）地基与基础

本站在工程地质Ⅱ单元内，地基持力土层主要为卵石圆砾⑦层，天然地基承载力满足要求，建议采用天然地基。

3）地震作用参数

根据本工程勘察成果和既有的研究资料、《中国地震动参数区划图》GB 18306—2015 及《建筑抗震设计规范》GB 50011—2010，本工程所在地区抗震设防烈度为 8 度，设计基本地震加速度值为 $0.20g$，设计地震分组为第一组，设计特征周期为 $0.35s$。根据《建筑工程抗震设防分类标准》GB 50223—2008，本工程抗震设防类别属于重点设防类，即乙类。

项目设计地震动参数见表 4-2～表 4-4。

场地地表水平向峰值加速度和反应谱参数　　　　表 4-2

概率水准	A_{max}(gal)	β_m	T_0(s)	T_1(s)	T_g(s)	γ	α_{max}
50 年 63%	70	2.5	0.04	0.1	0.35	0.9	0.20
50 年 10%	230	2.5	0.04	0.1	0.50	0.9	0.61
50 年 2%	360	2.5	0.04	0.1	0.90	0.9	1.07
100 年 63%	105	2.5	0.04	0.1	0.40	0.9	0.28
100 年 10%	300	2.5	0.04	0.1	0.60	0.9	0.84
100 年 2%	400	2.5	0.04	0.1	1.10	0.9	1.27

底板所在层位水平向峰值加速度和反应谱参数　　　　表 4-3

概率水准	A_{max}(gal)	β_m	T_0(s)	T_1(s)	T_g(s)	γ	α_{max}
50 年 63%	50	2.5	0.04	0.1	0.45	0.9	0.13
50 年 10%	150	2.5	0.04	0.1	0.65	0.9	0.38
50 年 2%	270	2.5	0.04	0.1	1.00	0.9	0.69
100 年 63%	65	2.5	0.04	0.1	0.50	0.9	0.17
100 年 10%	210	2.5	0.04	0.1	0.70	0.9	0.54
100 年 2%	330	2.5	0.04	0.1	1.10	0.9	0.84

钻孔土层动力物理参数　　　　表 4-4

序号	土性描述	计算类别	土层深度(m)	层厚(m)	波速 V_s(m/s)	密度(g/cm³)
1	素填土	1	1.3	1.3	138	1.900
2	粉质黏土	2	2.7	1.4	187	1.970
3	黏质粉土	14	7.0	1.3	208	2.000
4	粉质黏土	3	8	4	202	2.000

续表

序号	土性描述	计算类别	土层深度(m)	层厚(m)	波速 V_s(m/s)	密度(g/cm³)
5	粉质黏土	3	10.8	2.8	231	2.000
6	细砂	18	13.1	2.3	287	1.980
7	粉质黏土	6	16.1	3.0	248	2.000
8	细砂	18	18.9	2.8	315	1.980
9	圆砾	19	22.3	3.4	371	2.000
10	卵石	19	29.0	6.7	434	2.000
11	粉质黏土	8	33.5	4.5	308	1.970
12	细砂	18	36.3	2.8	392	1.980
13	卵石	19	43.0	6.7	468	2.000
14	卵石	19	46.9	3.9	481	2.000
15	细砂	19	49.0	2.1	419	1.980
16	粉质黏土	11	50.0	1.0	341	1.970
17	细砂	18	53.8	3.8	433	1.980
18	基底	20	57.0		500	2.100

4.3.2 抗震计算方法

1. 本站地震专项设计内容判定

根据住房和城乡建设部颁布的《市政公共设施抗震设防专项论证技术要点（地下工程篇）》及相关规范，地震风险源判定依据如下：

（1）总建筑面积超过 10000 m² 的城市轨道交通地下车站工程；

（2）处于可能液化或产生震陷、岩石与土变化分界、地质灾害可能波及等抗震不利地层的城市轨道交通地下车站和区间工程；

（3）临近活动断裂带的城市轨道交通地下工程；

（4）紧邻或穿越《建筑工程抗震设防分类标准》GB 50223—2008 中规定的特殊、重点设防类建筑工程，且其破坏可能影响周边建筑工程正常使用的城市轨道交通地下工程；

（5）地震后可能发生严重次生灾害的城市轨道交通地下工程。

符合上述规模和条件的市政地下停车场、市政隧道和共同沟等其他地下工程（图 4-3）。

2. 本站抗震专项设计内容

根据上述判定依据、相关规范及国内外学者的研究成果，在本站所涉及的地铁车站主体及相关附属结构中，需要进行抗震验算的工况（表 4-5）包括：（1）车站主体标准段（三柱）；（2）主体与风道衔接部分；（3）主体东端单柱段；（4）与既有车站换乘段。

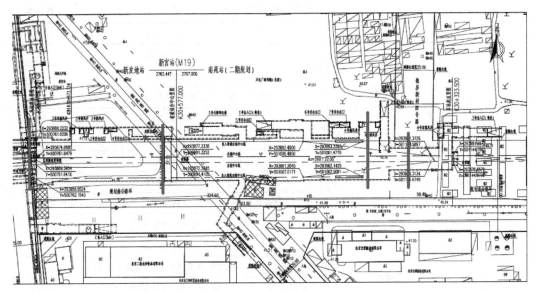

图 4-3 风险源分布

抗震工况信息汇总　　　　　　　　表 4-5

编号	工况名称	基本状况描述
1	车站标准段（三柱）	车站3层4跨结构，覆土约3.4m，埋深约24.8m，底板位于卵石层
2	车站主体结构与风道连接段（侧墙开洞）	主体结构与风道连接，设置变形缝，出现变截面
3	主体东端单柱段	车站3层2跨结构，覆土约3.7m，埋深约25.1m，底板位于卵石层
4	临近既有线车站	邻近既有线车站距离为8.2~12.5m

3. 本站计算方法选取

根据《城市轨道交通结构抗震设计规范》GB 50909—2014，本站为重点设防，满足性能Ⅰ要求，E2地震作用下采用反应位移法及非线性时程分析法进行抗震效应计算，E3地震作用下采用非线性时程分析法。

4.3.3　荷载分类及组合

本项目计算时间为2015年，因此部分规范并未按照目前最新修订版本执行，实际计算时，应根据最新版本规范的要求进行相应修正。

1. 荷载分类

结构设计根据结构类型，根据《地铁设计规范》GB 50157—2013，按永久荷载、可变荷载、偶然荷载（地震作用、人防荷载）进行分类，对结构整体或构件可能出现的最不利组合进行计算。在决定荷载的数值时，考虑施工和使用过程中发生的变化。车站结构计算时考虑荷载如表4-6所示。

地下结构荷载分类　　　　　　　　　　　　　　　表 4-6

荷载类型		荷载名称
永久荷载		结构自重
		地层压力
		结构上部和受影响范围内的设施及建筑物压力
		水压力及浮力
		混凝土收缩及徐变作用
		预加应力
		设备荷载
		设备基础、建筑做法、建筑隔墙等引起的结构附加荷载
		地基下沉影响力
可变荷载	基本可变荷载	地面车辆荷载及其冲击力
		地面车辆荷载引起的侧向土压力
		地铁车辆荷载及其冲击力
		人群荷载
	其他可变荷载	温度变化影响力
		施工荷载
偶然荷载		地震作用
		5级人防荷载

2. 主要荷载取值

（1）结构自重：结构自身重量产生的沿构件轴线分布的竖向荷载。

（2）地层压力：①竖向压力，按计算截面以上全部土柱重量考虑。②水平压力，施工期间支护结构的外土压力按朗金公式的主动土压力计算。使用阶段结构承受的水平力按静止土压力计算。设计采用的侧向水、土压力，对于黏性土地层采用水土合算，对于砂性土地层采用水土分算的办法。计算中应计及地面荷载和邻近建筑物以及施工机械等引起的附加水平侧压力。

（3）水压力：作用于顶板的水压力等于作用在其顶点的静水压力值，作用于底板底的水压力等于作用在最低点的静水压力值。垂直方向的水压力取为均布荷载。水平方向的水压力取为梯形分布荷载，其值等于静水压力。

（4）侧向地层抗力和地基反力：采用弹簧进行模拟。

（5）人群荷载：站台、站厅、楼梯、车站管理用房等部位的人群荷载按 4.0kPa 计算。

（6）设备荷载：设备用房的计算荷载，一般按 8.0kPa 进行计算，大于 8.0kPa 的应根据设备的实际重量、动力影响、安装运输路径等确定其大小和范围。对于自动扶梯等需要吊装的设备荷载，在结构计算时还应考虑设备起吊点所设置的位置及起吊点的荷载值。另外尚应满足消防荷载要求。

（7）施工荷载：结构设计中应考虑各种施工荷载可能发生的组合。按 10kPa 计算。

（8）地面超载：一般可按 20kPa 计算。对于覆土厚度特别小的地下结构，按汽超-20 计算，挂-100 验算，并考虑冲击系数；盾构端头井处取 30kPa。

(9) 地震作用：设防地震按 8 度作用设计。

3. 荷载组合

主要荷载组合如表 4-7 所示。

主要荷载组合　　　　　　　　　　　表 4-7

荷载组合	验算工况	永久荷载	可变荷载	偶然荷载	
				地震荷载	人防荷载
永久荷载+可变荷载	构件强度验算	1.3(1.0)	1.5		
	构件裂缝宽度验算	1.0	0.8		
	构件变形验算	1.0	0.8		
永久荷载+可变荷载+地震作用	构件强度验算	1.2(1.0)	0.6	1.3	
永久荷载+人防荷载	构件强度验算	1.2(1.0)			1.0

注：括号内的数字用于该荷载对结构作用有利时的分项系数取值。

4.4 静力计算

4.4.1 计算模型与计算简图

正常使用阶段荷载计算如图 4-4 所示。

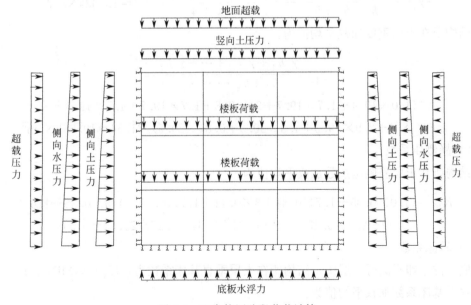

图 4-4　正常使用阶段荷载计算

4.4.2 荷载计算

参考初勘报告选取地层参数进行计算，车站结构覆土厚度为 3.4m，结构总高度为 21.54m，抗浮设防水位标高为 37m。地层物理力学性质参数见表 4-8。

地层物理力学性质参数 表 4-8

岩土编号	岩土名称	土层厚度 (m)	土层重度 γ(kN/m³)	黏聚力 c(kPa)	内摩擦角 φ(°)	静止侧压力系数 ζ	基床系数(MPa/m) K_h	基床系数(MPa/m) K_v	承载力特征值 f_{ak}(kPa)
①₁	杂填土	1.4	17.5	0	10	—	—	—	—
②	砂质粉土、黏质粉土	2.9	19.4	16	32	0.35	12	13	100
③	砂质粉土、黏质粉土	1.7	19.7	18	30	0.31	22	18	120
③₁	粉质黏土	3	19.8	33	16	0.41	25	25	140
③	砂质粉土、黏质粉土	1.7	19.7	18	30	0.31	20	18	160
④₃	粉细砂	4.5	19.3	0	30	0.35	35	32	240
④₁	黏土	1.6	18.4	40	8	0.49	22	22	150
④₃	粉细砂	2.9	19.3	0	30	0.35	35	32	240
⑤	卵石圆砾	4.3	20.5	0	38	0.24	82	85	300
⑦	卵石圆砾	3.6	20.5	0	40	0.25	85	85	370

土层参数按厚度加权平均的原则确定。

1）重度

顶板以上土层重度加权平均值为：

$$\gamma_a = \frac{\gamma_1 h_1 + \gamma_2 h_2 + \gamma_n h_n}{h_1 + h_2 + h_n} = \frac{1.4 \times 17.5 + 2.0 \times 19.4}{3.4} = 18.62 \text{kN/m}^3$$

结构所在土层重度加权平均值为：

$$\gamma_b = \frac{\gamma_1 h_1 + \gamma_2 h_2 + \cdots + \gamma_n h_n}{h_1 + h_2 + \cdots + h_n} =$$
$$(1.0 \times 19.4 + 1.7 \times 19.7 + 3 \times 19.8 + 1.7 \times 19.7 + 4.5 \times 19.3 +$$
$$1.6 \times 18.4 + 2.9 \times 19.3 + 4.3 \times 20.5 + 0.84 \times 20.5)/21.54 = 19.66 \text{kN/m}^3$$

2）静侧压系数

结构所在土层静侧压系数加权平均值为：

$$K_{01} = (1.0 \times 0.35 + 1.7 \times 0.31 + 3 \times 0.41 + 1.7 \times 0.31 + 4.5 \times 0.35 + 1.6 \times$$
$$0.49 + 2.9 \times 0.35 + 4.3 \times 0.24 + 0.84 \times 0.25)/21.54 = 0.34$$

3）基床系数

底板位于卵石圆砾⑦层中，结构所在土层垂直基床系数为：$K_v = 85$MPa/m；

水平基床系数加权平均值为：

$$K_v = \frac{K_{v1} h_1 + K_{v2} h_2 + \cdots + K_{vn} h_n}{h_1 + h_2 + \cdots + h_n}$$

$$= (1.0 \times 12 + 1.7 \times 22 + 3 \times 25 + 1.7 \times 20 + 4.5 \times 35 + 1.6 \times 22 + 2.9 \times 35 + 4.3 \times 82 + 0.84 \times 85)/21.54$$
$$= 40.7 \text{MPa/m}$$

4）结构荷载

正常使用阶段荷载标准值计算

地面超载标准值：$q_0=20\text{kN/m}^2$

侧向超载标准值：$e_{01}=20\times0.34=6.8\text{N/m}^2$

中板装修荷载标准值：$q_1=0.15\times22=3.3\text{kN/m}^2$

设备荷载标准值：$q_2=8\text{kN/m}^2$

根据勘察报告，车站抗浮设防水位高程按 37m 考虑。采用水土分算：

竖向土压力标准值：$p_1=\gamma_1 h=3.4\times18.62=63.3\text{kN/m}$

结构侧向土压力：

（顶板处）$q_{顶板}=3.4\times18.62\times0.34=21.5\text{kN/m}$

（底板处）$q_{底板}=3.4\times18.62\times0.34+21.54\times19.66\times0.34=165.5\text{kN/m}$

结构侧向水压力：

$q_{顶板}=0\text{kN/m}$

$q_{底板}=(21.54-1.3)\times10=202.4\text{kN/m}$

底板地基反力按计算由地基弹簧变形提供，结构自重由程序自行考虑。

4.4.3 计算结果

计算结果如图 4-5～图 4-10 所示。

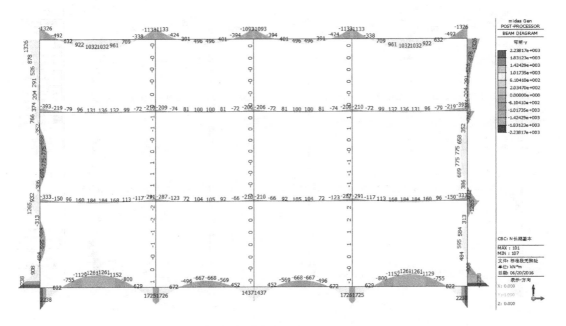

图 4-5 基本组合弯矩图（kN·m）

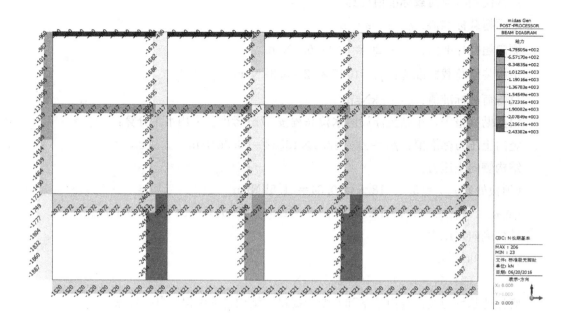

图 4-6　基本组合轴力图（kN）

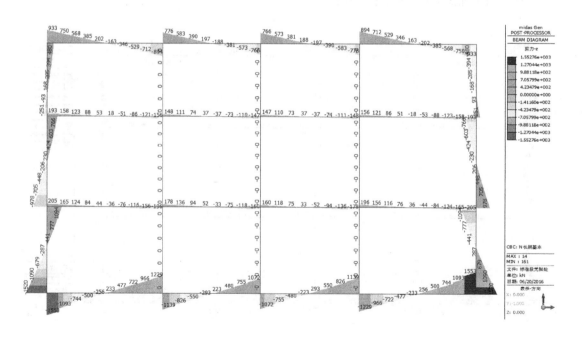

图 4-7　基本组合剪力图（kN）

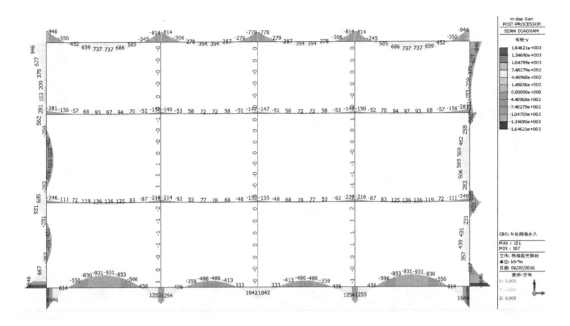

图 4-8 准永久组合弯矩图（kN·m）

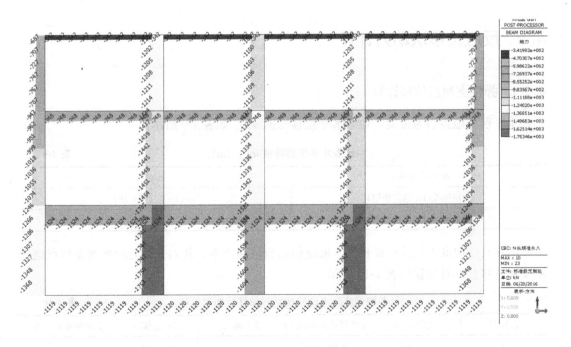

图 4-9 准永久组合轴力图（kN）

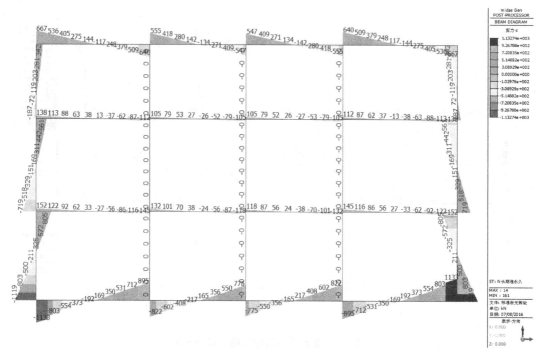

图 4-10 准永久组合剪力图（kN）

4.5 反应位移法动力计算

4.5.1 弹性支座点位移计算

本工程场地类别为Ⅲ类，地表水平位移峰值 u_{max} 如表 4-9 所示。

地表水平位移峰值 u_{max}（m） 表 4-9

抗震设防烈度	8 度
设防地震（E2 地震作用）	0.13×1.4＝0.182
罕遇地震（E3 地震作用）	0.27×1.4＝0.378

沿车站纵向取 1 柱跨计算长度。取结构底板位移为零，其划分单元后弹簧支座点施加的支座位移及相对位移如表 4-10 所示。

各弹簧支座点的支座绝对位移及相对位移 表 4-10

支座编号	支座位移（m）	支座相对位移（m）	支座编号	支座位移（m）	支座相对位移（m）
1	0.09097	0.01398	5	0.09045	0.01345
2	0.09091	0.01392	6	0.09019	0.01320
3	0.09080	0.0138	7	0.08989	0.01290
4（顶板）	0.09065	0.01366	8	0.08954	0.01254

续表

支座编号	支座位移(m)	支座相对位移(m)	支座编号	支座位移(m)	支座相对位移(m)
9	0.08914	0.01215	17(中板2)	83.9102	0.0069
10(中板1)	0.08869	0.01170	18	83.0577	0.00606
11	0.08817	0.01117	19	82.1591	0.00516
12	0.08759	0.01059	20	81.2150	0.00422
13	0.08696	0.00996	21	80.2258	0.00323
14	0.08627	0.00928	22	79.1922	0.00219
15	85.5388	0.00854	23	78.1146	0.00112
16	84.7501	0.00775	24(底板)	76.9937	0

4.5.2 弹簧刚度计算（取延米计算）

结构与土体相互作用压缩弹簧刚度和剪切弹簧刚度分别为：

底板处：

$$k_h = K_d Bl = 85000 \times 0.97 \times 9.12 = 751944 \text{kN/m}$$

$$k_s = \frac{1}{3} k_h = 250648 \text{kN/m}$$

侧墙：

$$k_n = K_d Bl = 40700 \times 1.02 \times 9.12 = 41514 \text{kN/m}$$

$$k_s = \frac{1}{3} k_n = 13830 \text{kN/m}$$

4.5.3 断面计算主要参数

土层参数、标准段正常使用阶段荷载标准值计算详见 4.4 节。

$$\gamma_{xz} = \frac{\partial u(z)}{\partial z} = -\frac{\pi}{2H} \frac{1}{2} u_{max} \sin \frac{\pi z}{2H} \tag{4-1}$$

由材料力学公式 $\tau = G \cdot \gamma_{xz}$，$G$ 为土体的动剪切模量，结构顶板位于粉质黏土③层，其 $G = 81$MPa，结构底板位于卵石圆砾⑦层，其 $G = 401$MPa。

顶板处地层剪切力：

$$\tau_{Ut} = 81 \times 10^3 \times \frac{\pi}{4 \times 68} \times 0.182 \times \sin \frac{3.31 \times 180}{2 \times 68} \times 1 = 13.0 \text{kN/m}$$

底板处地层剪切力：

$$\tau_{Ud} = 401 \times 10^3 \times \frac{\pi}{4 \times 68} \times 0.182 \times \sin \frac{24.85 \times 180}{2 \times 68} \times 1 = 457.5 \text{kN/m}$$

侧墙地层剪切力：$\tau_{Uq} = (\tau_{Ut} + \tau_{Ud})/2 = 235.3 \text{kN/m}$

参照地质勘察报告，结构顶板处的极限侧阻力为 $f_{顶} = 0.25 \times 4.9 \times 19.1 = 23.4 \text{kN/m}$，按照极限侧阻力小于剪力时，向荷载结构模型上加载侧阻力的要求，完成地层剪应力的施加。

4.5.4 结构惯性力计算

根据《城市轨道交通结构抗震设计规范》GB 50909—2014 第 6.6.3 条第 2 款，结构惯性力可按下式计算：

$$f_i = m_i \ddot{u}_i \tag{4-2}$$

式中 f_i ——结构 i 单元上作用的惯性力（kN）；

m_i ——结构 i 单元的质量（g）；

$\ddot{u}_i$ ——地下结构顶底板位置处自由土层发生最大相对位移时刻，自由土层对应于结构 i 单元位置处的加速度（m/s^2）。

F_{11}、F_{12}、F_{13}、F_{14}、F_{15}、F_{16} 为顶板、中板、底板、侧墙和中柱，由于自身的质量产生的水平惯性力；

顶板：$F_{11} = K h m_t g = 0.2 \times 35.01 \times 25 \times 1 = 175 \text{kN}$；

中板：$F_{12} = K h m_z g = 0.2 \times 14.92 \times 25 \times 1 = 74.6 \text{kN}$；

底板：$F_{13} = K h m_d g = 0.2 \times 38.9 \times 25 \times 1 = 194.5 \text{kN}$；

侧墙一：$F_{14} = K h m_c g = 0.2 \times 0.8 \times 25 \times 1 = 4 \text{kN/m}$（一侧侧墙）；

中柱：$F_{16} = K h m_z g = 0.2 \times 1.12 \times 25 / 9.12 = 0.61 \text{kN/m}$。

4.5.5 地震工况下内力计算结果（每柱跨）

地震工况下不验算构件裂缝宽度，水压力按抗浮设防水位考虑。内力计算结果如图 4-11～图 4-13 所示。

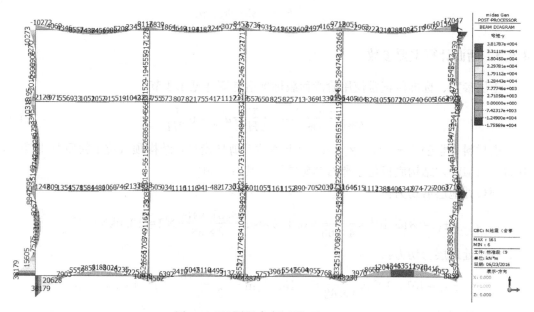

图 4-11 地震组合弯矩图（kN·m）

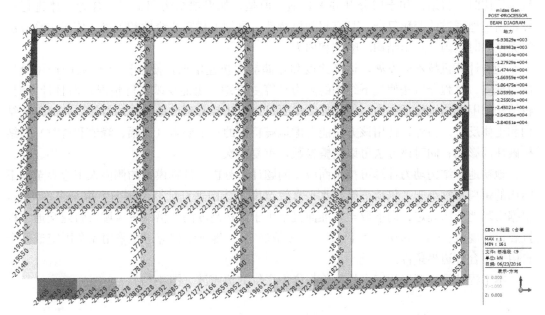

图 4-12 地震组合剪力图（kN）

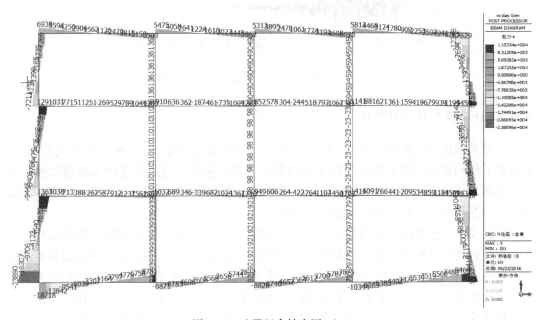

图 4-13 地震组合轴力图（kN）

4.6 时程分析法动力计算

4.6.1 计算方法

地下结构位于地层中，与地层紧密连接在一起，并共同作用，因此在计算地下结构的地震反应时，将结构和土层分开并不合适。但是，如果把结构和土层组合为一体进行计算，由于地震波的变化复杂，具有超随机特性，再加上材料非线性和阻尼，使用手算方法将无法在时域内计算出结构的响应和内力。

随着计算机技术的发展，运算速度和存储能力快速增加，使结构-土层共同作用分析成为现实。时程分析法使地下结构的内力计算更合理，更能反映实际情况；而且计算时，将结构周围土体也包括在内，使计算结果更可靠，还能看到在地震波的持时内各时刻的结构和土体反应。另外，使用该方法能考虑地震特性的三个要素（振幅、峰值和持时）对结构破坏的影响；同时该方法可以调整参数，重复多次。

地铁地下结构动力计算可按平面应变问题计算分析，计算模型的侧面人工边界至地下结构的距离不宜小于3倍地下结构水平有效宽度，结构垂直计算范围向上取至自由地表，根据实际地形图确定；向下取至基准面且不小于结构高度的2倍（按《城市轨道交通结构抗震设计规范》GB 50909—2014 第6.1.3条确定）。地下结构应避免采用完全固定或完全自由等不合理边界条件。

本工程计算模型采用安全性评价报告中提供的地震波（图4-14）。

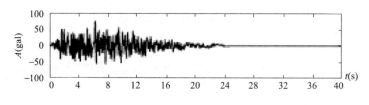

图4-14 50年超越概率10%基岩水平地震动时程

4.6.2 计算模型及边界条件

计算采用地层结构整体时程分析，该分析是把地震运动视为一个随时间变化的过程，并将地下结构物和周围土体介质视为共同受力变形的整体，通过直接输入地震加速度记录，在满足变形协调的前提下分别计算结构物和土体介质在各个时刻的位移、速度、加速度以及应变和内力，据以验算场地的稳定性。

在模型中，土体的本构模型采用岩土常用摩尔-库仑模型。动力有限元数值仿真分析中，振波的高频（短波）成分决定网格单元长度，低频（长波）成分决定模型边界范围的大小。考虑水平和竖向地震波的影响，计算模型的侧面人工边界至地下结构的距离为3倍地下结构水平有效宽度，底面人工边界向下取至基准面且不小于结构有效高度的3倍，上表面取至实际地表。实际场地是一个半无限区域，但在对土体-结构进行有限元动力分析时，土体的计算范围只能是有限的。对于范围有限的计算区域，在地震激励下，波动能量将在人工截取的边界上发生反射，使波发生震荡，导致模拟失真。为了解决有限截取模型边界上波的反射问题，边界条件采用由Decks等提出的黏-弹性吸收边界。黏-弹性边界不仅可以较好地模拟地基的辐射阻尼，而且也能模拟远场地球介质的弹性恢复性能，具有良好的低频稳定性。定义黏性边界需计算土体x、y、z方向上的阻尼比。阻尼计算采用如下公式：

P 波：
$$C_P = \rho A \sqrt{\frac{\lambda + 2G}{\rho}} = c_P \cdot A \tag{4-3}$$

S 波：
$$C_S = \rho A \sqrt{\frac{G}{\rho}} = c_S \cdot A \tag{4-4}$$

$$\lambda = \frac{\upsilon E}{(1+\upsilon)(1-2\upsilon)}, G = \frac{E}{2(1+\upsilon)} \tag{4-5}$$

式中　λ——体积弹性系数（kN/m^2）；
　　　G——剪切弹性系数（kN/m^2）；
　　　E——弹性模量（kN/m^2）；
　　　υ——泊松比；
　　　A——截面面积（m^2）。

4.6.3　时程分析计算

1. 计算模型

根据《城市轨道交通结构抗震设计规范》GB 50909—2014 第 6.9.2 条规定，计算模型的侧面人工边界至地下结构的距离 71m，底面人工边界宜取至设计地震作用基准面且距结构 57m。计算模型如图 4-15 所示。

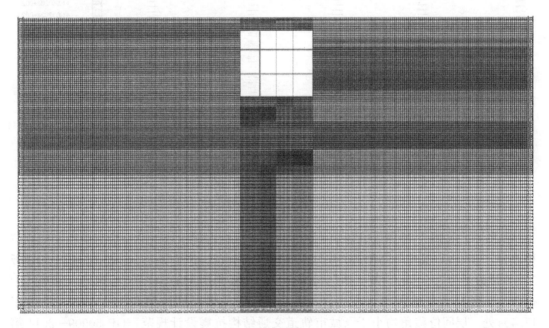

图 4-15　明挖三柱段时程分析模型

2. E2 地震作用计算结果

内力及变形计算结果如图 4-16、图 4-17 所示。

通过计算分析（图 4-16），E2 地震作用下结构最大压应力为 3.90MPa，车站在 E2 地震作用下压应力均小于 19.1MPa，结构构件受压满足要求。

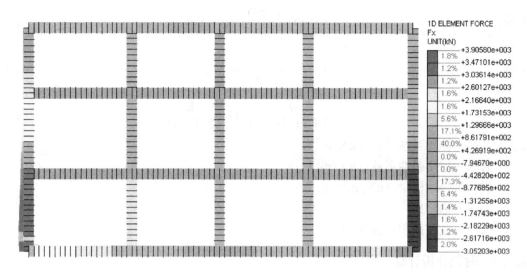

图 4-16 地震作用下结构应力云图

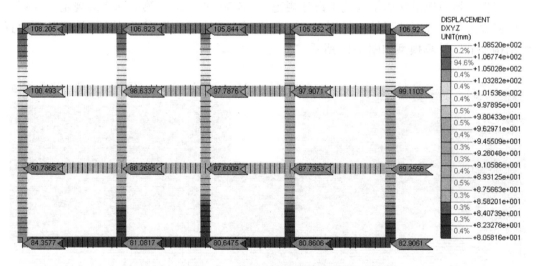

图 4-17 地震作用下结构位移云图

从图 4-18～图 4-20 中可以得知，主体结构在水平地震作用下的顶板与中板 1 最大位移差为 5.70mm，其主体结构最大层间位移角为 1/1052，产生于 5.10s 处；中板 1 与中板 2 最大位移差为 5.50mm，其主体结构最大层间位移角为 1/1354，产生于 17.40s 处；中板 2 与底板最大位移差为 3.65mm，其主体结构最大层间位移角为 1/1956，产生于 17.40s 处。层间位移角均小于《城市轨道交通结构抗震设计规范》GB 50909—2014 第 7.7.1 条和《建筑抗震设计规范》GB 50011—2010 第 5.5.1 条规定的弹性层间位移角限值 1/550，同时层间位移角均小于《城市轨道交通工程设计规范》DB 11/995—2013 第 11.7.6 条条文说明中规定的弹性层间位移角限值 1/600，结构仍处于弹性变形状态，满足 E2 地震作用下抗震性能 Ⅰ 的要求。

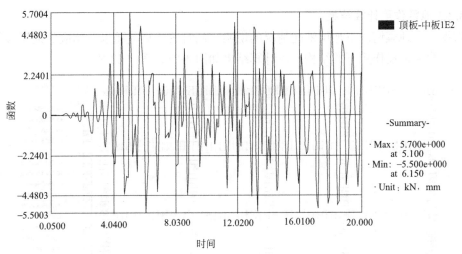

图 4-18 地震作用下顶板与中板 1 差异变形时程曲线

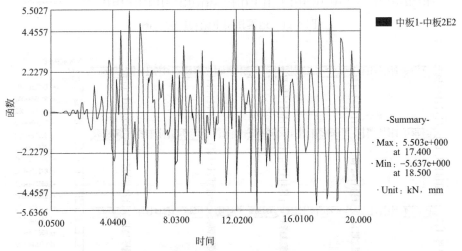

图 4-19 地震作用下中板 1 与中板 2 差异变形时程曲线

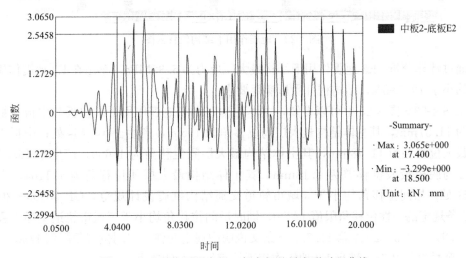

图 4-20 地震作用下中板 2 与底板差异变形时程曲线

3. E3 地震作用计算结果

根据 9 度地震情况下地层液化情况的说明,同时按照规范要求对相应的地层参数进行了折减,罕遇地震作用下的结构抗震计算结果如图 4-21、图 4-22 所示。

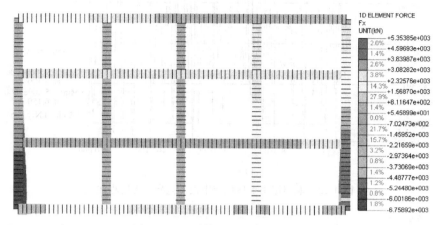

图 4-21　地震作用下结构应力云图

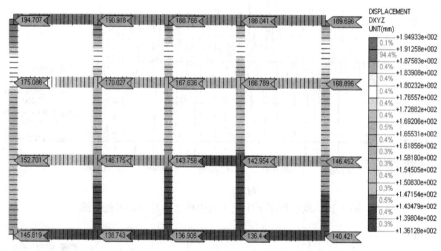

图 4-22　地震作用下结构位移云图

通过计算分析,E3 地震作用下结构最大压应力为 5.35MPa,车站在 E3 地震作用下压应力均小于 19.1MPa,结构构件受压满足要求。

从图 4-23~图 4-25 中可以得知,主体结构在水平地震作用下的顶板与中板 1 最大位移差为 11.87mm,其主体结构最大层间位移角为 1/505,产生于 16.75s 处;中板 1 与中板 2 最大位移差为 11.18mm,其主体结构最大层间位移角为 1/666,产生于 16.75s 处;中板 2 与底板最大位移差为 6.13mm,其主体结构最大层间位移角为 1/1164,产生于 19.95s 处。层间位移角均小于《城市轨道交通结构抗震设计规范》GB 50909—2014 第 7.7.2 条规定的弹性位移角限值 1/250,同时层间位移角均小于《城市轨道交通工程设计规范》DB 11/995—2013 第 11.7.6 条条文说明中规定的弹性层间位移角限值 1/300,结构仍处于弹性变形状态,满足 E3 地震作用下抗震性能Ⅱ的要求。

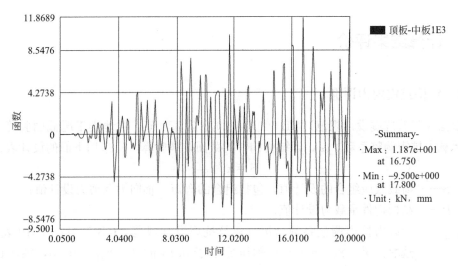

图 4-23 地震作用下顶板与中板 1 差异变形时程曲线

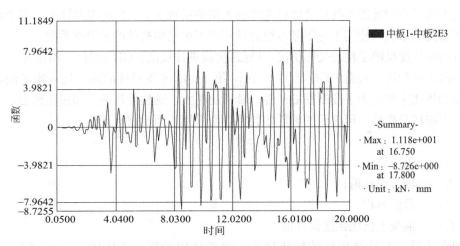

图 4-24 地震作用下中板 1 与中板 2 差异变形时程曲线

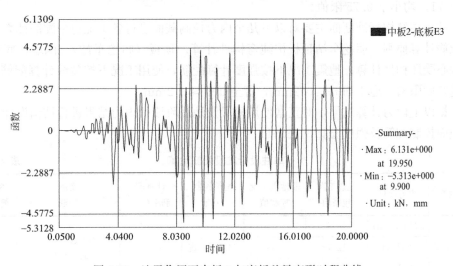

图 4-25 地震作用下中板 2 与底板差异变形时程曲线

4.7 计算结果评价

4.7.1 结构抗震内力评价

根据《建筑抗震设计规范》GB 50011—2010 第 5.4 节，对地震工况截面验算时还需考虑承载力抗震调整系数 γ_{RE}，即结构构件的截面抗震验算，应采用下面的设计表达式：

$$S = R/\gamma_{RE} \tag{4-6}$$

式中 S——荷载效应组合的设计值，包括组合的弯矩、轴向力和剪力设计值；

R——结构构件承载力设计值；

γ_{RE}——承载力抗震调整系数。按《建筑抗震设计规范》GB 50011—2010 表 5.4.2 选取：梁，$\gamma_{RE}=0.75$；轴压比小于 0.15 的柱，$\gamma_{RE}=0.75$，轴压比大于 0.15 的柱，$\gamma_{RE}=0.80$；板、墙，$\gamma_{RE}=0.85$。

内力统计表中地震工况计算值已考虑抗震调整系数 γ_{RE}，在抗震设计中，不考虑结构构件的重要性系数；使用工况下基本组合计算值考虑结构构件的重要性系数 1.1。

柱的轴压比反映了柱的受压情况，《建筑抗震设计规范》GB 50011—2010 第 6.3.6 条和《混凝土结构设计规范》GB 50010—2010 第 11.4.16 条对柱的轴压比规定了限制，限制柱的轴压比主要是为了控制柱的延性。轴压比越大，延性就越差，超过限值后，柱在地震作用下破坏呈脆性。即柱子的轴压比验算，应采用下面的设计表达式：

$$u \geqslant N/A \times f_c \tag{4-7}$$

式中 u——轴压比；

N——轴力设计值；

A——截面面积；

f_c——混凝土抗压强度设计值。

根据计算，本站结构柱的轴压比为：地震作用验算，单柱段 $u_{震}=0.66$；三柱段 $u_{远}=0.71$。均小于 0.75 限值。

车站主体结构标准断面主要对以下几个内力控制截面进行各工况包络配筋计算。

配筋计算原则：明挖车站顶板按纯弯构件计算；顶板（暗挖车站）、侧墙、底板、楼板按偏心受压构件计算。地震工况下按强度计算配筋，使用工况下按裂缝计算配筋，其最大裂缝宽度限值：迎土面 $w \leqslant 0.2\mathrm{mm}$，背土面 $w \leqslant 0.2\mathrm{mm}$。

根据以上内力计算结果，对正常使用阶段及地震阶段的内力结果进行结构设计，各工况下截面控制配筋及强度验算见表 4-11。

单柱段标准段配筋验算　　　　　　　　　　　表 4-11

截面位置	内力项目	地震工况包络值	非地震工况控制值	配筋控制工况	计算配筋率(%)	实际配筋	实际配筋率(%)
顶板边支座	M(kN·m)	1636	1690	非地震工况	0.55	Φ25@150＋Φ25@150	0.73
	N(kN)	1217	766				
	V(kN)	743	1080				

续表

截面位置	内力项目	地震工况包络值	非地震工况控制值	配筋控制工况	计算配筋率(%)	实际配筋	实际配筋率(%)
顶板跨中	M(kN·m)	705	1088	非地震工况	0.41	Φ28@150+Φ22@300	0.60
	N(kN)	1042	766				
	V(kN)	—	—				
顶板中支座	M(kN·m)	818	1054	非地震工况	0.39	Φ25@150+Φ22@150	0.50
	N(kN)	1125	766				
	V(kN)	637	946				
侧墙顶部支座	M(kN·m)	1636	1690	非地震工况	0.52	Φ25@150+Φ25@300	0.82
	N(kN)	743	129				
	V(kN)	1466	806				
侧墙跨中	M(kN·m)	813	778	非地震工况	0.15	Φ25@150	0.41
	N(kN)	1237	1606				
	V(kN)	—	—				
侧墙中支座	M(kN·m)	1546	1532	非地震工况	0.73	Φ28@150+Φ25@150	0.82
	N(kN)	1048	1936				
	V(kN)	1034	1275				
侧墙底部支座	M(kN·m)	2978	2187	地震工况	0.91	Φ28@150+Φ32@150	1.18
	N(kN)	1869	2119				
	V(kN)	1739	1629				
底板边支座	M(kN·m)	2978	2187	地震工况	0.73	Φ32@150+Φ28@150	0.95
	N(kN)	1922	1629				
	V(kN)	1681	1663				
底板跨中	M(kN·m)	1122	1184	非地震工况	0.26	Φ28@150+Φ28@300	0.41
	N(kN)	1205	1629				
	V(kN)	—	—				
底板中支座	M(kN·m)	1281	2127	非地震工况	0.55	Φ28@150	0.74
	N(kN)	1466	1629				
	V(kN)	952	1349				

4.7.2 结构抗震性能评价

按照时程分析法验算横断面，其结果略小于反应位移法所得结果。符合类似地层中其他结构的计算结论。经过分析比较基本荷载组合、准永久荷载组合、地震作用组合的内力包络图及相应的配筋计算，底板支座及侧墙底支座受地震作用组合工况控制，但不影响实际配筋，其他为正常使用阶段下组合控制。

由地震工况下结构变形云图可知，结构整体变形近似线性变化，结构传力途径简捷、明确，竖向构件连续贯通、对齐，无结构薄弱部分，车站结构各构件满足抗震设计要求。

4.8 抗震措施

4.8.1 主体构造措施

钢筋混凝土框架的梁、板、柱的配筋方式、截面尺寸和轴压比，纵向受力钢筋的最小配筋率、锚固长度和搭接长度，箍筋的最小直径、最大间距和加密区长度，（抗震）墙的厚度及其竖向和横向分布筋的最小配筋率和布置方式，以及带有孔洞时结构的构造等抗震构造措施，均按抗震等级为二级的同类地面框架和板柱——抗震墙钢筋混凝土框架结构确定（满足《建筑抗震设计规范》GB 50011—2010 的相关要求）。

宽度大于柱宽的梁应符合下列要求：

梁中线应与柱中线重合，节点区梁腰筋应贯通，并配置附加腰筋和双向拉筋，拉筋配置≥φ10@100，如图 4-26 所示。

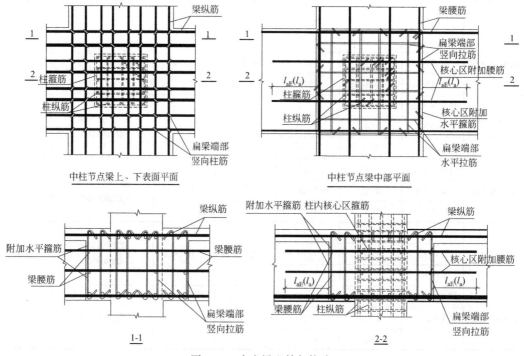

图 4-26 宽扁梁配筋与构造

梁的钢筋配置，应符合下列各项要求：

（1）梁端计入受压钢筋的混凝土受压区高度和有效高度之比，不应大于 0.35；

（2）梁端截面的底面和顶面纵向钢筋配筋量的比值，除按计算确定外，不应小于 0.3；

（3）梁端箍筋加密区的长度、箍筋最大间距和最小直径应按表 4-12 采用；

（4）当梁端纵向受拉钢筋配筋率大于 2% 时，表 4-12 中箍筋最小直径数值应增大 2mm。

梁端箍筋加密区的长度、箍筋最大间距和最小直径　　　表 4-12

抗震等级	加密区长度(采用较大值)(mm)	箍筋最大间距(采用最小值)(mm)	箍筋最小直径(mm)
一	$2h_b$,500	$h_b/4,6d,100$	10
二	$1.5h_b$,500	$h_b/4,8d,100$	8
三	$1.5h_b$,500	$h_b/4,8d,150$	8
四	$1.5h_b$,500	$h_b/4,8d,150$	6

注：1. d 为纵向钢筋直径，h_b 为梁截面高度；
　　2. 箍筋直径大于12mm、数量不少于4肢且肢距不大于150mm时，一、二级的最大间距应允许适当放宽，但不得大于150mm。

梁的钢筋配置，尚应符合下列规定：

（1）梁端纵向受拉钢筋的配筋率不宜大于 2.5%。沿梁全长顶面、底面的配筋，不应少于 2Φ14，且分别不应少于梁顶面、底面两端纵向配筋中较大截面面积的 1/4；

（2）框架梁内贯通中柱的每根纵向钢筋直径，对框架结构不应大于矩形截面柱在该方向截面尺寸的 1/20，或纵向钢筋所在位置圆形截面柱弦长的 1/20；对其他结构类型的框架不宜大于矩形截面柱在该方向截面尺寸的 1/20，或纵向钢筋所在位置圆形截面柱弦长的 1/20；

（3）梁端加密区的箍筋肢距，不宜大于 250mm 和 20 倍箍筋直径的较大值。

柱轴压比不宜超过表 4-13 的规定。

轴压比限值　　　表 4-13

结构类型	抗震等级			
	一	二	三	四
框架结构	0.65	0.75	0.85	0.90
框架-抗震墙，板柱-抗震墙、框架-核心筒及筒中筒	0.75	0.85	0.90	0.95
部分框支抗震墙	0.6	0.7	—	

注：当沿柱全高采用井字复合箍且箍筋肢距不大于200mm、间距不大于100mm，直径不小于12mm时，表中轴压比限值均可增加 0.10。

柱的钢筋配置，应符合下列各项要求：

（1）柱纵向受力钢筋的最小总配筋率应按表 4-14 采用，同时每一侧配筋率不应小于 0.2。

柱截面纵向钢筋的最小总配筋率　　　表 4-14

类别	抗震等级			
	一	二	三	四
中柱和边柱	0.9(1.0)	0.7(0.8)	0.6(0.7)	0.5(0.6)
角柱、框支柱	1.1	0.9	0.8	0.7

（2）柱箍筋在规定的范围内应加密，加密区的箍筋间距和直径，应符合下列要求：

①一般情况下，箍筋的最大间距和最小直径，应按表 4-15 采用。

柱箍筋加密区的最大间距和最小直径 表4-15

抗震等级	箍筋最大间距(采用较小值,mm)	箍筋最小直径(mm)
一	$6d$,100	10
二	$8d$,100	8
三	$8d$,150(柱根100)	8
四	$8d$,150(柱根100)	6(柱根8)

②框架柱的箍筋直径不小于10mm且箍筋肢距不大于200mm时,除底层柱下端外,最大间距应允许采用150mm。

柱的纵向钢筋配置,尚应符合下列规定:
(1) 柱的纵向钢筋宜对称配置;
(2) 截面边长大于400mm的柱,纵向钢筋间距不宜大于200mm;
(3) 柱总配筋率不应大于5%;
(4) 柱纵向钢筋的绑扎接头应避开柱端的箍筋加密区。

柱的箍筋配置,尚应符合下列要求:
(1) 柱的箍筋加密范围,应按下列规定采用:
①柱端,取截面高度(圆柱直径)、柱净高的1/6和500mm三者的最大值;
②底层柱的下端不小于柱净高的1/3。
(2) 柱箍筋加密区的箍筋肢距,不宜大于250mm,至少每隔一根纵向钢筋宜在两个方向有箍筋或拉筋约束;采用拉筋复合箍时,拉筋宜紧靠纵向钢筋并钩住箍筋。
(3) 柱箍筋加密区的体积配箍率,应按下列规定采用:
柱箍筋加密区的体积配箍率应符合下式要求:

$$\rho_v \geq \lambda_v f_c / f_{yv} \quad (4-8)$$

式中 ρ_v——柱箍筋加密区的体积配箍率,不应小于0.6%;计算复合螺旋箍的体积配箍率时,其非螺旋箍的箍筋体积应乘以折减系数0.8;
λ_v——最小配箍率特征值,按表4-16取值。

柱箍筋加密区的最小配箍率特征值 表4-16

抗震等级	箍筋形式	柱轴压比								
		≤0.3	0.4	0.5	0.6	0.7	0.8	0.9	1.0	1.05
一	普通箍、复合箍	0.10	0.11	0.13	0.15	0.17	0.20	0.23	—	—
	螺旋箍、复合或连续复合矩形螺旋箍	0.08	0.09	0.11	0.13	0.15	0.18	0.21	—	—
二	普通箍、复合箍	0.08	0.09	0.11	0.13	0.15	0.17	0.19	0.22	0.24
	螺旋箍、复合或连续复合矩形螺旋箍	0.06	0.07	0.09	0.11	0.13	0.15	0.17	0.20	0.22
三、四	普通箍、复合箍	0.06	0.07	0.09	0.11	0.13	0.15	0.17	0.20	0.22
	螺旋箍、复合或连续复合矩形螺旋箍	0.05	0.06	0.07	0.09	0.11	0.13	0.15	0.18	0.20

(4) 柱箍筋非加密区的箍筋配置,应符合下列要求:
①柱箍筋非加密区的体积配箍率不宜小于加密区的50%;
②箍筋间距,不应大于10倍纵向钢筋直径;

(5) 框架节点核芯区配箍特征值分别不宜小于 0.1，且体积配箍率分别不宜小于 0.5%。

板、墙构造措施要求如下：

(1) 板、墙截面尺寸和轴压比要求：

顶板为受弯构件，中、底板、侧墙为偏心受压构件，抗震等级为二级，截面尺寸不小于 400mm，轴压比限值取 0.5。

(2) 板、墙钢筋最小配筋率要求：

纵向受力钢筋最小配筋率同中柱要求，分布筋最小配筋率不小于 0.25%。

(3) 板、墙箍筋（拉筋）要求：

板、墙端 1.5 倍板、墙厚度范围内设置开口箍筋，箍筋间距×肢距≥150×150，其余部位设置拉筋，箍筋和拉筋直径≥8mm。

(4) 板、墙钢筋锚固和搭接要求：

同框架柱要求。

(5) 板、墙端部设置斜托：

为增强板、墙端部的抗剪能力，在板、墙端部设置斜托。

4.8.2 主体薄弱部位构造措施

1. 框架节点区处理

框架中间层中间节点处，框架梁的上部纵向钢筋应贯穿中间节点；框架柱的纵向钢筋应贯穿中间层中间节点和中间层端节点，柱纵筋接头应设在节点区以外。

对于框架中间层中间节点、中间层端节点、顶层中间节点以及顶层端节点，梁、柱纵向钢筋在节点部位的锚固和搭接，应符合图 4-27 的构造规定。

2. 节点区腋角的设置

在结构梁与板、墙与板交界处均设置腋角。设置腋角后，可有效增大节点区结构构件的截面高度，提高节点的受剪承载力，提高结构的抗震性能。

腋角内下部纵向受拉钢筋的直径和根数，一般不宜小于结构伸进腋角内的下部钢筋的直径和根数。

3. 变形缝、施工缝的设置

车站纵向明暗挖分界处设置变形缝；车站与各出入口、风道相接处设变形缝，以保证车站与出入口等附属结构的变形、沉降不受影响。

区间与车站主体的结合部位等结构突变处应设置变形缝。

墙体水平施工缝不应留在剪力最大处或底板与侧墙的交接处，应设于底板斜托与侧墙结合面以上 300~500mm 处、顶板斜托与侧墙结合面以下 300mm 处、各层楼板与侧墙结合面上下 300mm 处。墙体有预留孔洞时，施工缝距孔洞边缘不应小于 300mm。结构环向施工缝设置间距不宜大于 16m，并宜采用跳槽分段的方法施工。环向施工缝要求布置在纵向柱距 1/4~1/3 跨附近。

4. 薄弱部位

对于附属结构接主体结构处等有可能薄弱的重点部位，应加强开洞处洞门加强梁柱体系设计，完善结构受力转换体系，保证结构承载力和安全性。

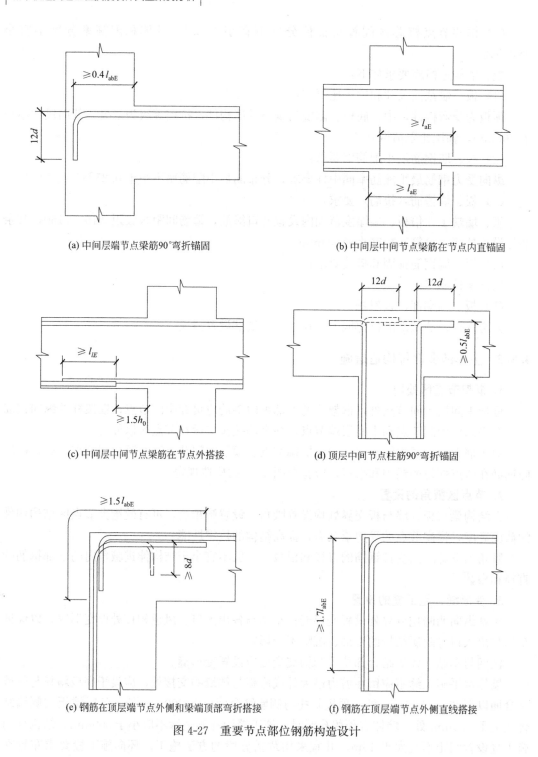

图 4-27 重要节点部位钢筋构造设计

4.8.3 非结构构件抗震构造措施

建筑非结构构件指除承重骨架体系以外的固定构件和部件，包括非承重墙、附属于楼面的构件和装饰构件等。

1. 计算要求

计算要求执行《建筑抗震设计规范》GB 50011—2010 第 13.2 节的相关规定。

2. 基本抗震措施

（1）填充墙应满足下列要求：

①填充墙在平面和竖向的布置，宜均匀对称，宜避免形成薄弱层或短柱；

②砌体的砂浆强度等级不应低于 M5，实心块体的强度等级不宜低于 MU2.5，空心块体的强度等级不宜低于 MU3.5；

③墙顶应与框架梁密切结合，填充墙应沿框架柱全高每隔 500~600mm 设 2Φ6 拉筋，拉筋沿墙全长贯通；

④墙高超过 4m 时，墙体半高宜设置与柱连接且沿墙全长贯通的钢筋混凝土水平系梁；

⑤楼梯间和人流通道的填充墙，尚应采用钢丝网砂浆面层加强；

⑥墙长大于 5m 时，墙顶与梁宜有拉结。

（2）构造柱应满足下列要求：

①墙长超过 8m 或层高 2 倍时，宜设置钢筋混凝土构造柱；

②门、窗洞口宽度超过 3m 时，洞边应设置构造柱；

③填充墙转角处应设置构造柱。

（3）圈梁应满足下列要求：

填充墙的圈梁应按上密下稀的原则每隔 4m 左右在窗顶增设一道圈梁，圈梁的竖向间距不应大于 3m；圈梁宜闭合，圈梁截面宽度宜与墙厚相同，截面高度不应小于 180mm；圈梁的纵筋不应少于 4Φ12；圈梁应与柱牢固连接，顶部圈梁与柱锚拉钢筋不少于 4Φ12，且锚固长度不宜少于 35 倍钢筋直径。

（4）墙梁应满足下列要求：

墙梁宜采用现浇，当采用预制墙梁时，梁底应与砖墙顶面牢固拉结并应与柱锚拉；转角处相邻的墙梁，应相互可靠连接。

（5）其他构件应满足下列要求：

各种机电设备与结构的连接均应可靠，具体措施均执行《建筑抗震设计规范》GB 50011—2010 第 13.4 节的相关规定。

4.9 本章小结

本章以北京某标准站为工程背景，详细介绍了进行明挖地铁站的抗震专项设计的完整计算过程，涵盖了工程概况、设计原则、场地参数选取、抗震计算工况选定、反应位移法计算、时程分析法计算及抗震性能评价和抗震构造措施等内容。可供相关研究者与工程师在进行实际类似工程抗震计算时参考。

第 5 章 换乘站抗震计算

本章以某换乘站工程为例,对换乘站抗震专项设计进行详细介绍,主要描述换乘站抗震计算的流程及内容,并对其抗震性能进行了特征分析。

5.1 工程概况

5.1.1 项目概况

本站处于中心老城区,与既有地铁线某站呈 L 形换乘(图 5-1)。周边控制性构筑物较多,车站站位道路两侧建筑密集,包含大量民房、店铺。车站西侧邻近大片低矮民房、商铺(地上 1~4 层),道路绿化带还存在一棵二级国槐。

图 5-1 车站周边建(构)筑物

本站为岛式站台，有效站台宽度14m。共设置4个出入口（其中1个为预留）、2个风道、1个外挂厅，其中4号出入口及换乘通道结合外挂厅设置（图5-2）。

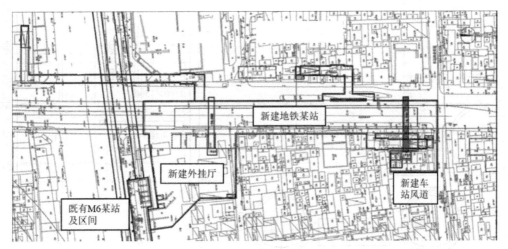

图5-2 车站结构总平面

本站采用两层超浅埋方案，顶板覆土5.48m，底板埋深19.50m，车站长225.45m，标准段宽25.1m（图5-3）。

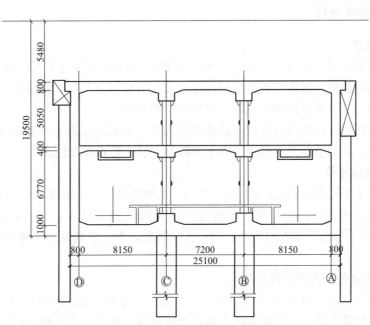

图5-3 车站结构标准断面剖面

车站与既有线区间之间水平距离为3.8~7.3m，车站底板高于区间底板，垂直距离为0.98m（图5-4）。

新建车站外挂厅采用盖挖逆作施工，为平顶直墙3层多跨混凝土框架结构，顶板覆土0.8m，底板埋深20.64m。外挂厅与既有线车站之间水平距离4.2m，围护桩间净距2.1m。

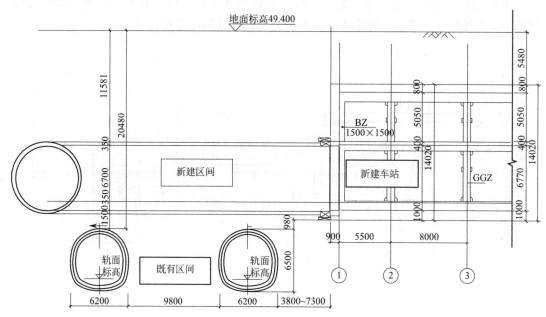

图 5-4 车站与既有线区间关系

5.1.2 水文地质条件

1. 工程地质

本次勘察揭露地层最大深度为 73.0m，根据钻探资料及室内土工试验结果，按地层沉积年代、成因类型，将本工程沿线勘探范围内的土层划分为人工堆积层、第四纪全新世沉积层、第四纪晚更新世沉积层与第三纪基岩层四大层。

该单元第四纪沉积物以古金沟河故道沉积为主。上部地层以一般第四纪沉积的粉土、砂土地层为主，下部地层为黏性土、砂土与卵石互层，卵石厚度较大。

2. 软土震陷评价

根据《岩土工程勘察规范》GB 50021—2001 相关规定：在地震烈度为Ⅷ度的条件下，当平均剪切波速大于 140m/s 时，在地震烈度为Ⅸ度的条件下，当平均剪切波速大于 200m/s 时，可不考虑软土震陷所造成的灾害。因此，本工程场地可不考虑软土震陷所造成的灾害。

3. 地质灾害危险性评估报告结论

依据《建筑抗震设计规范》GB 50011—2010，本工程抗震设防可不考虑断层错动直接导致的地表地质灾害。工程场地内不存在岩体崩塌、开裂、滑坡和土体边坡失稳等造成的地震地质灾害问题，可不考虑软土震陷所造成的灾害。

4. 水文地质

通过收集的资料和本次勘察测得的地下水位分析，沿线 30m 深度范围地下水以第四纪松散沉积物孔隙水为主，受地层岩性分布特点的影响，该水文地质单元，主要分布三层地下水，地下水类型为上层滞水（一）、层间水（三）和层间水（四）。

上层滞水（一）：受环境影响，分布呈无规律性，本次勘察未观测到，但埋深一般小于 7m，含水层主要为表层的人工填土、粉土层。

层间水（三）：受其下伏相对隔水层粉质黏土⑥层顶板埋深的影响，该层水埋深一般在 15.00～18.00m 左右，含水层主要为卵石圆砾⑤层和中粗砂⑤$_1$ 层，本次勘察未观测到，但不排除粉质黏土⑥层顶板上滞水的存在。

层间水（四）：本次测得水位埋深为 25.16～26.8m，含水层主要为卵石⑦。

地下水详细情况如表 5-1 所示。

地下水特征　　　　　　　表 5-1

地下水性质	水位/水头埋深(m)	水位/水头标高(m)	观测时间	含水层
上层滞水（一）	2.50～5.83	41.64～45.03	2015年11月13日	粉土③层
层间水（三）	11.20～16.00	32.26～36.33	2015年11月13日	卵石⑤层，粉土④$_2$层，粉细砂③$_3$层
层间水（四）	26.60～32.20	15.33～21.50	2015年11月13日	卵石⑦层，卵石⑨层

5.2 抗震要求及计算方法

5.2.1 抗震设防类别

根据《城市轨道交通结构抗震设计规范》GB 50909—2014 第 3.1.1～3.1.2 条规定，城市轨道交通结构应划分为标准设防类、重点设防类、特殊设防类三个抗震设防等级。

标准设防类：除特殊设防类、重点设防类以外的其他轨道交通结构；

重点设防类：除特殊设防类以外的高架区间结构、高架车站主体结构、区间隧道结构和地下车站主体结构；

特殊设防类：在城市轨道交通网络中占据关键地位、承担交通量大的大跨度桥梁和车站的主体结构。

根据《城市轨道交通结构抗震设计规范》GB 50909—2014 第 3.1.2 条条文说明，"建议将日平均客流量超过 50 万人次的大型综合枢纽车站的主体结构划分为特殊设防类"。本站日预测客流量未超过 50 万人次，因此本站主体结构属于重点设防类轨道交通结构。车站外挂厅结构由于周围环境以及结构本身较为复杂，而且邻近既有线区间和风道结构，因此，本站外挂厅也属于重点设防类结构。除外挂厅结构之外的车站其他附属结构，按照规范要求，属于标准设防类。

5.2.2 抗震设防标准

根据《城市轨道交通结构抗震设计规范》GB 50909—2014 第 3.1.4 条规定，重点设防类的抗震设防标准，应符合下列要求：

抗震措施应按本地区抗震设防烈度提高一度的要求确定；地震作用应按现行国家标准《中国地震动参数区划图》GB 18306—2015 规定的本地区抗震设防要求确定，对进行过工程场地地震安全性评价的，应采用经国务院地震工作主管部门批准的建设工程的抗震设防要求确定，但不应低于本地区抗震设防要求确定的地震作用。本站地震作用设防烈度为 8 度，罕遇地震为 9 度。

参照《城市轨道交通结构抗震设计规范》GB 50909—2014 第 3.1.4 条的规定，车站主体结构及外挂厅结构均为重点设防类，车站其他附属结构为标准设防类。因此，车站主体结构及外挂厅的抗震措施按照 9 度烈度要求确定，车站其他附属结构的抗震措施按照 8 度烈度要求确定。

5.2.3 抗震性能要求

根据《城市轨道交通结构抗震设计规范》GB 50909—2014 第 3.2.1 条，城市轨道交通的抗震性能要求应分成下列三个等级：

性能要求 Ⅰ：地震后不破坏或轻微破坏，应能保持其正常使用功能；结构处于弹性工作阶段；不应因结构的变形导致轨道过大变形而影响行车安全；

性能要求 Ⅱ：地震后可能破坏，经修补，短期内应能恢复其正常功能；结构局部进入弹塑性工作阶段；

性能要求 Ⅲ：地震后可能产生较大破坏，但不应出现局部或整体倒毁，结构处于弹塑性工作阶段。

根据《城市轨道交通结构抗震设计规范》GB 50909—2014 第 3.2.4 条规定，重点设防类及标准设防类轨道交通结构应满足表 5-2、表 5-3 中关于抗震设防目标的规定。

城市轨道交通结构抗震设防目标（重点设防类）　　　　表 5-2

地震动水准		地下结构抗震性能要求
等级	重现期（年）	
E1 地震作用	100	Ⅰ
E2 地震作用	475	Ⅰ
E3 地震作用	2450	Ⅱ

城市轨道交通结构抗震设防目标（标准设防类）　　　　表 5-3

地震动水准		地下结构抗震性能要求
等级	重现期（年）	
E1 地震作用	100	Ⅰ
E2 地震作用	475	Ⅰ
E3 地震作用	2450	Ⅱ

5.2.4 抗震设计条件

本站位于北京西城区，根据《建筑抗震设计规范》GB 50011—2010 附录 A（我国主要城镇抗震设防烈度、设计基本地震加速度和设计地震分组）第 A.0.1 条规定，抗震设防烈度为 8 度，设计基本地震加速度值为 $0.20g$，设计地震分组为第一组。

（1）根据本站地勘报告，抗震场地类别为 Ⅱ 类。根据《建筑抗震设计规范》GB 50011—2010 表 5.1.4-2 规定，特征周期值 $T=0.35s$。

（2）根据本站地勘报告，地震烈度为 8 度，地下水位按抗浮水位建议值考虑时，本站、地面下20m深度范围内饱和砂土、粉土均不液化。根据与勘察单位协调沟通，进行补勘，地震烈度为9度时，本站地面下20m深度范围内饱和砂土、粉土均不液化。

（3）根据《城市轨道交通结构抗震设计规范》GB 50909—2014第11.7.3条规定，设防烈度为8度时，本站主体结构及外挂厅结构的抗震等级为二级，车站其他附属结构的抗震等级为三级。

5.2.5 地震作用参数

本站地表和底板所在层位的设计地震动参数见表5-4～表5-6。

场地地表水平向峰值加速度和反应谱参数　　　　　　　　　　表5-4

等级	对应地震级别	A_{max}(gal)	β_m	T_0(s)	T_1(s)	T_g(s)	γ	α_{max}
E1地震作用	小震（多遇）	80	2.5	0.04	0.10	0.35	0.9	0.20
E2地震作用	中震（设防）	240	2.5	0.04	0.10	0.50	0.9	0.61
E3地震作用	大震（罕遇）	420	2.5	0.04	0.10	0.75	0.9	1.07

底板水平向峰值加速度和反应谱参数　　　　　　　　　　表5-5

等级	对应地震级别	A_{max}(gal)	β_m	T_0(s)	T_1(s)	T_g(s)	γ	α_{max}
E1地震作用	小震（多遇）	40	2.5	0.04	0.10	0.45	0.9	0.10
E2地震作用	中震（设防）	150	2.5	0.04	0.10	0.65	0.9	0.38
E3地震作用	大震（罕遇）	270	2.5	0.04	0.10	1.00	0.9	0.69

钻孔土层动力物理参数　　　　　　　　　　表5-6

序号	土性描述	计算类别	土层深度(m)	层厚(m)	剪切波速V_s(m/s)	密度(g/cm³)
1	杂填土	1	2.8	2.8	190	1.95
2	黏质粉土	14	6.4	3.6	212	2.00
3	粉质黏土	3	10.6	4.2	248	1.97
4	细砂	18	14.9	4.3	316	1.98
5	卵石	19	17.3	2.4	380	2.00
6	粉质黏土	6	17.8	0.5	333	1.97
7	砂质粉土	16	19.1	1.3	333	1.97
8	细砂	18	20.0	0.9	333	1.98
9	卵石	19	23.0	3.0	434	2.00
10	卵石	19	27.0	4.0	459	2.00
11	卵石	19	30.0	3.0	526	2.00
12	黏质粉土	8	32.2	2.2	576	2.00
13	卵石	19	34.5	2.3	576	2.00
14	卵石	19	37.8	3.3	478	2.00
15	基底	20	39.2		500	2.10

依据《城市轨道交通工程设计规范》DB 11/995—2013表11.7.3-1对地表水平峰值

加速度值的规定,考虑 E2 地震作用下,水平加速度峰值取值为 0.2g,E3 地震作用下,水平加速度峰值取值为 0.4g。

依据岩石力学中动剪切模量计算公式:$G=\rho C^2(1+u)$(其中 ρ 为土层密度,C 为土层横波的剪切波速,u 为土层静泊松比),计算得到各个土层的动剪切模量作为模型建立的输入参数。

采用内嵌人工波合成软件,合成波历时 33s,上升段时间为 5s,水平段时间为 13s,峰值加速度值为 0.2g,阻尼比为 0.05。罕遇地震烈度为 9 度,合成波历时 33s,上升段时间为 5s,水平段时间为 15s,峰值加速度为 0.4g,阻尼比为 0.05。

结果对比,合成加速度反应谱曲线与设计地震动反应谱曲线的误差小于 5%,满足《城市轨道交通结构抗震设计规范》GB 50909—2014 要求(图 5-5)。

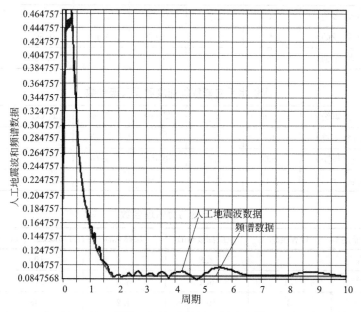

图 5-5 人工合成波、频谱图

根据《城市轨道交通结构抗震设计规范》GB 50909—2014:通过大量地震加速度记录输入不同结构类型进行时程分析结果的统计分析,时程分析应选取不少于三条地震波进行验算。E2 地震作用下动力计算采用 50 年超越概率为 10% 的地震动时程(一条人工波,两条实测波),E3 地震作用下动力计算采用 50 年超越概率为 2% 的地震动时程(一条人工波,两条实测波)。其中两条实测波分别为 El-Centro 波(0~33s)和某实测波(20~40s),并经过调幅处理,分别得到对应峰值加速度为 0.2g(设防)和 0.4g(罕遇)下的实测波加速度时程曲线(图 5-6)。

5.2.6 抗震计算方法选取

根据《城市轨道交通结构抗震设计规范》GB 50909—2014 及《城市轨道交通工程设计规范》DB 11/995—2013 相关内容,对于重点设防的区间隧道结构和地下车站结构,地震反应计算分析时,抗震性能要求为Ⅰ时(E2 地震作用下)采用反应位移法或反应加速

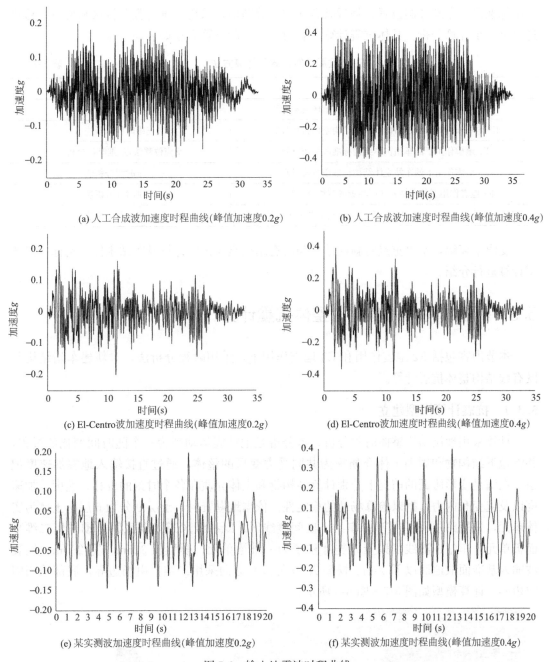

图 5-6 输入地震波时程曲线

度法，抗震性能要求为Ⅱ时（E3地震作用下）采用时程分析法或者反应加速度法。

本站主体结构采用棚盖法施工，覆土厚度约5.4m，属于超浅埋暗挖车站，且车站北端接有暗挖平顶直墙断面区间；车站外挂厅为不规则大体量结构，采用盖挖逆作法施工，为三层多跨结构，且外挂厅和车站主体临近既有线区间和风道，结构体系复杂，周围环境风险较大。因此对于车站主体结构、外挂厅、既有线结构以及车站北端的区间整体建立三维模型，并采用时程分析法，以分析整体结构的互相影响。对于部分特殊受力位置，比如车站标准段、车站开洞位置、临近既有线位置等断面,采用二维时程分析法和反应位移法进行进一步计算分析。具体抗震计算内容及所选用的计算方法如表 5-7 所示。

抗震计算内容及计算方法 表 5-7

抗震计算内容	计算方法
E2 地震作用下的新建结构与既有结构整体抗震计算	三维时程分析法
E3 地震作用下的新建结构与既有结构整体抗震计算	三维时程分析法
E2 地震作用下的车站主体结构标准段抗震计算	反应位移法,二维时程分析法
E3 地震作用下的车站主体结构标准段抗震计算	二维时程分析法
E2 地震作用下的车站外挂厅临近既有线抗震计算	二维时程分析法
E2 地震作用下的车站外挂厅与车站主体相接断面抗震计算	二维时程分析法

受限于篇幅,本书重点对新建结构与既有结构整体抗震计算及车站主体结构标准段抗震计算进行介绍。

5.3 新建结构与既有结构整体抗震计算

本节内容包括 E2 地震作用和 E3 地震作用下,采用时程分析法,对新建车站结构与既有线结构整体抗震计算。

5.3.1 抗震计算模型建立

计算采用地层结构整体时程分析,该分析是把地震运动视为一个随时间变化的过程,并将地下结构物和周围土体介质视为共同受力变形的整体,通过直接输入地震加速度记录,在满足变形协调的前提下分别计算结构物和土体介质在各个时刻的位移、速度、加速度以及应变和内力,据以验算场地的稳定性。依据地勘资料,土层划分为 6 层。土体为实体单元,采用摩尔-库仑模型;车站、区间渡线区、既有线风道以及区间衬砌采用二维平面板单元,车站、渡线区以及外挂厅柱子为一维梁单元。模型长 325m,宽 200m,地震波输入基准面取地面以下 50m。模型 X 方向和 Y 方向采用二维自由场边界,底部采用固定边界。计算模型如图 5-7~图 5-9 所示。

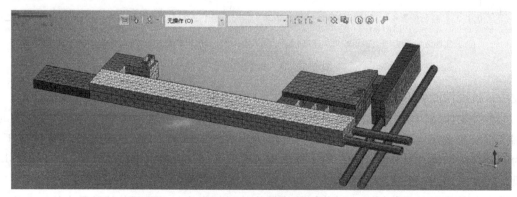

图 5-7 三维实体模型

图 5-8 车站内部结构三维模型

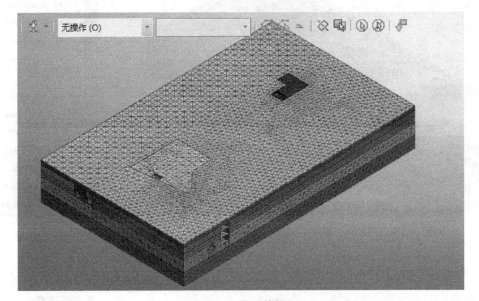

图 5-9 三维土体模型

5.3.2 土体及结构动力参数选取

依据地勘资料，土层参数选取如表 5-8 所示。

土层参数   表 5-8

土层名称	土层厚度(m)	层底深度(m)	平均剪切波速(m/s)	重度(kN/m^3)	垂直基床系数(kPa/m)	水平基床系数(kPa/m)	动剪切模量(MPa)
①$_1$ 杂填土	0.7	0.7	160.2	16.5			48
① 粉土填土	5.1	5.8	170.6	17			58.9
③ 黏质粉土、砂质粉土	1.5	7.3	196.1	19.8	30000	25000	88.2
③$_1$ 粉质黏土	3.7	11	227.1	19.9	25000	20000	102.7
⑤ 卵石	6.3	17.3	359.7	20.5	50000	55000	251.3
⑥ 粉质黏土	0.9	18.2	326.1	19.8	40000	45000	218.3
⑦$_2$ 粉细砂	1.1	19.3	370	20	50000	50000	232
⑦ 卵石	10	29.3	450.9	21	80000	80000	427.8
⑨ 卵石	7	37.3	524.0	21	85000	80000	602.2

5.3.3 特征周期及阻尼参数计算

建立车站、附属结构及土体三维网格模型，输入动力参数进行特征值分析计算，选取第一阶和第二阶模态如图 5-10、图 5-11 所示。

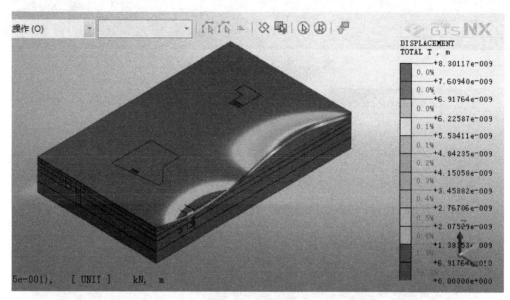

图 5-10　一阶模态

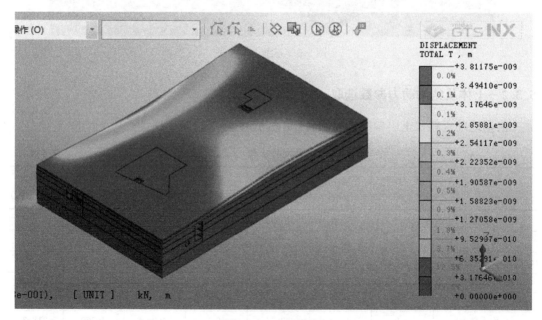

图 5-11　二阶模态

计算得到模型的前十阶模态，选取第一和第二阶模态，分别得到模型的自震周期 $T_1=6.61s$，$T_2=6.23s$。依据瑞利阻尼参数计算公式：

$$C=\alpha M+\beta K \tag{5-1}$$

式中 C——阻尼矩阵;
K——刚度矩阵;
M——质量矩阵;
α——质量比例阻尼常数;
β——刚度比例阻尼常数。

$$\alpha=\frac{4\pi(\xi_2 T_1-\xi_1 T_2)}{(T_1^2-T_2^2)} \tag{5-2}$$

$$\beta=\frac{T_1 T_2(\xi_2 T_1-\xi_1 T_2)}{(T_1^2-T_2^2)\pi} \tag{5-3}$$

式中 $\xi_1=\xi_2=0.05$。

质量矩阵、阻尼矩阵和刚度矩阵为内嵌模式,需要输入的参数为 T_1 和 T_2,并通过瑞利阻尼参数公式计算得到 $\alpha=0.0489$,$\beta=0.0511$,作为模型的外部阻尼参数输入条件。

5.3.4 计算结果

1. 静力工况计算结果

静力工况计算结果如图 5-12、表 5-9 所示。

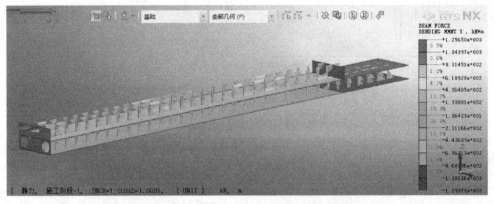

图 5-12 静力作用下车站柱子弯矩云图

自重(恒荷载)作用下弯矩值统计　　　　　　　　　表 5-9

弯矩提取位置	车站中部柱顶	车站中部柱底	车站端头柱顶	车站端头柱底
弯矩值(kN·m)	31.25	9.95	107.26	114.87

2. E2 地震工况计算结果

(1) 输入 El-Centro 波(峰值加速度 $0.2g$)计算,提取内力、位移云图及时程曲线如图 5-13、图 5-14 所示。

(2) 输入人工波(峰值加速度 $0.2g$)计算,同样位置处提取结果如图 5-15、图 5-16 所示。

(3) 输入某实测波(峰值加速度 $0.2g$)计算结果如图 5-17、图 5-18 所示。

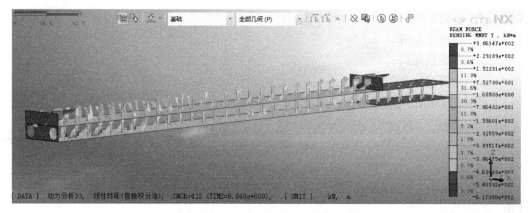

(a) 车站主体及渡线区柱子弯矩云图(t=12.08s)

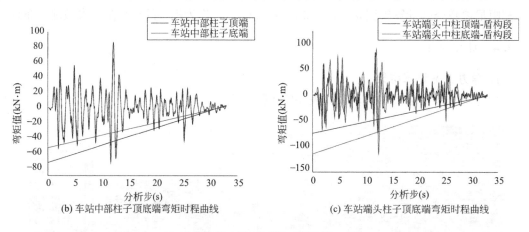

(b) 车站中部柱子顶底端弯矩时程曲线

(c) 车站端头柱子顶底端弯矩时程曲线

图 5-13 E2 地震工况弯矩云图及时程曲线（El-Centro 波）

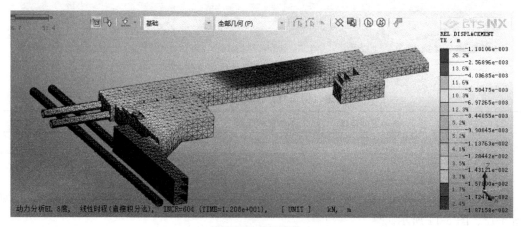

(a) 三维模型横向位移云图(t=12.08s)

图 5-14 E2 地震工况位移云图及时程曲线（El-Centro 波）（一）

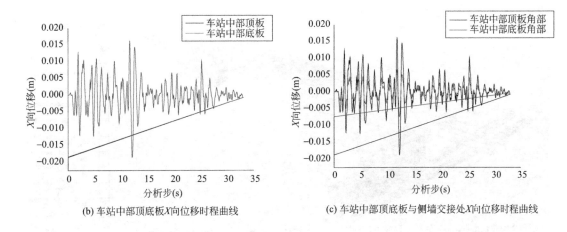

(b) 车站中部顶底板X向位移时程曲线　　　(c) 车站中部顶底板与侧墙交接处X向位移时程曲线

图 5-14　E2 地震工况位移云图及时程曲线（El-Centro 波）（二）

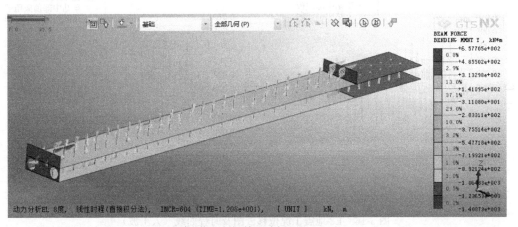

(a) 车站主体及渡线区柱子弯矩云图(t=8.64s)

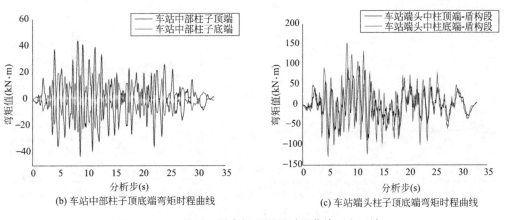

(b) 车站中部柱子顶底端弯矩时程曲线　　　(c) 车站端头柱子顶底端弯矩时程曲线

图 5-15　E2 地震工况弯矩云图及时程曲线（人工波）

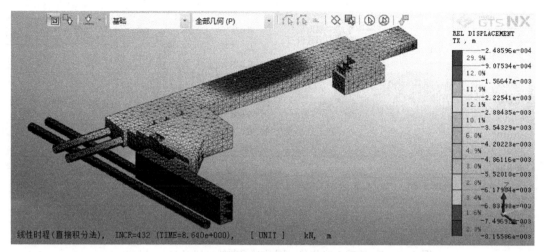

(a) 三维模型横向位移云图（t=8.64s）

(b) 车站中部顶底板X向位移时程曲线

(c) 车站中部顶底板与侧墙交接处X向位移时程曲线

图 5-16　E2 地震工况位移云图及时程曲线（人工波）

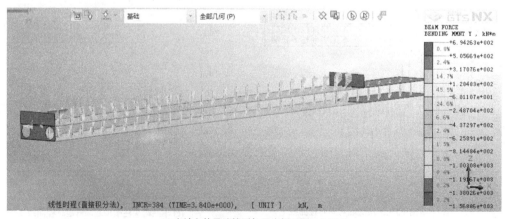

(a) 车站主体及渡线区柱子弯矩云图（t=3.84s）

图 5-17　E2 地震工况弯矩云图及时程曲线（实测波）（一）

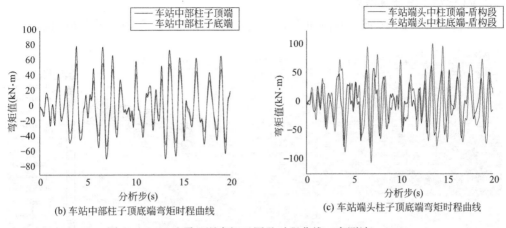

(b) 车站中部柱子顶底端弯矩时程曲线　　　　　(c) 车站端头柱子顶底端弯矩时程曲线

图 5-17　E2 地震工况弯矩云图及时程曲线（实测波）（二）

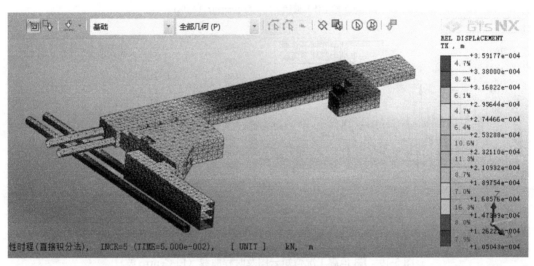

(a) 三维模型横向位移云图（t=3.84s）

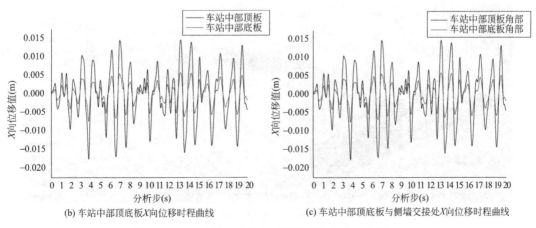

(b) 车站中部顶底板X向位移时程曲线　　　　(c) 车站中部顶底板与侧墙交接处X向位移时程曲线

图 5-18　E2 地震工况位移云图及时程曲线（实测波）

3. E3 地震工况计算结果

(1) 输入 El-Centro 波（峰值加速度 $0.4g$）计算结果如图 5-19、图 5-20 所示。

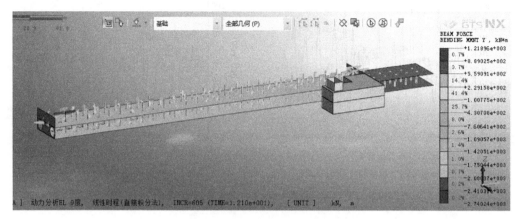

(a) 车站主体及渡线区柱子弯矩云图(t=12.10s)

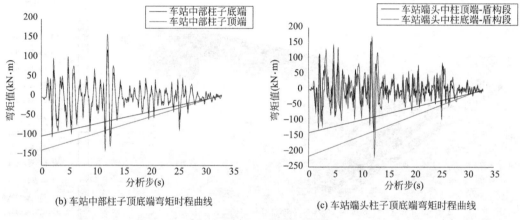

(b) 车站中部柱子顶底端弯矩时程曲线

(c) 车站端头柱子顶底端弯矩时程曲线

图 5-19　E3 地震工况弯矩云图及时程曲线（El-Centro 波）

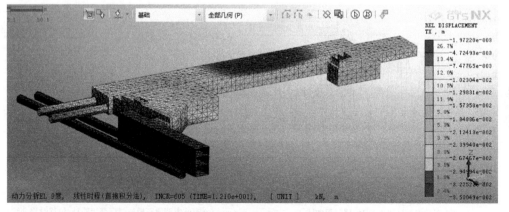

(a) 三维模型横向位移云图(t=12.08s)

图 5-20　E3 地震工况位移云图及时程曲线（El-Centro 波）（一）

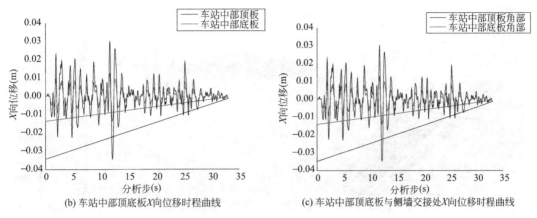

(b) 车站中部顶底板X向位移时程曲线　　　　(c) 车站中部顶底板与侧墙交接处X向位移时程曲线

图 5-20　E3 地震工况位移云图及时程曲线（El-Centro 波）（二）

（2）输入人工波（峰值加速度 0.4g）计算结果如图 5-21、图 5-22 所示。

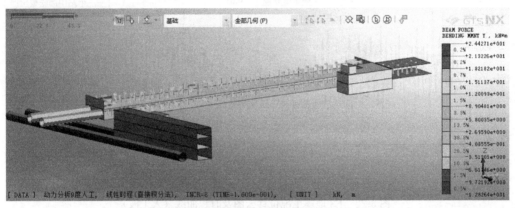

(a) 车站主体及渡线区柱子弯矩云图（t=7.14s）

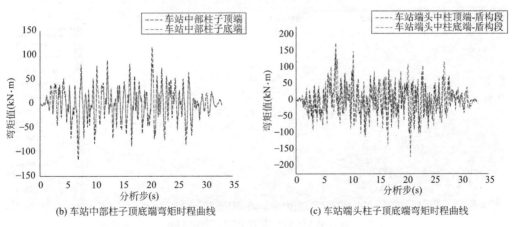

(b) 车站中部柱子顶底端弯矩时程曲线　　　　(c) 车站端头柱子顶底端弯矩时程曲线

图 5-21　E3 地震工况弯矩云图及时程曲线（人工波）

（3）输入某实测波（峰值加速度 0.4g）计算结果如图 5-23、图 5-24 所示。

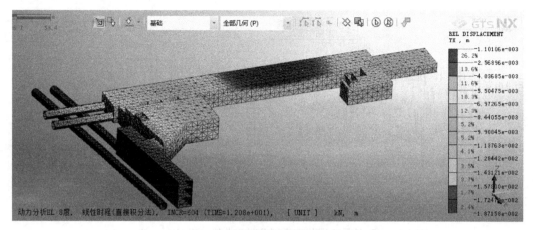

图 5-22 E3 地震工况位移云图及时程曲线（人工波）

(a) 车站主体及渡线区柱子弯矩云图（t=3.84s）

图 5-23 E3 地震工况弯矩云图及时程曲线（实测波）（一）

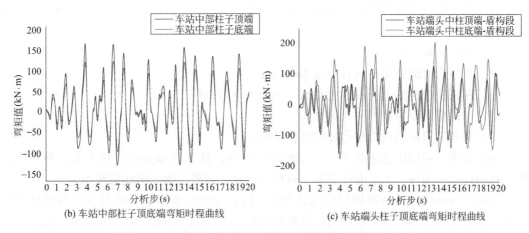

(b) 车站中部柱子顶底端弯矩时程曲线　　(c) 车站端头柱子顶底端弯矩时程曲线

图 5-23　E3 地震工况弯矩云图及时程曲线（实测波）（二）

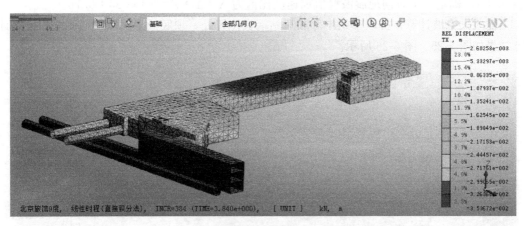

(a) 三维模型横向位移云图（t=3.84s）

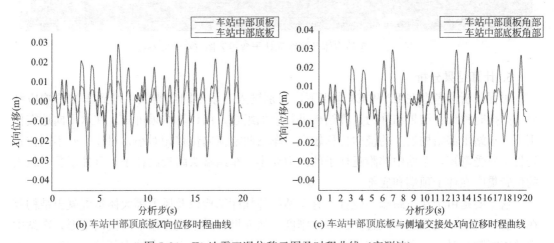

(b) 车站中部顶底板 X 向位移时程曲线　　(c) 车站中部顶底板与侧墙交接处 X 向位移时程曲线

图 5-24　E3 地震工况位移云图及时程曲线（实测波）

4. 考虑竖向地震波计算结果

依据《城市轨道交通结构抗震设计规范》GB 50909—2014 第 11.7.6 条条文规定：地

下车站除应进行水平地震作用计算外，设防烈度为8度且存在以下情形时，尚宜计及纵向地震作用：

(1) 体形不规则的大型车站；

(2) 车站为大跨度结构或者浅埋大断面隧道；

(3) 在顶板、楼板上开有较大孔洞，形成大悬臂构件；

(4) 车站横断面为显著不对称结构；

(5) 竖向地震作用效应很重要的其他结构。

覆土较浅，采用棚盖法施工，为浅埋暗挖车站，且车站端头有体量很大的外挂厅结构，在外挂厅范围内，车站断面显著不对称。因此，需要考虑竖向地震作用。

依据《城市轨道交通结构抗震设计规范》GB 50909—2014：场地地表竖向设计地震动峰值加速度取值不应小于水平向峰值加速度的0.65倍，建议竖向峰值加速度值不应小于水平向峰值加速度值的2/3。查《城市轨道交通结构抗震设计规范》GB 50909—2014表5.3.1，确定三个方向地震波峰值加速度比值为 $X:Y:Z=1:0.85:0.75$。

输入人工波计算，提取车站中部和车站端头位置处，顶底板中部以及与侧墙相接处计算结果如图5-25、图5-26所示。

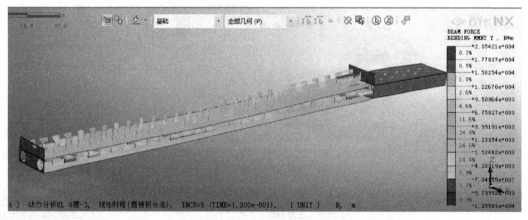

图5-25 车站主体及渡线区柱子弯矩云图（$t=13.28s$）

5. 计算结果分析

时程分析法考虑在E2和E3作用下，分别输入三条不同地震波，得到车站的响应结果，并把时程计算结果和静力计算结果进行叠加组合。由计算结果可知，在水平向地震作用下，车站中部结构发生的横向位移较大，车站两端横向位移相对小；对比车站不同位置处柱子所受弯矩，车站中部附近柱子的内力要小于车站端头附近的柱子，且柱子受力较大的位置集中在柱子顶端和底部。

这主要是由于在车站端头位置，有车站的外挂厅结构以及风道等大体量混凝土结构存在，能够增强车站在这些位置处的整体刚度，从而抵抗在地震作用下的横向变形，车站中部整体刚度相对小，因而地震作用下的横向变形相对较大。由于车站中部整体刚度小，地震响应下的内力相对较小。因此结构在地震作用下的抗震性能是结构刚度和柔度的综合作用。

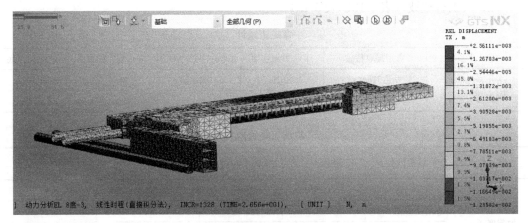

(a) 三维模型横向位移云图（t=13.28s）

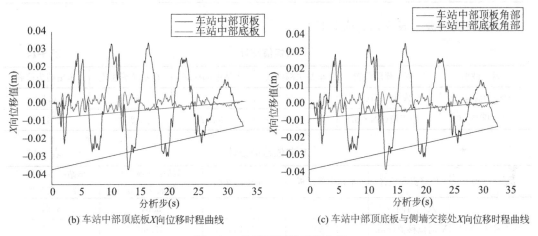

(b) 车站中部顶底板X向位移时程曲线　　　　　　(c) 车站中部顶底板与侧墙交接处X向位移时程曲线

图 5-26　位移云图及时程曲线

6. 结构抗震性能评价

1) E2 地震作用

（1）El-Centro 波（表 5-10、表 5-11）

弯矩值统计　　　　　　　　　　　　　　　　　　　　表 5-10

输入波型	弯矩提取位置	车站中部柱顶	车站中部柱底	车站端头柱顶	车站端头柱底
El-Centro 波（峰值加速度 0.2g）	发生时间(s)	12.14	12.16	11.78	12.44
	弯矩值(kN·m)	149.52	96.12	237.14	287.22

X 向位移值统计　　　　　　　　　　　　　　　　　表 5-11

输入波型	位移提取位置	车站中部顶板	车站中部底板	车站中部顶板与侧墙交接处	车站中部底板与侧墙交接处
El-Centro 波（峰值加速度 0.2g）	发生时间(s)	12.08	12.08	12.08	12.08
	X 向位移值(mm)	18.52	18.40	18.68	7.31
	层间位移角	1/1220<1/550,满足规范中抗震性能Ⅰ要求		1/1074<1/550,满足规范中抗震性能Ⅰ要求	

(2) 人工合成波（表 5-12、表 5-13）

弯矩值统计　　　　　　　　　　　　　　　　　　　　　表 5-12

输入波型	弯矩提取位置	车站中部柱顶	车站中部柱底	车站端头柱顶	车站端头柱底
人工波（峰值加速度0.2g）	发生时间(s)	8.26	8.3	10.64	8.32
	弯矩值(kN·m)	94.83	44.21	251.42	336.23

X 向位移值统计　　　　　　　　　　　　　　　　　　　表 5-13

输入波型	位移提取位置	车站中部顶板	车站中部底板	车站中部顶板与侧墙交接处	车站中部底板与侧墙交接处
人工波（峰值加速度0.2g）	发生时间(s)	8.64	8.64	8.64	8.64
	X 向位移值(mm)	8.00	2.90	8.21	3.00
	层间位移角	1/2396<1/550,满足规范中抗震性能Ⅰ要求		1/2387<1/550,满足规范中抗震性能Ⅰ要求	

(3) 某实测波（表 5-14、表 5-15）

弯矩值统计　　　　　　　　　　　　　　　　　　　　　表 5-14

输入波型	弯矩提取位置	车站中部柱顶	车站中部柱底	车站端头柱顶	车站端头柱底
某实测波（峰值加速度0.2g）	发生时间(s)	3.87	6.65	6.77	6.88
	弯矩值(kN·m)	140.36	86.52	232.59	274.56

X 向位移值统计　　　　　　　　　　　　　　　　　　　表 5-15

输入波型	位移提取位置	车站中部顶板	车站中部底板	车站中部顶板与侧墙交接处	车站中部底板与侧墙交接处
某实测波（峰值加速度0.2g）	发生时间(s)	3.84	3.84	3.84	3.84
	X 向位移值(mm)	17.50	7.19	17.60	7.35
	层间位移角	1/1157<1/550,满足规范中抗震性能Ⅰ要求		1/1192<1/550,满足规范中抗震性能Ⅰ要求	

2) E3 地震作用

(1) El-Centro 波（表 5-16、表 5-17）

弯矩值统计　　　　　　　　　　　　　　　　　　　　　表 5-16

输入波型	弯矩提取位置	车站中部柱顶	车站中部柱底	车站端头柱顶	车站端头柱底
El-Centro 波（峰值加速度0.4g）	发生时间(s)	12.12	12.16	11.78	12.44
	弯矩值(kN·m)	246.68	169.12	331.19	416.79

X 向位移值统计　　　　　　　　　　　　　　　　　　　表 5-17

输入波型	位移提取位置	车站中部顶板	车站中部底板	车站中部顶板与侧墙交接处	车站中部底板与侧墙交接处
El-Centro 波（峰值加速度0.4g）	发生时间(s)	12.1	12.1	12.1	12.1
	X 向位移值(mm)	34.38	13.39	34.67	13.75
	层间位移角	1/582<1/250,满足规范中抗震性能Ⅱ要求		1/584<1/250,满足规范中抗震性能Ⅱ要求	

(2) 人工合成波（表 5-18、表 5-19）

弯矩值统计　　　　　　　　　　　　　　　　　　表 5-18

输入波型	弯矩提取位置	车站中部柱顶	车站中部柱底	车站端头柱顶	车站端头柱底
人工波（峰值加速度 0.4g）	发生时间(s)	20.38	20.4	7.1	7.14
	弯矩值(kN·m)	187.70	119.46	314.90	366.30

X 向位移值统计　　　　　　　　　　　　　　　　表 5-19

输入波型	位移提取位置	车站中部顶板	车站中部底板	车站中部顶板与侧墙交接处	车站中部底板与侧墙交接处
人工波（峰值加速度 0.4g）	发生时间(s)	6.96	6.96	6.96	6.96
	X 向位移值(mm)	25.71	10.90	25.84	11.19
	层间位移角	1/821<1/250，满足规范中抗震性能Ⅱ要求		1/826<1/250，满足规范中抗震性能Ⅱ要求	

(3) 某实测波（表 5-20、表 5-21）

弯矩值统计　　　　　　　　　　　　　　　　　　表 5-20

输入波型	弯矩提取位置	车站中部柱顶	车站中部柱底	车站端头柱顶	车站端头柱底
某实测波（峰值加速度 0.4g）	发生时间(s)	3.87	6.65	6.77	6.88
	弯矩值(kN·m)	243.23	161.12	336.46	411.30

X 向位移值统计　　　　　　　　　　　　　　　　表 5-21

输入波型	位移提取位置	车站中部顶板	车站中部底板	车站中部顶板与侧墙交接处	车站中部底板与侧墙交接处
某实测波（峰值加速度 0.4g）	发生时间(s)	3.84	3.84	3.84	3.84
	X 向位移值(mm)	35.16	14.17	35.37	14.48
	层间位移角	1/582<1/250，满足规范中抗震性能Ⅱ要求		1/585<1/250，满足规范中抗震性能Ⅱ要求	

3）考虑竖向地震作用

人工合成波 X 向位移值统计如表 5-22 所示。

X 向位移值统计　　　　　　　　　　　　　　　　表 5-22

输入波型	位移提取位置	车站中部顶板	车站中部底板	车站中部顶板与侧墙交接处	车站中部底板与侧墙交接处
El-Centro 波（峰值加速度 0.2g/0.15g）	发生时间(s)	13.28	13.28	13.28	13.28
	X 向位移值(mm)	36.75	12.77	38.05	13.31
	层间位移角	1/584<1/550，满足规范中抗震性能Ⅰ要求		1/566<1/550，满足规范中抗震性能Ⅰ要求	

5.4 车站主体结构标准断面抗震设计

5.4.1 使用阶段静力工况计算

1. 计算简图绘制

计算模型与荷载计算简图如图 5-27、图 5-28 所示。

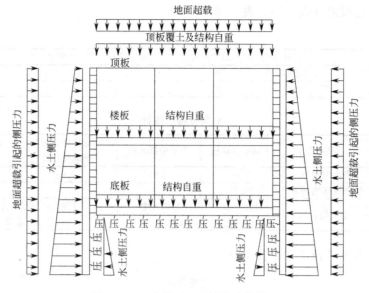

图 5-27　正常使用工况结构计算模型

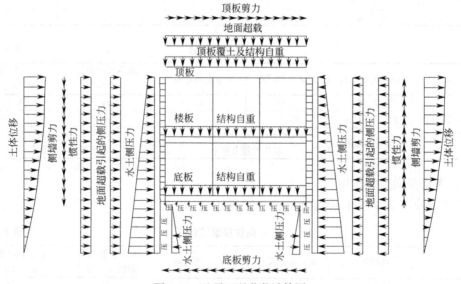

图 5-28　地震工况荷载计算图

2. 荷载计算

车站主体结构永久荷载与可变荷载如表5-23、表5-24所示。

车站主体结构永久荷载　　　　　　　表 5-23

计算位置	土重度 (kN/m³)	覆土厚度 (m)	侧压力系数	设防水位距地面(m)	水重度 (kN/m³)	竖向土压力(kN/m)	水平向土压力(kN/m)	水压力 (kN/m)	永久荷载 (kN/m)
顶板	20.00	5.48	0.40	10.93	10.00	109.60	—	—	109.60
顶板处侧墙	20.00	5.48	0.40	10.93	10.00	—	43.84	—	43.84
抗浮水位处侧墙	20.00	10.93	0.40	10.93	10.00	—	87.44	—	87.44
底板处侧墙	20.00	19.50	0.40	10.93	10.00	—	121.72	85.70	207.42
底板	20.00	19.50	0.40	10.93	10.00	—	—	85.70	85.70

车站主体结构可变荷载　　　　　表 5-24

计算位置	地面超载（kN/m）	侧压力系数	竖向压力（kN/m）	水平向压力（kN/m）	可变荷载（kN/m）
顶板	20.00	0.40	20.00	—	20.00
顶板处侧墙	20.00	0.40	—	8.00	8.00
抗浮水位处侧墙	20.00	0.40	—	8.00	8.00
底板处侧墙	20.00	0.40	—	8.00	8.00
底板	20.00	0.40	—	—	—

3. 计算结果

1) 准永久工况（图 5-29）

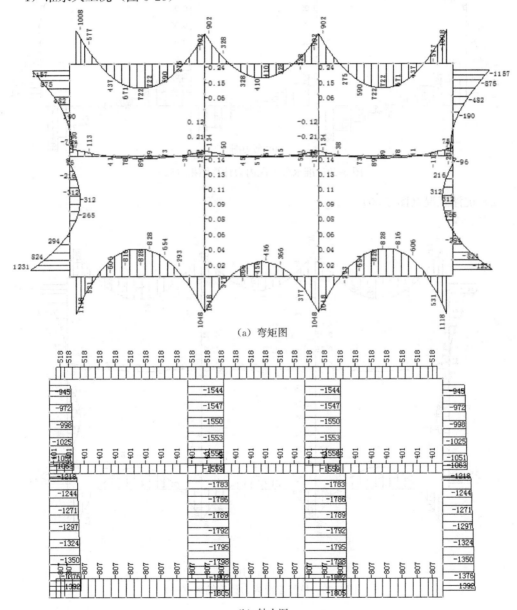

(a) 弯矩图

(b) 轴力图

图 5-29　准永久工况内力计算结果（一）

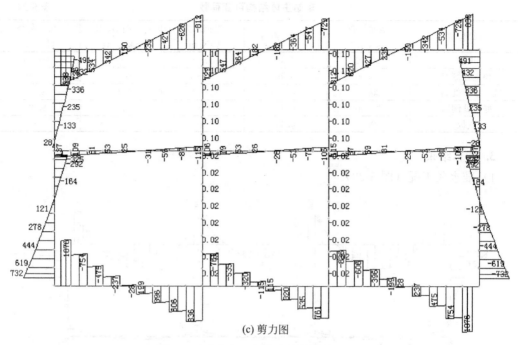

(c) 剪力图

图 5-29 准永久工况内力计算结果（二）

2) 抗浮工况（图 5-30）

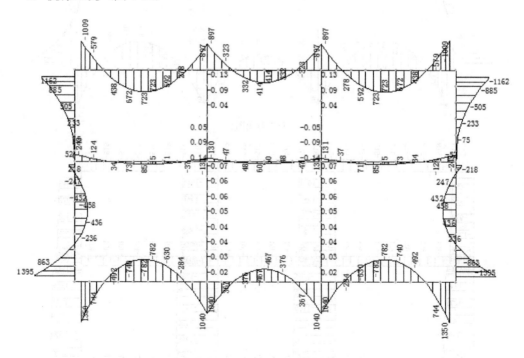

(a) 弯矩图

图 5-30 抗浮工况内力计算结果（一）

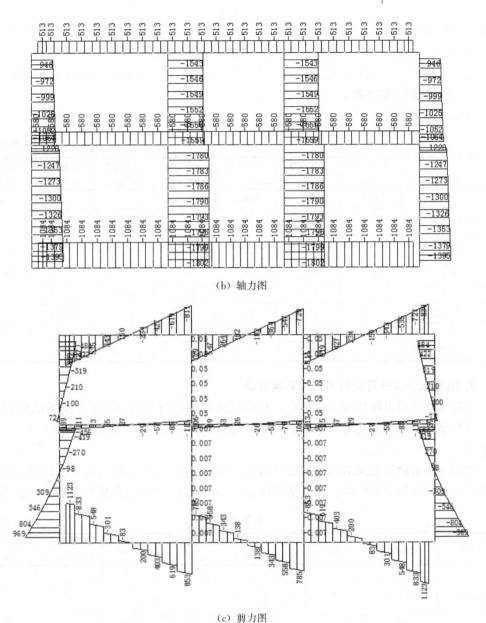

（b）轴力图

（c）剪力图

图 5-30　抗浮工况内力计算结果（二）

5.4.2　反应位移法计算

1. 确定地震作用的基准面

根据《城市轨道交通结构抗震设计规范》GB 50909—2014 第 6.1.3 条 4 款规定：对埋置于地层中的隧道和地下车站结构，设计地震作用基准面宜取在隧道和地下车站结构以下剪切波速大于或等于500m/s岩土层位置。对覆盖土层厚度小于70m的场地，设计地震作用基准面到结构的距离不宜小于结构有效高度的2倍；对覆盖土层厚度大于70m的场地，宜取在场地覆盖土层70m深度的土层位置。

根据地勘资料中关于土层的平均剪切波速，离地面最近且平均剪切波速超过 500m/s

的地层是卵石⑨层。根据车站场地的地质纵剖面，卵石⑨层距地面的平均距离约为30m，即场地覆盖层厚度为30m。车站主体覆土厚度5.48m，结构高度为14.02m。地震作用的基准面至地面距离不应小于$H > 5.48 + 14.02 + 14.02 \times 2 = 47.54$m，取$H = 47.54$m。

2. 计算剖面土层参数

土层参数如表5-25所示。

土层参数 表5-25

土层名称	土层厚度(m)	层底深度(m)	平均剪切波速(m/s)	重度(kN/m³)	垂直基床系数(kPa/m)	水平基床系数(kPa/m)	动剪切模量(MPa)
①₁杂填土	0.7	0.7	160.2	16.5			48
①粉土填土	5.1	5.8	170.6	17			58.9
③黏质粉土、砂质粉土	1.5	7.3	196.1	19.8	30000	25000	88.2
③₁粉质黏土	3.7	11	227.1	19.9	25000	20000	102.7
⑤卵石	6.3	17.3	359.7	20.5	50000	55000	251.3
⑥粉质黏土	0.9	18.2	326.1	19.8	40000	45000	218.3
⑦₂粉细砂	1.1	19.3	370	20	50000	50000	232
⑦卵石	10	29.3	450.9	21	80000	80000	427.8
⑨卵石	7	37.3	524.0	21	85000	80000	602.2

3. 地震水平位移对结构的内力影响计算

本站位于抗震设防烈度8度区内，抗震设防地震动分档为0.20g。本场地类别为Ⅱ类，反应谱特征周期分区为0.35s区，设计地震动加速度反应谱特征周期为0.35s。确定$u_{max} = 0.13 \times 1 = 0.13$m。

根据《城市轨道交通结构抗震设计规范》GB 50909—2014第6.6.3条及附录E.0.1条规定，计算所得水平位移、计算模型各节点（图5-31）水平荷载值结果如表5-26所示。

计算结果 表5-26

序号	节点号	z	所处位置K_h(kPa/m)	杆件长度(m)	$U(z)$(m)	相对位移$U'(z)$	等效水平荷载
1	9	5.88	30000	0.5	0.06378	0.01180	248
2	110	6.88	30000	1	0.06333	0.01135	340
3	111	7.88	25000	1	0.06281	0.01083	271
4	112	8.88	25000	1	0.06222	0.01024	256
5	113	9.88	25000	1	0.06157	0.00959	240
6	114	10.88	25000	0.825	0.06085	0.00887	183
7	5	11.53	72500	0.56	0.06034	0.00836	340
8	73	12	72500	0.735	0.05996	0.00798	425
9	66	13	72500	1	0.05910	0.00712	516
10	65	14	72500	1	0.05818	0.00619	449
11	64	15	72500	1	0.05719	0.00521	377
12	63	16	72500	1	0.05614	0.00415	301
13	62	17	72500	1	0.05502	0.00304	220
14	61	18	50000	1	0.05385	0.00187	93
15	1	19	55000	0.5	0.05262	0.00064	26

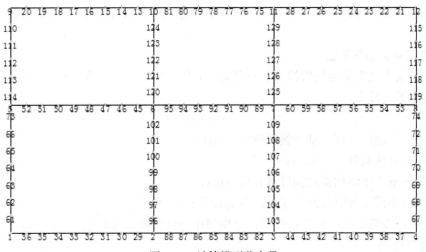

图 5-31　计算模型节点号

4. 结构构件惯性力计算

车站地震加速度基本值为 $0.2g$，根据《城市轨道交通结构抗震设计规范》GB 50909—2014 表 5.2.1-1，得 $u_i = 0.2g$；且本场地为Ⅱ类，调整系数为 1.0，因此 $u_i = 0.2g$。

$f_{顶板} = 25.1 \times 0.8 \times 1 \times 25 \times 0.2 = 104.6 \text{kN}$

$f_{中板} = 25.1 \times 0.4 \times 1 \times 25 \times 0.2 = 50.20 \text{kN}$

$f_{底板} = 25.1 \times 1 \times 1 \times 25 \times 0.2 = 125.5 \text{kN}$

$f_{侧墙上} = 25.1 \times 0.8 \times 1 \times 25 \times 0.2 = 20.2 \text{kN}$

$f_{侧墙下} = 6.7 \times 0.8 \times 1 \times 25 \times 0.2 = 26.8 \text{kN}$

惯性力作用在构件形心位置，方向均与地震方向相同。

5. 结构顶板、底板、侧墙剪力计算

根据《城市轨道交通结构抗震设计规范》GB 50909—2014 第 6.6.3 条条文说明中规定：

结构上下表面的土层剪力可由自由场土层地震反应分析来获得，等于地震作用下结构上下表面处自由土层的剪力；也可以采用反应谱法计算土层位移，通过土层位移微分确定土层应变，最终通过物理关系计算土层剪力。

因此顶底板处土层应变可采用下式计算：

$$\gamma = \frac{\partial u(z)}{\partial z} = -\frac{\pi}{2H} \cdot \frac{1}{2} \cdot u_{\max} \cdot \sin\frac{\pi z}{2H}$$

相应顶、底板剪切力计算结果如表 5-27 所示。

顶、底板剪切力计算结果　　　　　　　　　　表 5-27

	z	剪应变 γ	动剪切模量 (kPa)	剪力值 (kN/m)	方向
顶板剪力 τ_u	5.88	−0.00038637	58900	23	方向与等效水平地震作用方向相同
底板剪力 τ_b	19	−0.00128880	427800	551	方向与等效水平地震作用方向相反

结构与土体之间相互作用，顶、底板剪切力取值不大于极限摩阻力。根据《城市轨道交通

结构抗震设计规范》GB 50909—2014 第 6.6.3 条规定，矩形结构侧壁剪力作用可按下式计算：

$$\tau_s = (\tau_U + \tau_B)/2$$

6. 地基弹簧系数取值

根据《城市轨道交通结构抗震设计规范》GB 50909—2014 第 6.6.2 条规定，地基弹簧刚度可按下式计算：

$$k = KLd$$

式中　k——压缩或剪切地基弹簧刚度（N/m）；

　　　K——基床系数（N/m³）；

　　　L——垂直于结构横向的计算长度（m）；

　　　d——土层沿隧道与地下车站纵向的计算长度（m）。

基床系数按地勘提供取值；L 按计算模型中杆件实际长度取值；d 取 1m。

7. 计算结果

1）正常使用阶段抗震工况（图 5-32）

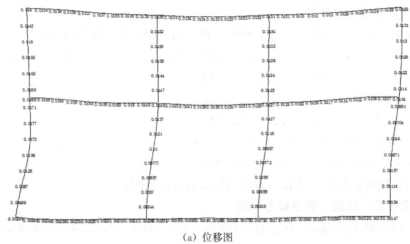

(a) 位移图

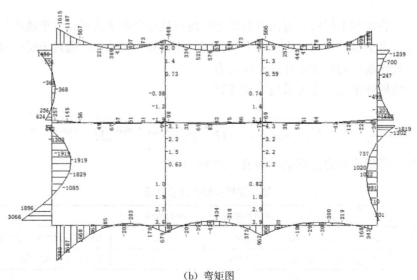

(b) 弯矩图

图 5-32　正常使用阶段内力计算结果（一）

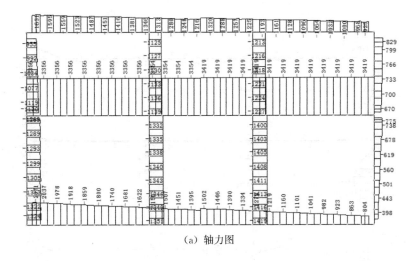

(a) 轴力图

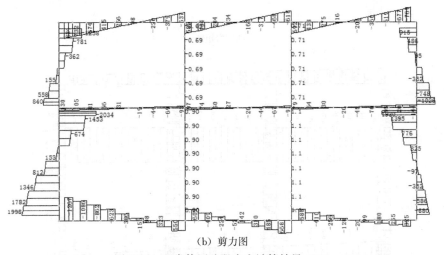

(b) 剪力图

图 5-32 正常使用阶段内力计算结果（二）

2）抗浮水位抗震工况（图 5-33）

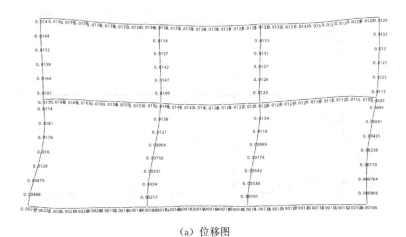

(a) 位移图

图 5-33 抗浮水位内力计算结果（一）

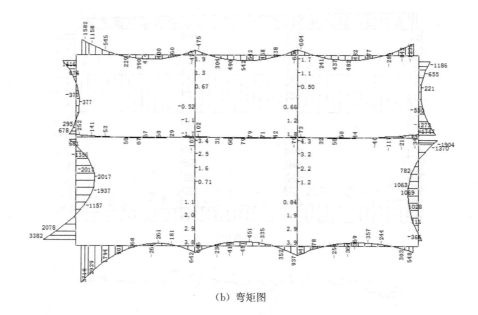

(b) 弯矩图

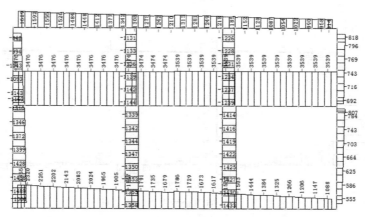

(c) 轴力图

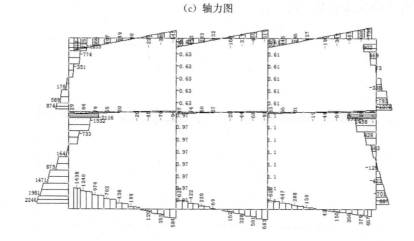

(d) 剪力图

图 5-33 抗浮水位内力计算结果（二）

5.4.3 时程分析法计算

本节内容包括 E2 地震作用和 E3 地震作用下，车站主体结构标准断面抗震计算。

1. 抗震计算模型建立

基于车站三维时程计算结果，选取车站中部断面进行二维建模（图 5-34），进一步分析车站的抗震性能计算采用地层-结构整体时程分析，该分析是把地震运动视为一个随时间变化的过程，并将地下结构物和周围土体介质视为共同受力变形的整体，通过直接输入地震加速度记录，在满足变形协调的前提下分别计算结构物和土体介质在各个时刻的位移、速度、加速度以及应变和内力，据以验算场地的稳定性。

依据地勘资料，土层划分为 6 层。土体为二维平面应变单元，采用摩尔-库仑模型；车站结构为一维梁单元。模型长度为 140m，地震作用基准面埋深为 50m。模型 X 方向采用一维自由场边界，底部采用固定边界。

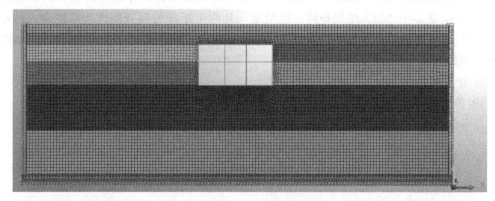

图 5-34　二维平面模型

2. 特征周期及阻尼参数计算

输入动力参数进行特征值分析计算，选取第一阶和第二阶模态云图如图 5-35、图 5-36 所示。

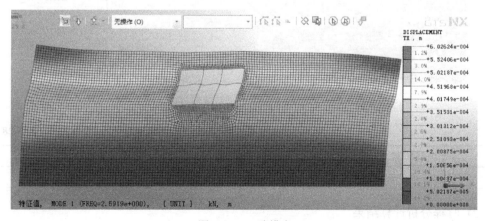

图 5-35　一阶模态

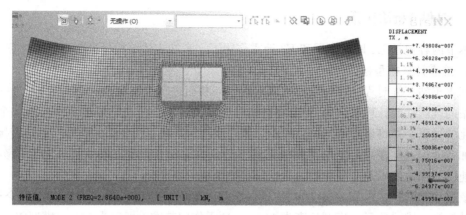

图 5-36 二阶模态

计算得到模型的前十阶模态,选取第一阶和第二阶模态,分别得到模型的自振周期 $T_1=0.39s$,$T_2=0.35s$。结果矩阵、阻尼矩阵和刚度矩阵为内嵌模式,需要输入的参数为 T_1 和 T_2,并通过瑞利阻尼参数公式计算得到 $\alpha=0.8491$,$\beta=0.0029$,作为模型的外部阻尼参数输入条件。

3. 计算结果

1)静力工况计算结果

仅考虑自重作用工况(恒荷载)弯矩如图 5-37、表 5-28 所示。

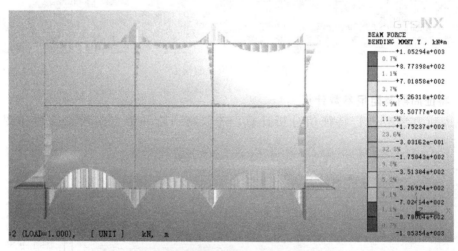

图 5-37 静力作用下车站结构弯矩云图

静力作用下弯矩值　　　　　　　　表 5-28

弯矩提取位置	车站中部柱顶	车站中部柱底
弯矩值(kN·m)	151.55	24.17

2)时程分析计算结果

对于二维断面时程分析计算,仅考虑 E2 地震作用下,输入人工波的抗震验算结果如图 5-38~图 5-41 所示。

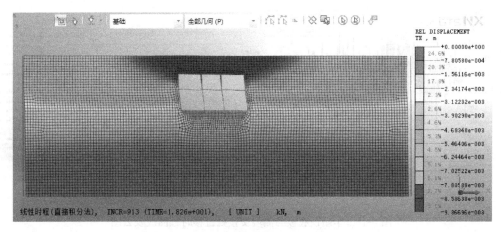

图 5-38　横向位移云图（$t=18.26\mathrm{s}$）

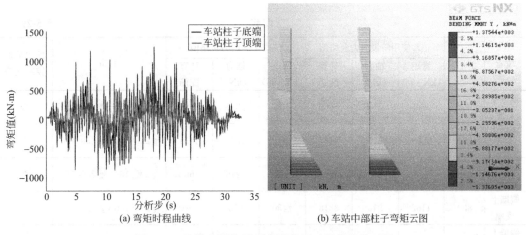

(a) 弯矩时程曲线　　　　　(b) 车站中部柱子弯矩云图

图 5-39　车站中部柱子顶底端弯矩时程曲线及云图

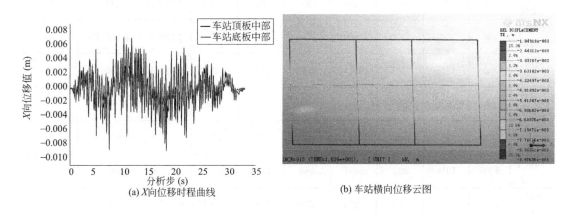

(a) X向位移时程曲线　　　　　(b) 车站横向位移云图

图 5-40　车站顶底板中部位移时程曲线及云图

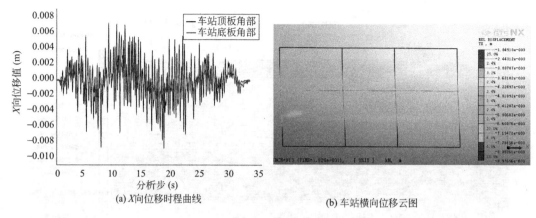

(a) X 向位移时程曲线 (b) 车站横向位移云图

图 5-41　车站顶底板与侧墙交接处位移时程曲线及云图

4. 计算结果分析

配筋如表 5-29 所示。

配筋　　　　　　　　　　　　　　　　　　　　　　表 5-29

位置	截面高 (mm)	正常使用阶段内力包络值			抗震工况内力包络值			配筋	地震是否控制配筋
		弯矩 (kN·m)	轴力 (kN)	计算配筋	弯矩 (kN·m)	轴力 (kN)	计算配筋		
顶板中支座	800	902	518	5660	604	1218	1600	Φ25@150＋Φ22@150	否
顶板边支座	800	1009	513	6463	1615	1631	4851	Φ25@150＋Φ25@150	否
顶板跨中	800	723	513	3773	574	1216	1600	Φ20@150＋Φ20@150	否
侧墙上支座	800	1162	946	3818	1450	955	5090	Φ25@150＋Φ22@150	否
侧墙上跨中	800	233	999	1600	377	1043	1600	Φ25@150	否
侧墙中支座	800	218	1220	1600	1904	807	7329	Φ28@150＋Φ28@150	是
侧墙下跨中	800	436	1300	1600	2017	1399	6979	Φ25@150＋Φ28@150	是
侧墙下支座	800	1395	1395	9713	3382	1506	8326	Φ32@150＋Φ28@150	否
中板支座	400	249	580	2504	347	3419	800	Φ22@150	否
中板跨中	400	89	401	855	83	3419	800	Φ16@150	否
底板中支座	1000	1048	807	4897	966	1278	2000	Φ32@150	否
底板边支座	1000	1350	1048	7256	3719	2355	8282	Φ32@150＋Φ28@150	否
底板跨中	1000	828	807	2784	451	1786	2000	Φ25@150	否

5. 结构抗震性能评价

输入人工合成波（峰值加速度0.2g）弯矩、X向位移值如表5-30、表5-31所示。

弯矩值　　　　　　　　　　　　　　　　　　　　　　　表5-30

弯矩提取位置	车站中部柱顶	车站中部柱底
发生时间(s)	18.26	6.65
弯矩值(kN·m)	1756.79	680.75

X向位移值　　　　　　　　　　　　　　　　　　　　表5-31

位移提取位置	车站中部顶板	车站中部底板	车站中部顶板与侧墙交接处	车站中部底板与侧墙交接处
发生时间(s)	18.26	3.84	3.84	3.84
X向位移值(mm)	8.98	1.85	8.90	1.88
层间位移角	1/1711<1/550,满足规范中抗震性能Ⅰ要求		1/1741<1/550,满足规范中抗震性能Ⅰ要求	

5.5 新建结构与既有结构抗震性能影响分析

为进一步分析换乘站的抗震性能，即新建结构与既有结构之间的相互影响规律，本节对车站施工前和施工后分别建立三维模型进行抗震计算，并对两个模型的计算结果进行了分析。

5.5.1 车站施工前模型计算

1. 抗震计算模型建立

计算采用地层-结构整体时程分析，依据地勘资料，土层划分为6层。土体为实体单元，采用摩尔-库仑模型；既有线风道以及区间衬砌采用二维平面板单元。模型长325m，宽200m，地震输入基准面取地面以下50m。模型X方向和Y方向采用二维自由场边界，底部采用固定边界。

车站施工前、后三维模型如图5-42、图5-43所示。

2. 特征周期及阻尼参数计算

建立车站、附属结构及土体三维网格模型，输入动力参数进行特征值分析计算，选取第一阶和第二阶模态云图如图5-44、图5-45所示。

结果矩阵、阻尼矩阵和刚度矩阵为内嵌模式，需要输入的参数为T_1和T_2，并通过瑞利阻尼参数公式计算得到$\alpha=0.2474$，$\beta=0.0101$，作为模型的外部阻尼参数输入条件。

3. 计算结果

1) 车站施工前工况

提取既有线风道和区间衬砌横向位移结果，如图5-46～图5-48所示。

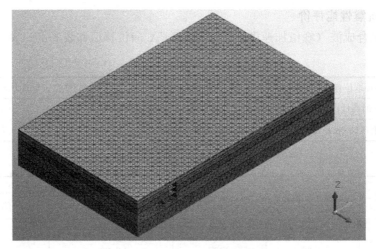

图 5-42　车站施工前三维模型

图 5-43　车站施工后三维模型

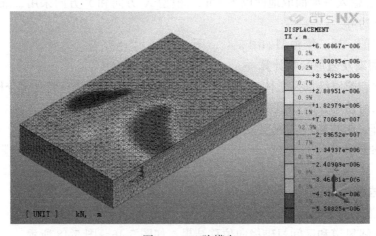

图 5-44　一阶模态

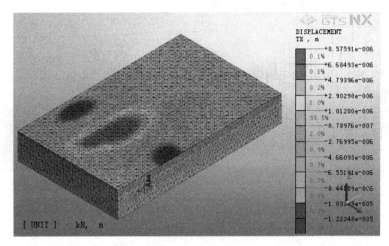

图 5-45 二阶模态

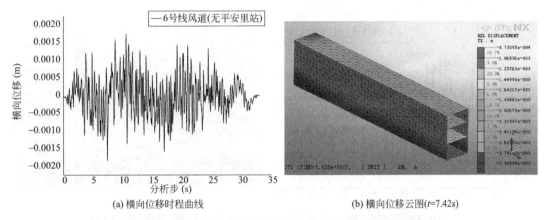

(a) 横向位移时程曲线   (b) 横向位移云图（t=7.42s）

图 5-46 既有线风道横向位移时程曲线及云图（施工前）

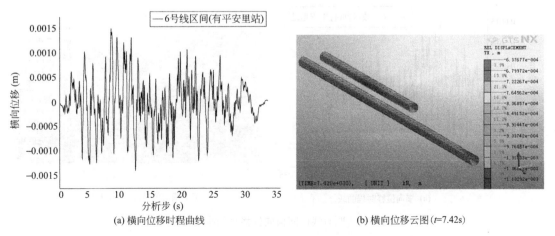

(a) 横向位移时程曲线   (b) 横向位移云图（t=7.42s）

图 5-47 既有线区间横向位移时程曲线及云图（施工前）

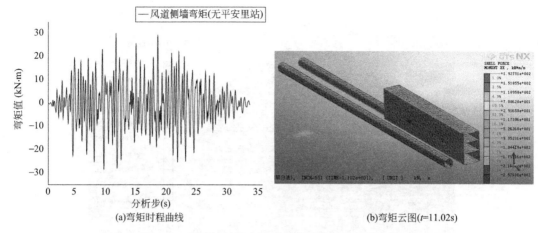

图 5-48 既有线结构弯矩时程曲线及云图（施工前）

2）车站施工完成工况

提取既有线风道和区间衬砌横向位移结果，如图 5-49～图 5-51 所示。

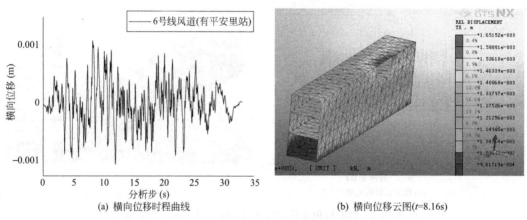

图 5-49 既有线风道横向位移时程曲线及云图

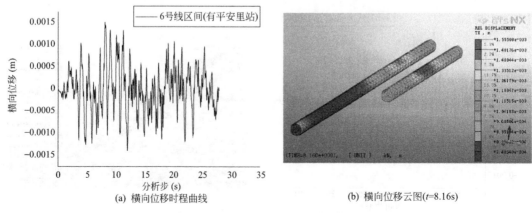

图 5-50 既有线区间横向位移时程曲线及云图

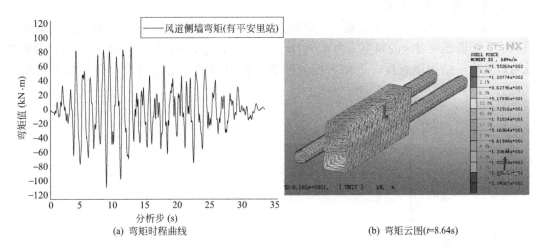

图 5-51　既有线结构弯矩时程曲线及云图

5.5.2　计算结果分析

由计算得到的时程曲线通过快速傅里叶变换转变为对应的频域图，以分析车站施工前后模型的频率变化，并以此来分析车站的存在对整体模型抗震响应的影响。

1. 车站施工前工况

由图 5-52 可以看出，车站施工前的工况下，结构频率在 1~3Hz 范围内的强度值较大，峰值强度对应的频率值为 1.39Hz。由模态分析结果可以得到模型的自振频率为 0.75Hz，两者对比可以发现，结构地震反应下的大部分频率不在自振频率范围附近，即结构不会发生共振。

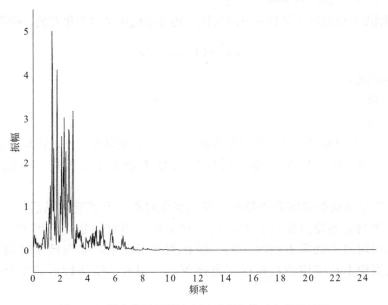

图 5-52　既有线风道侧墙弯矩时程曲线对应的频域图

2. 车站施工完成工况

由图 5-53 可以看出，车站施工完成的工况下，结构频率在 0.5~2.5Hz 范围内的强度值较大，峰值强度对应的频率值为 0.97Hz。同工况下模型的自振频率为 0.15Hz，两者对比可以发现，结构地震反应下的大部分频率不在自振频率范围附近，即结构不会发生共振。

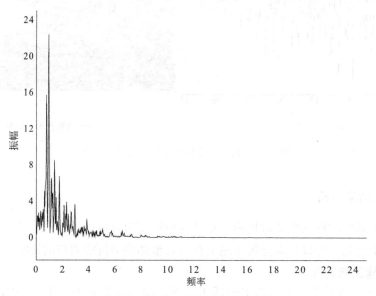

图 5-53 既有线风道侧墙弯矩时程曲线对应的频域图

3. 结果分析

由上述计算结果可以发现，新车站存在，会改变整体结构在地震作用下的频率响应。新建车站结构后，整体的频率减小了约 80%。

结构的刚度不仅取决于结构频率的变化，还与结构质量的变化有关。刚度公式：

$$\sqrt{k}=(f\sqrt{m})/2\pi$$

式中 k——刚度；
　　　f——频率；
　　　m——质量。

由刚度公式可以看出，结构的刚度和频率的平方、质量成正比，新车站施工前模型总质量 M_1 为 7.04436×10^8 kg，施工后模型的总质量为 7.05331×10^8 kg，质量增大了 0.0013%。

因此，综合结构的频率和质量损失率的变化可得：有新建车站后，整体模型的刚度减小，频率响应的峰值强度更大，频率响应的范围也更集中。因此，新车站的存在使整体结构偏向于抗震不利的一面。但在两个工况下，响应频率峰值以及较大频率的响应范围均不在结构的自振频率范围附近，因此，结构抗震的安全性能可以得到保障。

5.6 抗震措施

地下整体现浇钢筋混凝土框架结构地震作用下的变形和破坏有以下特点：
（1）梁板构件具有良好延性，能承受较大超载，尤其是瞬时作用的动力荷载；
（2）立柱基本是一种脆性破坏，是框架结构中受力最薄弱部位和首先遭受破坏的构件；
（3）结构最终毁坏是由于立柱丧失承载能力而导致顶板被压塌。

因此，提高地下框架结构抗震能力最有效的方法应是改善立柱的受力条件和受力特征，据此本站立柱采用塑性性能良好的钢管混凝土柱；同时借鉴《建筑抗震设计规范》GB 50011—2010 的思路，限定其轴压比并对箍筋的配置提出相应的要求等，具体包括中柱纵向受力钢筋配筋率按不大于3%控制，在同一截面内的钢筋接头不宜超过全截面钢筋总数的50%，在搭接接头范围内，箍筋按要求加密。

对于出入口接主体结构处等有可能薄弱的重点部位，应优化施工步序和现场组织，加强开洞处洞门环梁设计，完善结构受力转换体系，对垫层提出较高的施工要求，保证结构承载力和安全性，同时采取必要辅助施工措施。

5.7 本章小结

本章以某换乘站为工程背景，详细介绍了换乘站的抗震专项设计内容和流程，除了与第 4 章标准车站类似的抗震内容外，论述了新建地铁结构与既有地铁结构之间抗震性能的相互影响分析。新建结构完成后，对既有结构的抗震性能有较大影响，相应的自振频率及刚度均有较大变化。类似工程，需采取专项措施，以保障结构满足抗震性能要求。

第 6 章 风险穿越工程抗震计算

本章以某区间下穿既有线区间及车站工程为例,对穿越工程抗震专项设计过程进行详细介绍,针对穿越工程的抗震性能特点进行了总结研究,可供类似工程参考。

6.1 工程概况

6.1.1 项目概况

本区间下穿既有线区间,下穿既有商场等建筑物,如图 6-1～图 6-3 所示。

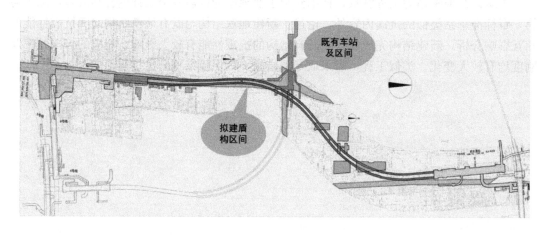

图 6-1 区间总平面图

6.1.2 水文地质条件

1. 地质条件

根据详勘报告本区间地层由上至下依次为:粉土填土①层、杂填土$①_1$层、粉土③层、粉细砂$③_3$层、粉细砂$④_3$层、卵石圆砾⑤层、中粗砂$⑤_1$层、粉质黏土⑥层、卵石⑦层、中粗砂$⑦_1$层、粉质黏土$⑦_4$层、卵石⑨层、中粗砂$⑨_1$层、粉质黏土⑩层、卵石⑪层、中粗砂$⑪_1$层、砾岩⑫层、泥岩$⑫_1$层。区间隧道顶板覆土厚度约 12.93～25.92m,

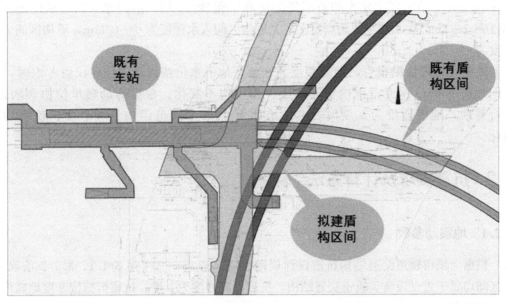

图 6-2 区间穿越既有区间及车站总平面图

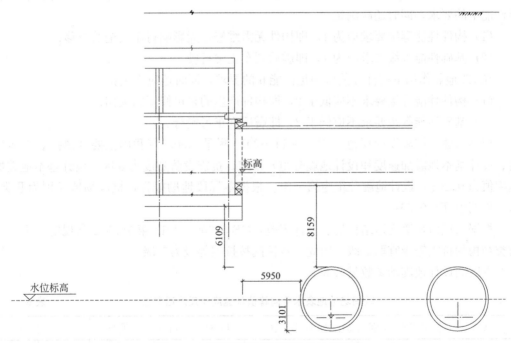

图 6-3 区间下穿既有区间及车站剖面图

隧道底板标高在 18.515~32.315m。区间主要穿越卵石⑤、粉质黏土⑥、卵石⑦、卵石⑨等地层。

2. 水文条件

区间地下水类型为上层滞水（一）、层间水（三）和层间水（四）。上层滞水（一）埋深一般小于 7m，含水层主要为表层的人工填土、粉土层。层间水（三）埋深在 15.00~

18.00m 左右，含水层主要为卵石圆砾⑤层和中粗砂⑤$_1$层。层间水（四）水位埋深为 26.16～26.8m，含水层主要为卵石⑦层。盾构区间入水深度为 0～4.98m，盾构区间入水长度为 645.4m。

根据本标段地勘报告，地震烈度为 8 度，地下水位按抗浮水位建议值考虑时，本区间地面下 20m 深度范围内饱和砂土、粉土均不液化。根据与勘察单位协调沟通，进行补勘，地震烈度为 9 度时，本站地面下 20m 深度范围内饱和砂土、粉土均不液化。

6.2 抗震要求及计算方法

6.2.1 地震动参数

根据《城市轨道交通结构抗震设计规范》GB 50909—2014 第 3.1.1、3.1.2 条规定，本区间均属于重点设防类轨道交通结构，抗震设防烈度为 8 度，抗震措施按 9 度地震作用下考虑确定。

基于规范要求和规定，本区间作为重点设防类结构，在 E2 地震作用下构件性能应满足性能Ⅰ的要求，同时还应满足：

（1）构件性能等级要求应为 1，即构件无需维修，无影响行车安全的位移；

（2）基础性能等级要求应为 1，即震后列车正常行驶。

在 E3 地震作用下构件性能应满足性能Ⅱ的要求，同时还应满足：

（1）构件性能等级要求不应低于 2，即构件产生的是可修复的损伤；

（2）基础性能等级要求不应低于 2，即震后列车可慢行。

根据《建筑抗震设计规范》GB 50011—2010 附录 A.0.1（我国主要城镇抗震设防烈度、设计基本地震加速度和设计地震分组）规定，抗震设防烈度为 8 度，设计基本地震加速度值为 0.20g，设计地震分组为第一组。根据本标段地勘报告，抗震场地类别为Ⅱ类，特征周期值 $T=0.35s$。

根据《城市轨道交通结构抗震设计规范》GB 50909—2014 第 10.5.2 条规定，重点设防类结构的抗震等级宜取二级。因此，本区间按抗震等级为二级。

本区间设计地震动参数见表 6-1。

区间场地地表水平向峰值加速度和反应谱参数　　　表 6-1

等级	对应地震级别	A_{max}(gal)	β_m	T_0(s)	T_1(s)	T_g(s)	γ	α_{max}
E1 地震作用	小震（多遇）	80	2.5	0.04	0.10	0.35	0.9	0.20
E2 地震作用	中震（设防）	240	2.5	0.04	0.10	0.50	0.9	0.61
E3 地震作用	大震（罕遇）	420	2.5	0.04	0.10	0.75	0.9	1.07

依据《城市轨道交通工程设计规范》DB 11/995—2013 表 11.7.3-1 对地表水平峰值加速度值的规定，考虑 E2 地震作用下，水平加速度峰值取值为 0.2g，E3 地震作用下，水平加速度峰值取值为 0.4g。

6.2.2 抗震计算方法选取

根据《城市轨道交通结构抗震设计规范》GB 50909—2014 第 10.2 节规定，隧道结构设计地震反应计算应符合下列规定：

（1）隧道结构抗震设计应根据设防要求、场地条件、结构类型和埋深等因素按照《城市轨道交通结构抗震设计规范》GB 50909—2014 第 6.6 节或第 6.7 节进行隧道横向地震反应计算，必要时按第 6.8 节进行纵向地震反应计算。

（2）地质条件及结构形式简单的隧道结构横向抗震计算可采用反应位移法或者反应加速度法。

（3）周围土层均匀、断面形状标准、规则且无突变的隧道结构纵向抗震计算宜采用反应位移法。

（4）在地质条件、结构形式复杂的情况下，隧道结构宜考虑地基和结构的相互作用以及地基和结构的非线性动力特性，应采用时程分析法进行抗震计算。

根据《城市轨道交通结构抗震设计规范》GB 50909—2014 第 10.1.3 条规定，遇到下述情况时，应按第 6.9 节进行动力时程分析：

（1）地下结构纵向的断面变化较大或者在横向有结构连接；

（2）地质条件沿地下结构纵向变化较大、软硬不均；

（3）隧道线路存在小半径曲线。

本区间一端设置单渡线，采用矿山法施工，长度为 127.7m；其余部分采用盾构法施工，长度为 1226.6m。区间标准段为圆形断面，结构形状标准、规则无突变；渡线区结构为平顶直墙单层双跨结构，为标准矩形断面；区间范围内地质土层分布均匀区间埋深约 9.2~25.8m；本区间盾构段穿越既有线车站主体及区间；区间下穿多处房屋建筑。遵照《城市轨道交通结构抗震设计规范》GB 50909—2014 规定，结合地勘报告，本区间拟进行以下地震计算分析：

（1）E2 地震作用下的盾构区间穿越既有线车站主体及区间抗震计算；

（2）E3 地震作用下的盾构区间穿越既有线车站主体及区间抗震计算；

（3）E2 地震作用下的盾构区间标准段浅埋断面抗震计算；

（4）E2 地震作用下的盾构区间标准段深埋断面抗震计算；

（5）E2 地震作用下的区间渡线区标准段抗震计算。

根据《城市轨道交通结构抗震设计规范》GB 50909—2014 及《城市轨道交通工程设计规范》DB 11/995—2013 相关内容，对于重点设防的区间隧道结构和地下车站结构，地震反应计算分析时，抗震性能要求为 Ⅰ 时（E2 地震作用下）采用反应位移法或反应加速度法，抗震性能要求为 Ⅱ 时（E3 地震作用下）采用非线性时程分析法或反应加速度法。

根据《城市轨道交通结构抗震设计规范》GB 50909—2014 第 3.1.2 条条文说明，本区间属于重点设防类，沿区间走向下穿多处风险工程，对于区间下穿既有线的特级风险工程，采用三维时程分析法计算分析，对于标准断面采用二维时程分析法和反应位移法计算分析。本区间具体计算内容及对应的计算方法如表 6-2 所示。

受制于篇幅所限，本章重点介绍穿越既有线区段及盾构区间标准段的抗震计算内容，其他断面的计算不再进行介绍。

区间抗震计算内容及计算方法 表 6-2

区间抗震计算内容	计算方法
E2 地震作用下的盾构区间穿越既有线车站主体及区间抗震计算	三维时程分析法
E3 地震作用下的盾构区间穿越既有线车站主体及区间抗震计算	三维时程分析法
E2 地震作用下的盾构区间标准段浅埋断面抗震计算	二维时程分析法、反应位移法
E2 地震作用下的盾构区间标准段深埋断面抗震计算	二维时程分析法、反应位移法
E2 地震作用下的区间渡线区标准段抗震计算	反应位移法

6.3 盾构区间标准段浅埋断面抗震设计

6.3.1 静力工况计算

1. 荷载计算

盾构结构永久荷载及可变荷载如表 6-3、表 6-4 所示。

盾构结构永久荷载 表 6-3

计算位置	土重度 (kN/m^3)	覆土厚度 (m)	侧压力系数	设防水位至地面距离(m)	水重度 (kN/m^3)	竖向土压力 (kN/m)	水平向土压力 (kN/m)
拱顶	20.00	12	0.40	11.4	10.00	307.2	137.1
拱腰	20.00	15.2	0.40	11.4	10.00	384	188.3
底板	20.00	18.4	0.40	11.4	10.00	0	239.5

盾构结构可变荷载 表 6-4

计算位置	地面超载(kN/m)	侧压力系数	竖向压力(kN/m)	水平向压力(kN/m)	可变荷载(kN/m)
拱顶	20.00	0.40	20.00	8.00	20.00
拱腰	20.00	0.40	20.00	8.00	8.00
底板	20.00	0.40	—	8.00	8.00
底板	20.00	0.40	—	8.00	8.00

2. 计算结果

1）准永久工况（图 6-4）

2）抗浮工况（图 6-5）

6.3.2 反应位移法计算

1. 确定地震作用的基准面

根据地勘资料中关于土层的平均剪切波速，离地面最近且平均剪切波速超过 500m/s 的地层是卵石层，卵石层以下主要是泥岩、砾岩为主，平均剪切波速均大于 500m/s。根

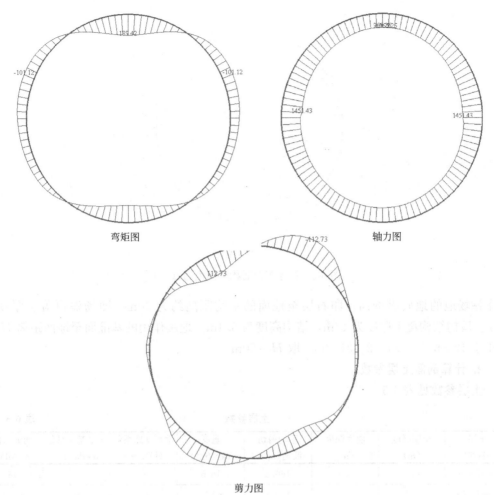

图 6-4 准永久工况盾构区间内力

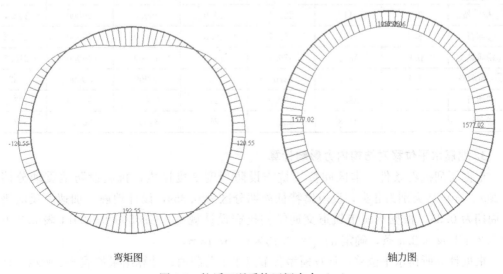

图 6-5 抗浮工况盾构区间内力（一）

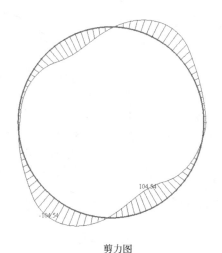

剪力图

图6-5 抗浮工况盾构区间内力（二）

据车站场地的地质纵剖面，卵石层至地面的平均距离约为30m，即场地覆盖层厚度为30m。盾构结构覆土厚度为12m，结构高度为6.4m。地震作用的基准面至地面距离H不应小于$12+6.4+6.4\times2=31.2$m，取$H=50$m。

2. 计算剖面土层参数

土层参数见表6-5。

土层参数 表6-5

土层名称	土层厚度(m)	层底深度(m)	平均剪切波速(m/s)	重度(kN/m³)	垂直基床系数(kPa/m)	水平基床系数(kPa/m)	动剪切模量(MPa)
①₁杂填土	0.7	0.7	160.2	16.5	—	—	48
①粉土填土	5.1	5.8	170.6	17	—	—	58.9
③黏质粉土、砂质粉土	1.5	7.3	196.1	19.8	30000	25000	88.2
③₁粉质黏土	3.7	11	227.1	19.9	25000	20000	102.7
⑤卵石	6.3	17.3	359.7	20.5	50000	55000	251.3
⑥粉质黏土	0.9	18.2	326.1	19.8	40000	45000	218.3
⑦₂粉细砂	1.1	19.3	370	20	50000	50000	232
⑦卵石	10	29.3	450.9	21	80000	80000	427.8
⑨卵石	7	37.3	524.0	21	85000	80000	602.2

3. 地震水平位移对结构内力影响计算

根据所列抗震条件，本区间位于抗震设防烈度8度区内，抗震设防地震动分档为0.20g。本场地类别为Ⅱ类，反应谱特征周期分区为0.35s，设计地震动加速度反应谱特征周期为0.35。根据《城市轨道交通结构抗震设计规范》GB 50909—2014表5.2.1-1，表5.2.4-1及5.2.4条，确定$u_{max}=0.13\times1=0.13$m。

根据计算所得水平位移，计算模型各节点水平荷载值，计算结果如表6-6所示。计算模型节点号如图6-6所示。

计算结果 表 6-6

序号	节点号	z	所处位置 K_h(kPa/m)	杆件长度(m)	$U(z)$(m)	相对位移 $U'(z)$	等效水平荷载
1	3	12.8	80000	1.256	0.059820	0.006279	145
2	8	13.04	80000	1.256	0.059627	0.006086	275
3	9	13.74	80000	1.256	0.059044	0.005503	460
4	10	14.78	80000	1.256	0.058125	0.004584	497
5	1	16	80000	1.256	0.056968	0.003427	403
6	11	17.23	80000	1.256	0.055717	0.002176	236
7	12	18.26	80000	1.256	0.054605	0.001064	88
8	13	18.96	80000	1.256	0.053817	0.000276	12
9	4	19.2	80000	1.256	0.053541	0	0

4. 结构构件惯性力计算

车站地震加速度基本值为 $0.2g$，根据《城市轨道交通结构抗震设计规范》GB 50909—2014 表 5.2.1-1，得 $u_i=0.2g$；且本场地为 Ⅱ 类，根据表 5.2.2 中，调整系数为 1.0，因此 $u_i=0.2g$。

$f=3.14×6.4×1/16×1.2×0.3×25×0.2$
$=2.26$kN

惯性力作用在构件形心位置，方向均与地震方向相同。

5. 结构顶板、底板、侧墙剪力计算

根据《城市轨道交通结构抗震设计规范》GB 50909—2014 第 6.6.3 条条文说明中规定：

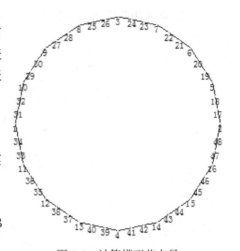

图 6-6 计算模型节点号

结构上下表面的土层剪力可由自由场土层地震反应分析来获得，等于地震作用下结构上下表面处自由土层的剪力；也可以采用反应谱法计算土层位移，通过土层位移微分确定土层应变，最终通过物理关系计算土层剪力。

因此顶底板处土层应变可采用下式计算：

$$\gamma=\frac{\partial u(z)}{\partial z}=-\frac{\pi}{2H}\cdot\frac{1}{2}\cdot u_{\max}\cdot\sin\frac{\pi z}{2H} \tag{6-1}$$

相应剪切力计算如表 6-7 所示。

剪切力计算 表 6-7

剪力	z	剪应变 γ	动剪切模量(kPa)	剪力值(kN/m)	方向
顶板剪力 τ_u	12.8	−0.000798	251300	200.6	方向与等效水平地震作用方向相同
底板剪力 τ_b	19.2	−0.001157	232000	268.5	方向与等效水平地震作用方向相反

根据《城市轨道交通结构抗震设计规范》GB 50909—2014 第 6.6.3 条规定，矩形结构侧壁剪力作用可按下式计算：

$$\tau_s=(\tau_U+\tau_B)/2 \tag{6-2}$$

6. 地基弹簧系数取值

根据《城市轨道交通结构抗震设计规范》GB 50909—2014 第 6.6.2 条规定，地基弹簧刚度可按下式计算：

$$k = KLd \tag{6-3}$$

式中　k——压缩或剪切地基弹簧刚度（N/m）；

　　　K——基床系数（N/m³）；

　　　L——垂直于结构横向的计算长度（m）；

　　　d——土层沿隧道与地下车站纵向的计算长度（m）。

基床系数按地质勘察资料取值；L 按计算模型中杆件实际长度取值；d 取 1m。

7. 计算结果

1）正常使用阶段抗震工况结构内力计算结果如图 6-7 所示。

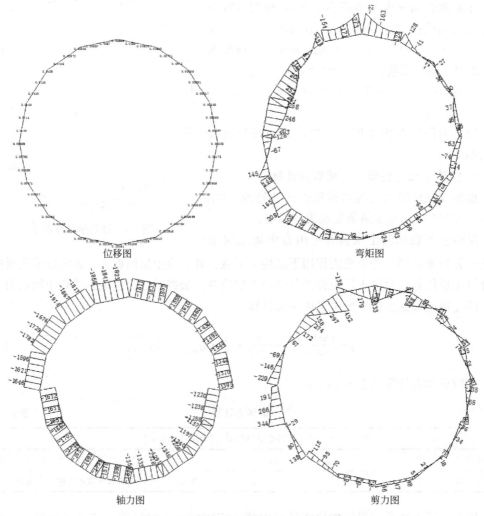

图 6-7　正常使用阶段结构内力计算结果

2）抗浮水位抗震工况结构内力计算结果如图 6-8 所示。

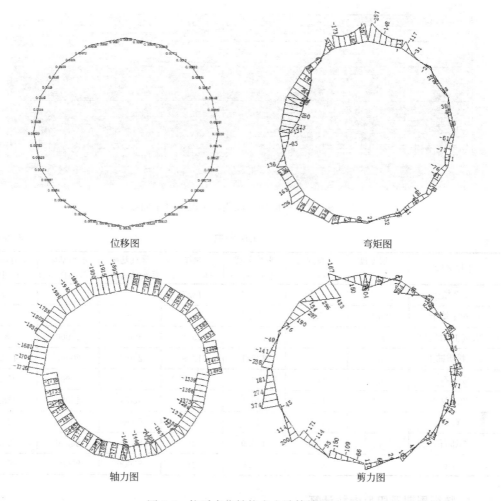

图 6-8 抗浮水位结构内力计算结果

6.3.3 时程分析法计算

1. 抗震计算模型建立

计算采用地层-结构整体时程分析,该分析是把地震运动视为一个随时间变化的过程,并将地下结构物和周围土体介质视为共同受力变形的整体,通过直接输入地震加速度记录,在满足变形协调的前提下分别计算结构物和土体介质在各个时刻的位移、速度、加速度以及应变和内力,据以验算场地的稳定性。

依据地勘资料,土层划分为 6 层。土体为二维平面应变单元,采用摩尔-库仑模型;车站结构为一维梁单元。模型长度为 140m,地震波输入基准面取地面以下 50m。模型 X 方向采用二维自由场边界,底部采用固定边界(图 6-9)。

2. 土体及结构动力参数选取

依据地勘资料,得到土层参数选取如表 6-8 所示。

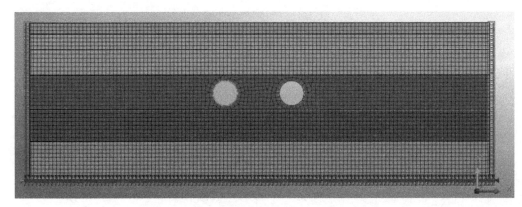

图 6-9 盾构区间标准段浅埋工况二维平面模型

土层参数　　　　　　　　　　　　　　　　　表 6-8

土层名称	土层厚度 (m)	层底深度 (m)	平均剪切波速(m/s)	重度 (kN/m^3)	垂直基床系数(kPa/m)	水平基床系数(kPa/m)	动剪切模量 (MPa)
①$_1$ 杂填土	0.7	0.7	160.2	16.5	—	—	48
①粉土填土	5.1	5.8	170.6	17	—	—	58.9
③黏质粉土、砂质粉土	1.5	7.3	196.1	19.8	30000	25000	88.2
③$_1$ 粉质黏土	3.7	11	227.1	19.9	25000	20000	102.7
⑤卵石	6.3	17.3	359.7	20.5	50000	55000	251.3
⑥粉质黏土	0.9	18.2	326.1	19.8	40000	45000	218.3
⑦$_2$ 粉细砂	1.1	19.3	370	20	50000	50000	232
⑦卵石	10	29.3	450.9	21	80000	80000	427.8
⑨卵石	7	37.3	524.0	21	85000	80000	602.2

3. 特征周期及阻尼参数计算

建立车站二维网格模型，输入动力参数进行特征值分析计算，选取一阶和二阶模态如图 6-10、图 6-11 所示。

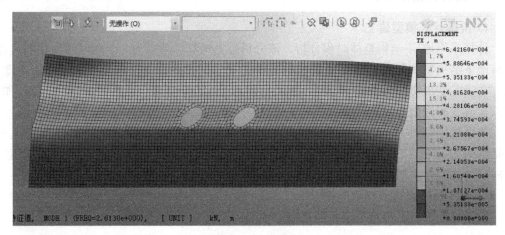

图 6-10 一阶模态

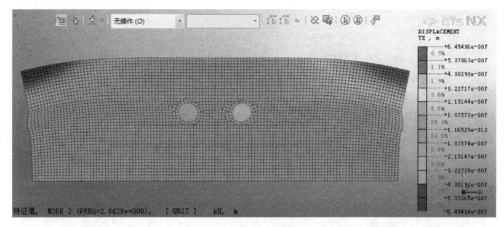

图 6-11 二阶模态

计算得到模型的前十阶模态，选取一阶和二阶模态，分别得到模型的自震周期 $T_1=0.38s$，$T_2=0.35s$。结果矩阵、阻尼矩阵和刚度矩阵为内嵌模式，需要输入的参数为 T_1 和 T_2，并通过瑞利阻尼参数公式计算得到 $\alpha=0.8607$，$\beta=0.0029$，作为模型的外部阻尼参数输入条件。

4. 计算结果

1) 静力工况计算结果

仅考虑自重作用工况（恒荷载），内力计算结果如图 6-12～图 6-14、表 6-9 所示。

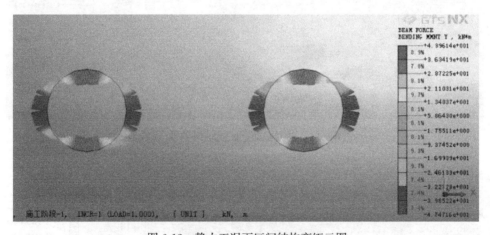

图 6-12 静力工况下区间结构弯矩云图

静力工况下区间内力值 表 6-9

内力提取位置	弯矩值(kN·m)	剪力值(kN)	轴力值(kN)
区间底部	38.3	8.14	711.89

2) 时程计算结果

对于二维断面时程分析计算，仅考虑 E2 地震作用下，输入人工波的抗震验算结果如图 6-15～图 6-22 所示。

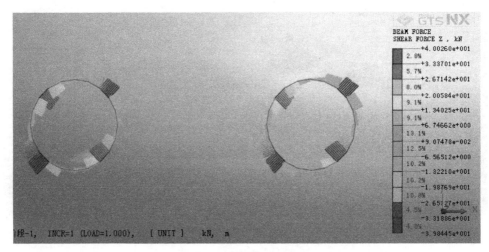

图 6-13　静力工况下区间结构剪力云图

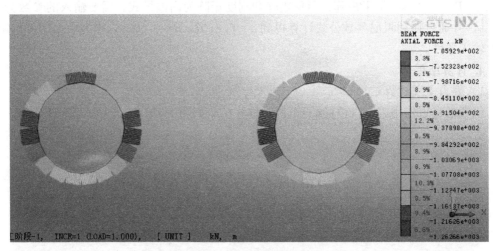

图 6-14　静力工况下区间结构轴力云图

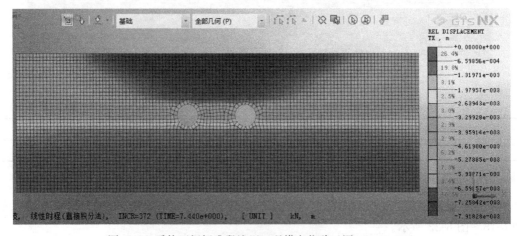

图 6-15　盾构区间标准段浅埋工况横向位移云图（$t=7.44s$）

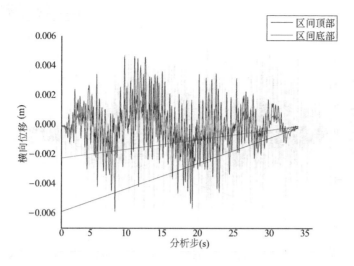

图 6-16　区间衬砌左右侧 X 向位移时程曲线

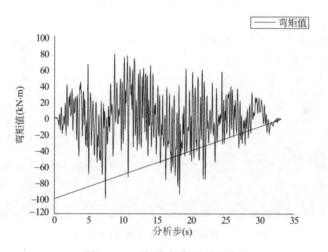

图 6-17　区间底部弯矩时程曲线

图 6-18　区间底部弯矩云图（$t=7.44$s）

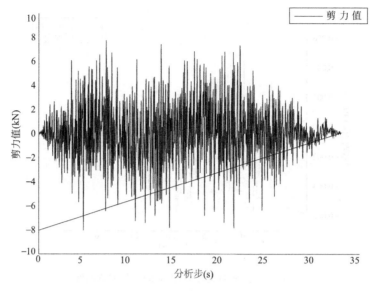

图 6-19 区间底部剪力时程曲线

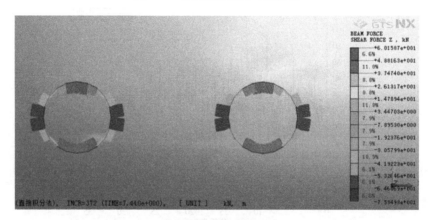

图 6-20 区间底部剪力云图（$t=7.44s$）

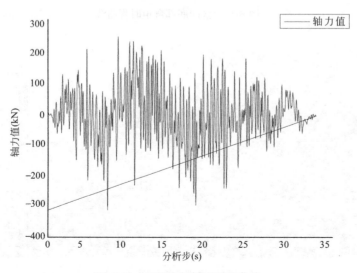

图 6-21 区间底部轴力时程曲线

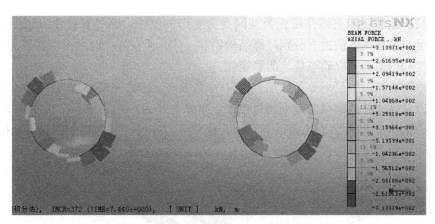

图 6-22　区间底部轴力云图（$t=7.44$s）

5. 计算结果分析

计算配筋如表 6-10 所示。

计算配筋　　　　　　　　　　　　　　　　　　表 6-10

位置	截面高(mm)	正常使用阶段内力包络值		抗震工况内力包络值		配筋(mm²)	地震是否控制配筋
		弯矩(kN·m)	轴力(kN)	弯矩(kN·m)	轴力(kN)		
顶板中支座	300	192.55	1577	273	1823	789.6　6Φ18	否

对于标准区间浅埋工况二维时程计算，考虑在 E2 作用下，输入人工合成地震波，得到区间结构的响应结果，并把时程计算结果和静力计算结果进行叠加组合。由计算结果可以看出，水平向地震作用下，区间的四边角部附近的内力响应比较大，但并未控制，因此区间标准段浅埋工况能满足抗震性能要求。

6. 结构抗震性能评价

计算结果（表 6-11、表 6-12）显示，E2 地震作用，输入人工合成波（峰值加速度 $0.2g$），区间浅埋工况下，结构断面不受地震工况控制。

弯矩值　　　　　　　　　　　　　　　　　　表 6-11

发生时间(s)	弯矩值(kN·m)	剪力值(kN)	轴力值(kN)
7.44	277.35	35.60	1018.86

X 向位移值　　　　　　　　　　　　　　　　　　表 6-12

位移提取位置	区间衬砌左侧	区间衬砌右侧
发生时间(s)	7.44	7.44
X 向位移值(mm)	5.88	2.00
直径变形率	0.60‰＜6‰，满足规范要求	

6.4　风险穿越段三维时程分析计算

6.4.1　抗震计算模型建立

计算采用地层-结构整体时程分析，该分析是把地震运动视为一个随时间变化的过程，并将地下结构物和周围土体介质视为共同受力变形的整体，通过直接输入地震加速度记录，在满足变形协调的前提下分别计算结构物和土体介质在各个时刻的位移、速度、加速度以及应变和内力，据以验算场地的稳定性。

依据地勘资料，土层划分为 6 层。土体为实体单元，采用摩尔-库仑模型；新街口车站、风道以及区间衬砌采用二维平面板单元，车站柱子为一维梁单元。模型长 325m，宽 200m，地震波输入基准面取地面以下 50m。模型 X 方向和 Y 方向采用二维自由场边界，底部采用固定边界。三维模型如图 6-23、图 6-24 所示。

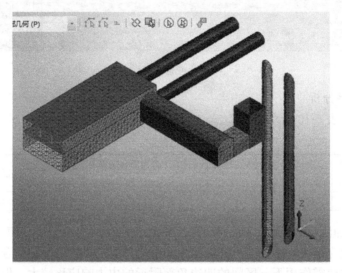

图 6-23　区间穿越新街口车站三维实体模型

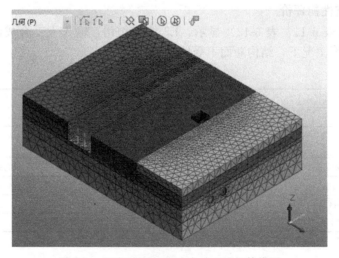

图 6-24　区间穿越新街口车站三维土体模型

6.4.2　特征周期及阻尼参数计算

建立车站、区间结构及土体三维网格模型，输入动力参数进行特征值分析计算，选取一阶和二阶模态如图 6-25、图 6-26 所示。

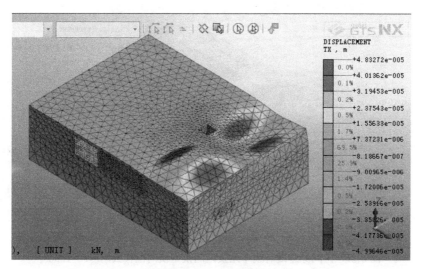

图 6-25 一阶模态

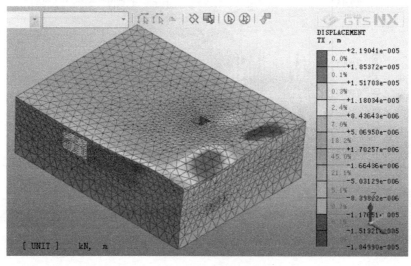

图 6-26 二阶模态

计算得到模型的前十阶模态,选取一阶和二阶模态,分别得到模型的自震周期 $T_1=0.24s$,$T_2=0.22s$。并通过瑞利阻尼参数公式计算得到 $\alpha=1.3659$,$\beta=0.0018$,作为模型的外部阻尼参数输入条件。

6.4.3 时程计算结果

1. E2 地震工况计算结果

1) 输入 El-Centro 波(峰值加速度 $0.2g$)

区间横向位移云图及时程曲线如图 6-27、图 6-28 所示。

2) 输入人工波(峰值加速度 $0.2g$)

区间横向位移云图及时程曲线如图 6-29、图 6-30 所示。

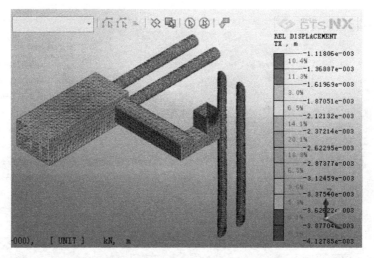

图 6-27 区间穿越既有线车站及区间模型横向位移云图（$t=1.98$s）

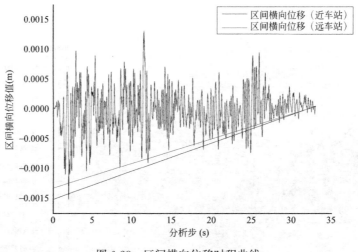

图 6-28 区间横向位移时程曲线

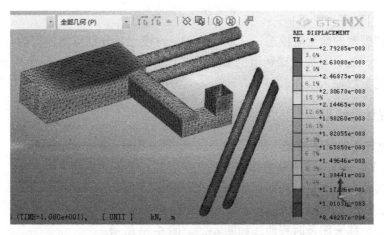

图 6-29 区间穿越既有线车站及区间模型横向位移云图（$t=8.64$s）

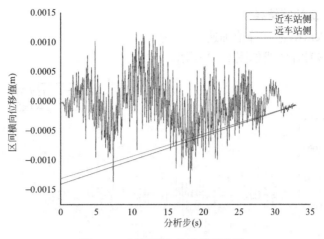

图 6-30　区间横向位移时程曲线

3）输入某实测波（峰值加速度 $0.2g$）

区间横向位移云图及时程曲线如图 6-31、图 6-32 所示。

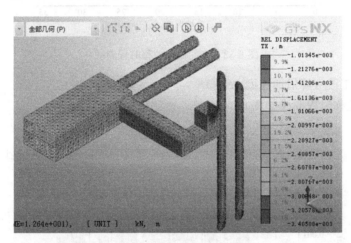

图 6-31　区间穿越既有线车站及区间模型横向位移云图（$t=12.64s$）

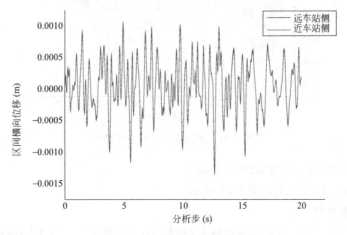

图 6-32　区间横向位移时程曲线

2. E3地震工况计算结果

1) 输入El-Centro波（峰值加速度0.4g）

区间横向位移时程曲线如图6-33所示。

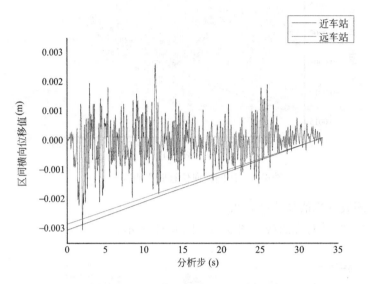

图6-33 区间横向位移时程曲线

2) 输入人工波（峰值加速度0.4g）

区间横向位移时程曲线如图6-34所示。

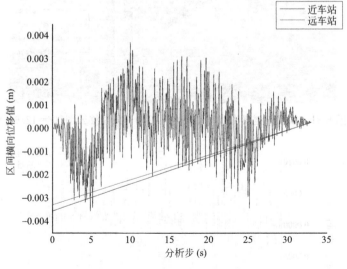

图6-34 区间横向位移时程曲线

3) 输入某实测波（峰值加速度0.4g）

区间横向位移时程曲线如图6-35所示。

3. 计算结果分析

对于三维时程计算，考虑在E2和E3作用下，分别输入三条不同地震波，得到区间

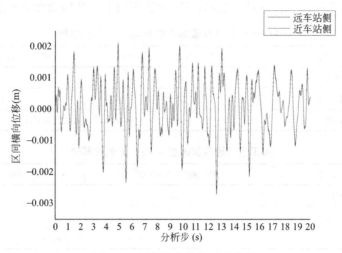

图 6-35 区间横向位移时程曲线

结构的响应结果，并把时程计算结果和静力计算结果进行叠加组合。由计算结果可以看出，水平向地震作用下，在侧穿既有线车站的区段，区间的横向位移相对较大，即区间上方既有车站的存在，对既有区间的抗震性能不利。因此，对于穿越区段要加强抗震处理措施以保证其地震工况下的安全性。

4. 结构抗震性能评价

1）E2 地震作用

计算结果（表 6-13～表 6-15）显示，E2 地震作用下，结构断面不受地震工况控制。

El-Centro 波（峰值加速度 0.2g）X 向位移值　　　表 6-13

位移提取位置	衬砌一侧(近车站风道侧)	衬砌一侧(远车站风道侧)
发生时间(s)	1.98	1.98
X 向位移值(mm)	1.51	1.32
直径变形率	0.3‰<6‰，满足规范要求	

人工波（峰值加速度 0.2g）X 向位移值　　　表 6-14

位移提取位置	衬砌一侧(近车站风道侧)	衬砌一侧(远车站风道侧)
发生时间(s)	8.64	8.64
X 向位移值(mm)	1.17	1.08
直径变形率	0.14‰<6‰，满足规范要求	

某实测波（峰值加速度 0.2g）X 向位移值　　　表 6-15

位移提取位置	衬砌一侧(近车站风道侧)	衬砌一侧(远车站风道侧)
发生时间(s)	12.64	12.64
X 向位移值(mm)	1.34	1.27
直径变形率	0.11‰<6‰，满足规范要求	

2）E3 地震作用

计算结果（表 6-16～表 6-18）显示，E3 地震作用下，结构断面不受地震工况控制。

El-Centro 波（峰值加速度 0.2g）X 向位移值　　　　表 6-16

位移提取位置	衬砌一侧（近车站风道侧）	衬砌一侧（远车站风道侧）
发生时间(s)	1.98	1.98
X 向位移值(mm)	3.05	2.85
直径变形率	0.31‰<6‰，满足规范要求	

人工波（峰值加速度 0.4g）X 向位移值　　　　表 6-17

位移提取位置	衬砌一侧（近车站风道侧）	衬砌一侧（远车站风道侧）
发生时间(s)	10.6	10.6
X 向位移值(mm)	3.72	3.49
直径变形率	0.36‰<6‰，满足规范要求	

某实测波（峰值加速度 0.4g）X 向位移值　　　　表 6-18

位移提取位置	衬砌一侧（近车站风道侧）	衬砌一侧（远车站风道侧）
发生时间(s)	12.64	12.64
X 向位移值(mm)	2.69	2.53
直径变形率	0.25‰<6‰，满足规范要求	

6.5 抗震措施

6.5.1 区间构造措施

（1）矿山法隧道结构采用现浇整体钢筋混凝土结构，混凝土强度等级 C40；矿山法隧道采用复合式衬砌结构并采用带仰供的曲墙式衬砌断面。

（2）一般情况下不设变形缝，但在特殊地段（地层、荷载、结构等显著变化处）应设置变形缝。

（3）盾构隧道应符合下列规定：

①盾构衬砌管片采用错缝拼装；

②隧道与车站结构连接处、联络通道两侧、土层性质急剧变化处等，应设置变形缝；

③衬砌管片间宜采用螺栓等抗拉构造进行连接，保持结构连续性，纵向产生的拉应力按由纵向螺栓承担进行设计；

④在环向和纵向接头处设弹性密封垫，在地层、地基、荷载、结构等显著变化地段配置较大膨胀倍率的密封垫，以适应地震中地层施加的一定的变形。

⑤对于盾构法和矿山法施工的隧道结构，应及时向其衬砌背后压注硬化性浆液，并应保证周围介质与隧道结构的共同作用。

6.5.2 区间薄弱部位构造措施

（1）本区间穿越段盾构管片主筋型号提高一度设置，以加强穿越段区间的抗变形能力。

（2）对于区间结构在连接联络通道、风井、竖井、车站主体以及断面变化处等有可能存在薄弱的部位设置加强环梁，完善结构受力转换体系，保证结构承载力和安全性，采取必要的辅助施工措施，同时优化现场施工步序和现场组织。

（3）在接口或结构抗震薄弱部位宜加强环纵向钢筋。

（4）后砌的内部结构及预埋件等应与结构可靠连接，需满足《混凝土结构设计规范》GB 50010—2010、《建筑抗震设计规范》GB 50011—2010、《城市轨道交通结构抗震设计规范》GB 50909—2014 等现行规范要求。

6.5.3 非结构构件抗震构造措施

（1）工程场地抗震地段的选择宜规避抗震不利和危险地段；当不能规避时，应对抗震不利和危险地段的工程结构采取适宜的安全措施。

（2）应采取构造措施提高结构连接处的整体抗震能力；对隧道跨断层的情况，宜采用柔性接头设计。

（3）抗震设计应避免脆性破坏形式的发生。

6.6 本章小结

本章详细介绍了穿越工程的抗震专项设计内容，采用三维整体模型和二维断面结合，分析了穿越工程在地震作用下的相互影响。侧穿既有线车站的区段，区间横向位移相对较大，即下穿段，上方既有结构存在，对新建区间抗震性能不利。因此，穿越区段要加强抗震处理措施，以保证其地震工况下的安全性。本工程中对于穿越段的盾构区间提高主筋强度等级，加强了本段盾构整体刚度，提高了区间抗变形能力，以保障区间在地震作用下安全性。

第 7 章
不良地质条件区间抗震计算

7.1 液化地层条件下区间抗震计算

本章以某盾构隧道穿越液化地层为背景,针对区间内典型断面建立数值计算模型并采用非线性时程分析法进行地震响应计算,得到隧道结构的位移及内力,分析了不同注浆加固厚度对隧道抗震性能的影响,相关结论可为类似工程的抗震加固设计提供参考。

7.1.1 项目概况

隧道全线为单洞单线盾构,衬砌采用内径 5500mm、厚度 350mm 的 6 块管片错缝拼装而成,每环宽 1.2m。根据勘测资料,隧道范围内存在可液化土体。液化土主要涉及 5 个隧道区间。其中,两区间经过中等液化场地,其纵断面示意图如图 7-1 所示。从图中可以看出,液化范围均位于盾构隧道拱腰以上。区间液化范围进入隧道上部约 2.8m,覆土厚度约 10~17m。

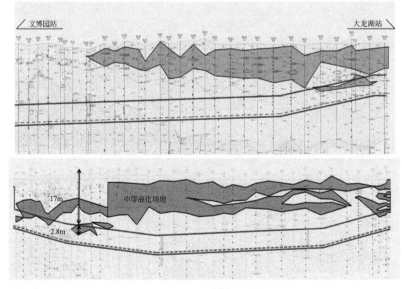

图 7-1 区间液化场地纵断面示意图

7.1.2 水文地质条件

地层及结构的物理力学参数见表7-1。

地层及结构的物理力学参数　　　　表7-1

地层/结构	厚度(m)	密度(kg/m³)	弹性模量(MPa)	泊松比	剪切波速(m/s)
杂填土	2.0	1680	137	0.428	159
粉土	7.0	1900	207	0.407	193
粉土液化	7.0	634	69	0.407	—
黏土	22.0	1990	373	0.405	260
盾构管片	0.30	2500	34500	0.300	—
注浆体	—	2100	6000	0.300	—

液化土在地震激发时易丧失强度，根据《建筑抗震设计规范》，该地区结构物抗震设防烈度为7度，设计基本地震加速度值为0.10g。按《城市轨道交通结构抗震设计规范》，本标段为抗震设防类别为重点设防类。由此，拟对盾构隧道拱底以上部分的液化土进行二次注浆，扩大地层固结范围，消除液化土对隧道结构的影响。

7.1.3 地震动参数

为准确反映拱腰以上液化土加固对结构受力影响，参考地质液化钻孔的地质资料，采用反应位移法及非线性时程分析法对抗震液化加固工况进行分析，地震波波形如图7-2所示。当地为7度设防，E2地震作用基本加速度为98gal，由此选取E2地震作用下基岩位置时程数据进行计算，拟定地震波沿垂直区间轴向（X方向）加载。

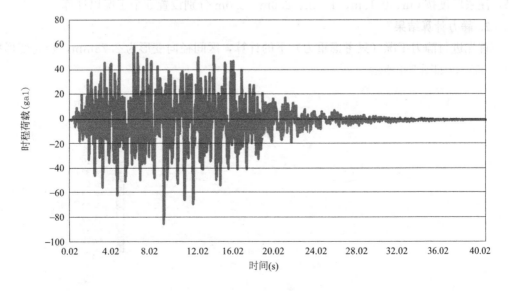

图7-2 地震波波形

7.1.4 抗震计算方法

对于液化土层下的地铁区间结构抗震计算，考虑液化土层的特殊性，为更好地研究其抗震规律，采用分析精度更高，适应性更强的时程分析法进行抗震计算。

7.1.5 时程分析法计算

1. 模型建立

建立二维土层-结构平面应变模型，模型尺寸为 100m×38m，如图 7-3 所示。考虑到地震波在边界的反射效果，侧面采用自由场边界，底面采用黏弹性边界；上边界取至地面 ±0.0 位置，为自由面；顶面施加了 20kPa 荷载。

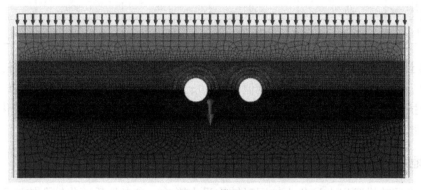

图 7-3 模型

土层自地面往下依次为：①杂填土，②$_{5-3}$ 粉土，②$_{5-3}$ 粉土液化，③$_{4-3}$ 黏土，盾构管片上半圆部分施作注浆加固措施，模型中注浆体环绕盾构隧道上拱部，为分析注浆效果，注浆厚度按 0m、0.15m、1.0m、2.0m、3.0m 分别设置 5 个工况以计算。

2. 静力计算结果

首先进行静力工况（只考虑重力）下的计算，区间径向变形为 2.78mm，径向变形率为 0.05%，如图 7-4 所示。

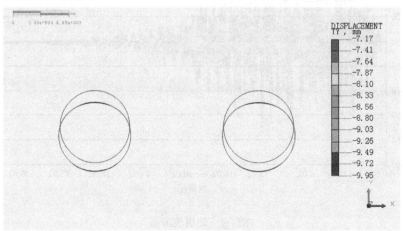

图 7-4 位移云图

弯矩最大值 48kN/m。轴向最大值 680kN，整环均受压状态，如图 7-5、图 7-6 所示。

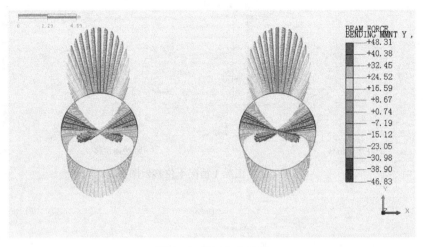

图 7-5　弯矩内力云图

图 7-6　轴向内力云图

3. 动力计算结果

根据不同的注浆厚度分为 5 个计算工况，如表 7-2 所示。

计算工况　　　　表 7-2

工况	注浆厚度(m)	考察内容
1	0	
2	0.15	
3	1.0	区间标准断面变形和内力
4	2.0	
5	3.0	

5 个计算工况下的横向及竖向位移云图如图 7-7～图 7-11 所示。

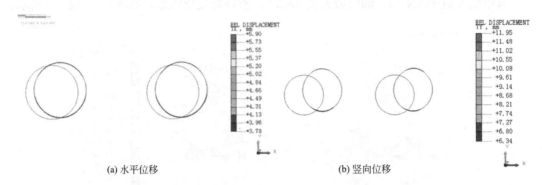

(a) 水平位移　　　　　　　　　(b) 竖向位移

图 7-7　工况 1 情况下位移云图

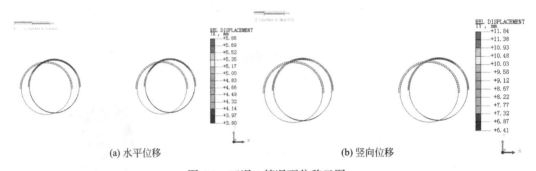

(a) 水平位移　　　　　　　　　(b) 竖向位移

图 7-8　工况 2 情况下位移云图

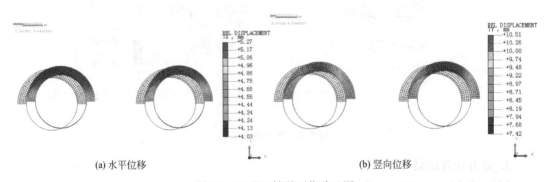

(a) 水平位移　　　　　　　　　(b) 竖向位移

图 7-9　工况 3 情况下位移云图

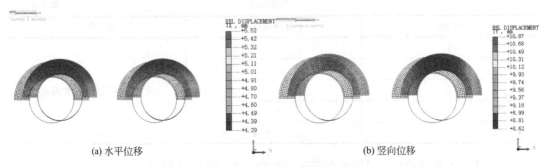

(a) 水平位移　　　　　　　　　(b) 竖向位移

图 7-10　工况 4 情况下位移云图

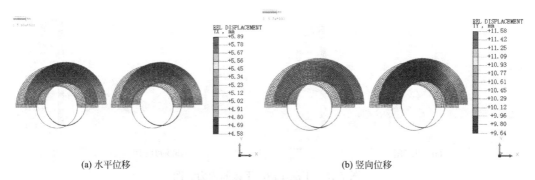

(a) 水平位移　　　　　　　　　　　(b) 竖向位移

图 7-11　工况 5 情况下位移云图

5 个计算工况下区间的内力云图如图 7-12~图 7-16 所示。

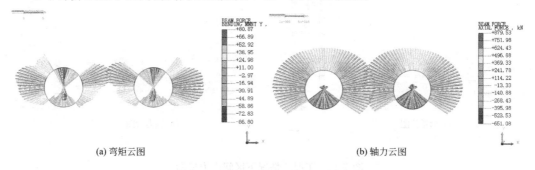

(a) 弯矩云图　　　　　　　　　　　(b) 轴力云图

图 7-12　工况 1 情况下区间内力云图

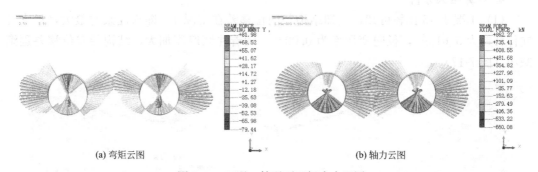

(a) 弯矩云图　　　　　　　　　　　(b) 轴力云图

图 7-13　工况 2 情况下区间内力云图

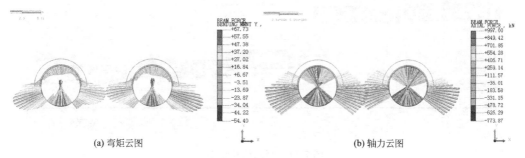

(a) 弯矩云图　　　　　　　　　　　(b) 轴力云图

图 7-14　工况 3 情况下区间内力云图

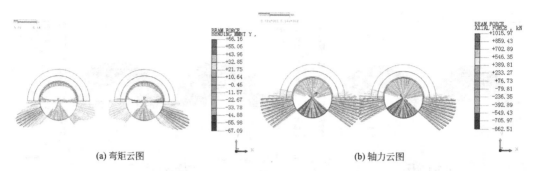

图 7-15　工况 4 情况下区间内力云图

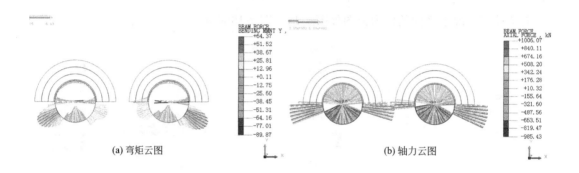

图 7-16　工况 5 情况下区间内力云图

4. 计算结果分析

（1）工况 1～5 比较可知，可知结构径向位移差在工况 1，即未注浆时最大，最大径向位移差为 5.61mm，径向变形率为 0.09％。随着注浆厚度加大，结构径向位移差逐渐减小（图 7-17）。

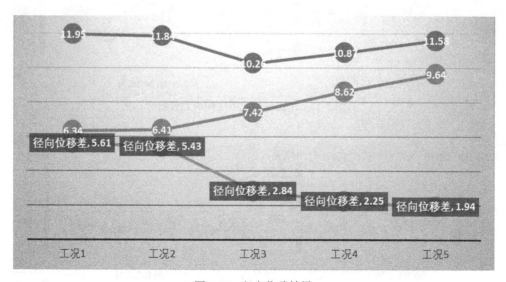

图 7-17　竖向位移结果

(2) 由工况 1~5 内力结果可知，随着注浆厚度加大，被注浆覆盖的区间上半圆结构弯矩内力呈减小趋势。可知注浆措施对区间上半圆部分保护效果明显。但需注意，随着注浆厚度增加，结构内力最大值位置发生改变：在未注浆或注浆厚度小于 0.15m 时，结构弯矩最大值位于区间拱顶，此时结构轴向受拉。注浆厚度逐渐增大时，拱顶处弯矩减小，结构轴向变为受压；同时结构最大弯矩逐渐下移至区间左右拱腰下方，即注浆与未注浆的交界处。由于注浆部分刚度增大，导致此处刚度突变过大，成为结构薄弱部位、内力最大位置。内力结果如表 7-3 所示。

区间内力结果　　　　　表 7-3

工况	弯矩(kN·m)		轴力(kN)		剪力(kN)		位移(mm)		
	最大值	位置	最大值	位置	最大值	位置	最大值	位移差	位置
正常使用	65	90°	918	10°	71	0°	−9.95	2.78	90°
地震液化	113	91°	1143	0°	98	0°	11.95	5.61	100°
加固 0.15m	107	−10°	1121	0°	118	0°	11.84	5.43	80°
加固 1.0m	88	−30°	1296	−30°	173	0°	10.26	2.84	80°
加固 2.0m	88	0°	1320	−30°	249	0°	10.87	2.25	80°
加固 3.0m	117	0°	1308	−30°	263	0°	11.58	1.94	80°

7.2 软硬交互地层条件下区间抗震计算

本节以区间穿越软硬交互地层为背景，针对区间内典型断面建立数值计算模型并采用非线性时程分析法进行地震响应计算，得到隧道结构的位移及内力情况，分析了软硬交互地层对隧道抗震性能的影响。

7.2.1 项目概况

1. 工程概况

区间线路长 851.29m，区间线间距约 12~17m，总平面如图 7-18 所示。线路纵断面为边坡变为 V 形坡，线路最大纵坡 28‰。地下区间里程右 K7+540 处设一座联络通道兼废水泵房。

图 7-18　区间总平面

2. 水文地质概况

本段区间地面标高约 32.7～39.7m，隧道埋深约 15.3～22.8m，从上到下主要土层为①$_1$ 杂填土、①$_{1-2}$ 老城杂填土、②$_{5-1}$ 粉土、②$_{5-2}$ 粉土、②$_{5-3}$ 粉土、②$_{3-3}$ 黏土、②$_{3-4}$ 黏土、⑤$_{3-4}$ 黏土，区间隧道主要处于②$_{3-4}$ 黏土、⑤$_{3-4}$ 黏土，下穿故黄河时处于②$_{5-2}$ 粉土中，隧道底部位于⑫$_{7-2}$ 石灰岩、页岩内。区间纵断面如图 7-19 所示。

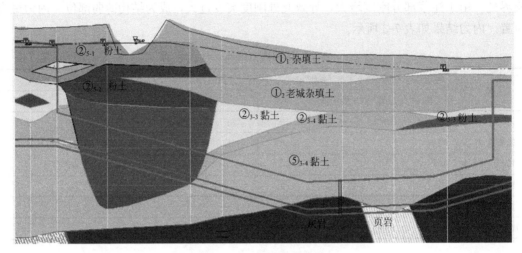

图 7-19　区间地质纵断面

7.2.2　地震动参数

根据《城市轨道交通结构抗震设计规范》GB 50909—2014 第 4.2.7 条、第 4.2.8 条，场地土层的等效剪切波速，本工点勘察场区平均等效剪切波速 V_{se} 为 163～173m/s，场地土类型为中软土，该场地的覆盖层厚度为 30～40m，按照《城市轨道交通结构抗震设计规范》GB 50909—2014 表 4.2.6 划分建筑场地类别的方法，场地类别为Ⅱ类。根据《建筑抗震设计规范》GB 50011—2010，本区抗震设防烈度为 7 度，设计基本地震加速度值为 0.10g，设计地震为第二组。按《城市轨道交通结构抗震设计规范》GB 50909—2014 本标段为抗震设防类别为重点设防类。

②$_{2-1}$ 淤泥质黏土（Q_4^{al}）厚度变化较大且不均匀，厚度 1.00～5.00m、平均 3.00m。试验结果表明，其含水量平均值 40.0%，孔隙比最大值 1.118，压缩系数平均值 0.67MPa^{-1}，具有高含水量、大孔隙比、高压缩性等典型特征，稳定性极差。该层软土等效剪切波速大于 90m/s。按《岩土工程勘察规范》GB 50021—2001（2009 年版）第 5.7.11 条条文说明，场地抗震设防烈度按 7 度设计时，基础设计可不考虑软土震陷可能造成的危害。

根据地质资料，本工程隧道主要处于黏土层，项目场地属于基岩面、地表地形起伏变化不大且土层水平向的土性变化比较均匀的地段，可采用一维剪切土层模型进行场地地震反应分析，并据此来确定场地设计地震动参数。由于区间底板局部进入石灰岩层，隧道周边土体刚度变化较大，同时本区间也采用三维时程分析。

区间参数选取相邻车站地震动参数，相邻车站地表及底板峰值加速度结果如表 7-4 所示。

相邻车站地震动参数 表 7-4

站点名称	位置	地震动参数	$A_m(g)$	β_m	$\alpha(g)$	$T_1(s)$	$T_g(s)$
相邻车站	地表	50年超越概率63%	0.112	2.5	0.9	0.1	0.6
		50年超越概率10%	0.338	2.7	0.9	0.1	0.7
		50年超越概率2%	0.559	2.6	0.9	0.1	0.9
	底板	50年超越概率63%	0.068	2.5	0.9	0.1	0.65
		50年超越概率10%	0.2	2.5	0.9	0.1	0.7
		50年超越概率2%	0.313	2.5	0.9	0.1	0.9

7.2.3 抗震计算方法

由于存在区间隧道穿越不同地层的现象，因此在穿越位置，区间结构不宜再采用平面模型进行分析，需要建立三维空间模型，真实反映结构实际受力特点。运用时程分析方法，建立"地层-结构"模型，把地震运动视为一个随时间变化的过程，并将地下结构物和周围土体介质视为共同受力变形的整体，通过直接输入地震加速度记录，在满足变形协调的前提下分别计算结构物和土体介质在各个时刻的位移、速度、加速度以及应变和内力，验算结构稳定性和结构截面设计。对区间进行三维建模，采用时程分析法获得结构在设防地震的内力和变形及罕遇地震下的变形。

7.2.4 三维时程分析

根据区间与地层的位置关系，取区间处于不同地层的部分进行分析，建立模型尺寸为540m×300m×50m，模型节点数53114个，单元数318767个。模型中，土体采用四面体单元模拟，区间结构采用板单元模拟（图7-20）。

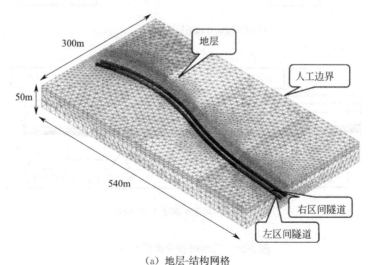

(a) 地层-结构网格

图7-20 三维时程分析模型（一）

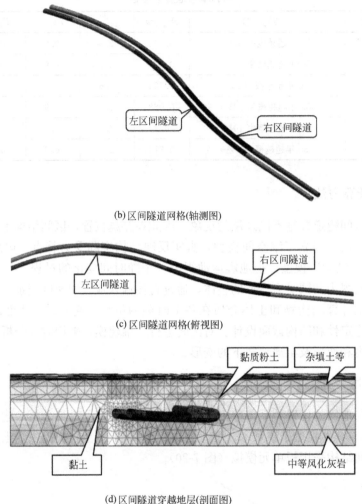

(b) 区间隧道网格(轴测图)

(c) 区间隧道网格(俯视图)

(d) 区间隧道穿越地层(剖面图)

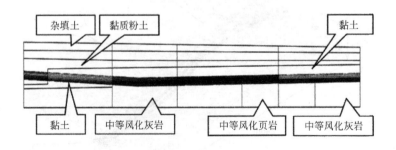

(e) 区间隧道穿越地层(剖面图)

图 7-20　三维时程分析模型（二）

区间隧道穿越了软硬不均、性质不同的土层。区间近车站段，隧道穿越了黏质粉土层和黏土层。区间大部分部位，隧道上部位于黏土层，下部位于中等风化灰岩或中等风化页岩。地层和结构物理力学参数如表 7-5、表 7-6 所示。

地层物理力学参数　　　　　　　　　　　　表 7-5

地层	动弹性模量 E (kN/m²)	动泊松比 ν	重度 (kN/m³)	剪切波波速 (m/s)	压缩波阻尼常数 (kN·s/m²)	剪切波阻尼常数 (kN·s/m²)	地基弹簧系数		
							K_{hx} (kN/m³)	K_{hy} (kN/m³)	K_z (kN/m³)
1	80000	0.49	18.7	119	1616	226	6503	5216	—
2	180000	0.48	19.4	175	1768	347	12761	10237	—
3	410000	0.48	19.9	261	2703	530	27704	22224	—
4	5840000	0.39	24.2	923	5361	2276	302222	242437	87814
5	6424000	0.37	20	1072	4819	2186	325259	260917	96596

结构物理力学参数　　　　　　　　　　　　表 7-6

结构	弹性模量 E(MPa)	泊松比 ν	重度(kN/m³)
区间管片	34500	0.2	25

根据动力时程分析中结构位移和内力的分布规律，选择区间主体结构上 4 个横断面进行相关数据结果考察，横断面位置如图 7-21 所示。其中，在断面 1 处，区间由黏质粉土层穿越进入黏土层；在断面 2 处，区间穿越黏土层进入中风化灰岩，此时区间上半部仍处于黏土层，下半部处于中风化灰岩层；在断面 3 和断面 4 处，区间上半部仍处于黏土层，下半部处于中风化灰岩和中风化页岩。

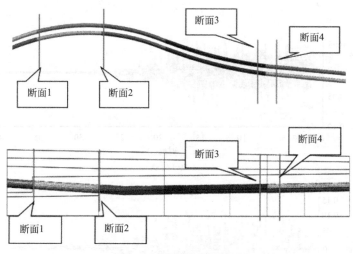

图 7-21　结构横断面位置

模型侧面和底面为黏弹性人工边界，侧面限制水平移动，底部限制垂直移动，上边界为自由地表，地层边界阻尼系数及地基弹簧刚度系数如表 7-5 所示。

根据地震安评报告的内容及抗震设计条件，选取设防地震下三条地震波（荷载 1～3）及罕遇地震下的三条地震波（荷载 4～6），地震波形如图 7-22 所示。场地为 7 度设防，设防地震基本加速度为 0.10g，罕遇地震基本加速度为 0.15g，拟定地震波分别沿区间轴向方向（X 向）和垂直于区间轴线方向（Y 向）为主方向施加，同时考虑与主方向在水平面内垂直的次方向以及竖向的地震作用，三个方向的地震作用系数为 1：

0.85∶0.7，共拟定 12 个工况，如表 7-7 所示，考察每个工况下区间结构的位移变形和断面处的内力。

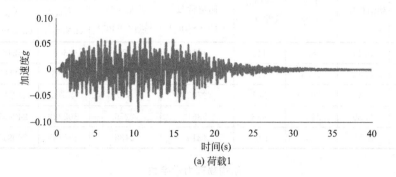
(a) 荷载1

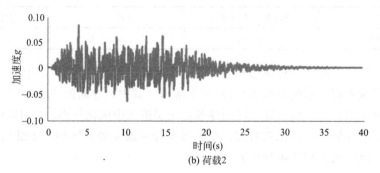
(b) 荷载2

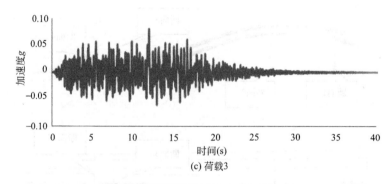
(c) 荷载3

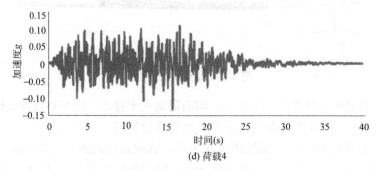
(d) 荷载4

图 7-22　地震波形（一）

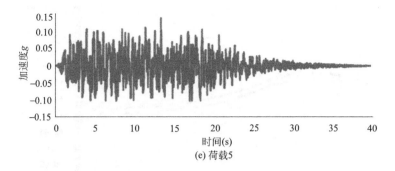

(e) 荷载5

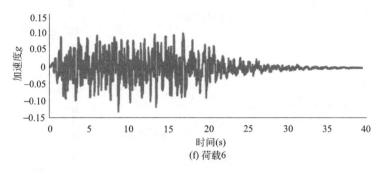

(f) 荷载6

图 7-22 地震波形（二）

计算工况 表 7-7

工况	地震影响	荷载类型	荷载施加方向	考察内容	
工况 1	设防地震	荷载 1	以 X 向为主方向	最大径向变形率	断面处内力
工况 2		荷载 2			
工况 3		荷载 3			
工况 4		荷载 1	以 Y 向为主方向		
工况 5		荷载 2			
工况 6		荷载 3			
工况 7	罕遇地震	荷载 4	以 X 向为主方向	最大径向变形率	—
工况 8		荷载 5			
工况 9		荷载 6			
工况 10		荷载 4	以 Y 向为主方向		
工况 11		荷载 5			
工况 12		荷载 6			

7.2.5 设防地震下结果分析

1. 结构水平位移和竖向位移最大值

结构位移最大值如图 7-23、表 7-8 所示。

工况 1 下，荷载施加以 X 向为主方向，区间隧道结构 X 向位移最大值为 7.97mm，Y 向位移最大值 12.65mm，竖向 Z 向位移最大值为 2.37mm。

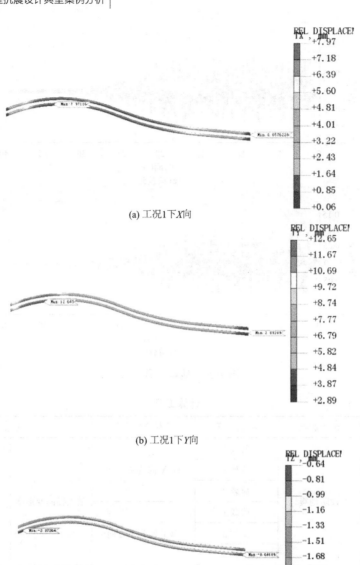

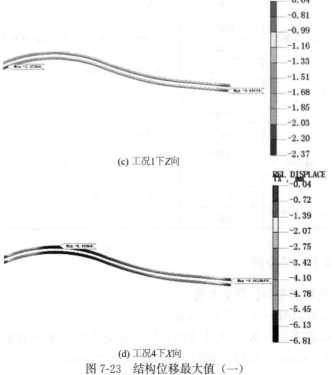

(a) 工况1下X向

(b) 工况1下Y向

(c) 工况1下Z向

(d) 工况4下X向

图 7-23 结构位移最大值（一）

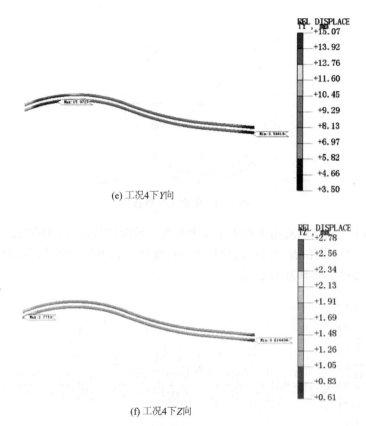

(e) 工况4下Y向

(f) 工况4下Z向

图 7-23 结构位移最大值（二）

位移最大值　　　　　　　　　　　　　　　　　表 7-8

工况	荷载类型	荷载施加方向	X 向位移最大值(mm)	Y 向位移最大值(mm)	Z 向位移最大值(mm)
工况 1	荷载 1	以 X 向为主方向	7.97	12.65	2.37
工况 2	荷载 2		7.53	12.33	1.98
工况 3	荷载 3		7.12	12.20	1.66
工况 4	荷载 1	以 Y 向为主方向	6.81	15.07	2.78
工况 5	荷载 2		6.55	14.74	2.19
工况 6	荷载 3		6.04	14.62	2.17
最大值(mm)			7.97	15.07	2.78

工况 4 下，荷载施加以 Y 向为主方向，区间隧道结构 X 向位移最大值为 6.81mm，Y 向位移最大值 15.07mm，竖向 Z 向位移最大值为 2.78mm。由此可见，以垂直于隧道轴线方向为主方向加载，得到的隧道响应较大。

位移最大值均发生在区间隧道近车站一端，这是由于该段区间隧道主要位于黏质粉土层和黏土层中，土体较软，对隧道提供的支撑能力较弱，在地震作用下水平位移相对较大。

2. 结构径向位移差

为了便于统计结构最大径向位移差，选择每个断面上 2 个位置，如图 7-24 所示。

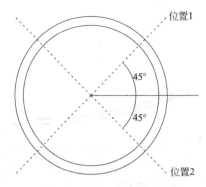

图 7-24　断面上位置选择

图 7-25 给出了右区间隧道工况 4 下 4 个断面上径向位移差对应的时程结果曲线。

对 4 个断面上不同位置处的径向位移差进行统计，如表 7-9 所示，最大径向位移差为 6.8mm，最大直径变形率为 1.22‰。

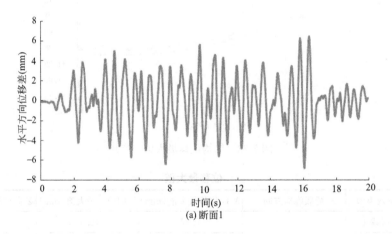

(a) 断面1

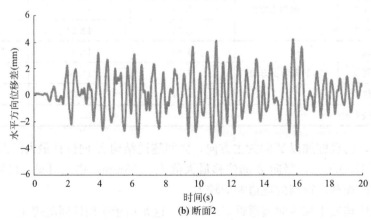

(b) 断面2

图 7-25　各断面径向位移差时程曲线（一）

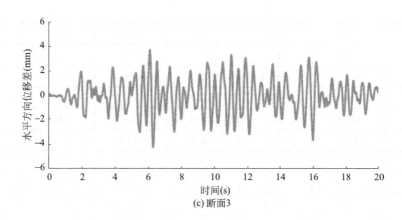

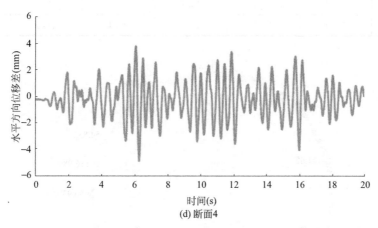

图 7-25 各断面径向位移差时程曲线（二）

最大径向位移差和径向变形率   表 7-9

断面	工况1 (mm)	工况2 (mm)	工况3 (mm)	工况4 (mm)	工况5 (mm)	工况6 (mm)	最大径向位移差 (mm)	最大径向变形率 (‰)
1	4.5	4.2	4.2	6.8	6.5	6.6	6.8	1.22
2	3.6	3.6	3.3	4.3	4.2	4.0	4.3	0.78
3	3.5	3.4	3.3	4.2	4.1	4.1	4.2	0.77
4	3.8	3.8	3.4	4.6	4.3	4.4	4.6	0.84

3. 结构内力

图 7-26～图 7-29 给出了工况 1 下区间隧道 4 个断面的弯矩图，全部工况同样位置点处的弯矩结果如表 7-10～表 7-14 所示。

断面 1 位置点弯矩值（单位：kN·m）   表 7-10

位置点	工况1	工况2	工况3	工况4	工况5	工况6
1	−121.6	−100.3	−105.6	−103.3	−98.2	−100.1
2	−7.7	−6.4	−6.7	−100.0	−82.5	−86.8
3	74.9	61.8	65.0	−7.4	−6.1	−6.4

续表

位置点	工况 1	工况 2	工况 3	工况 4	工况 5	工况 6
4	56.8	46.9	49.3	15.6	12.9	13.5
5	−43.8	−36.1	−38.0	−16.3	−13.4	−14.2
6	−88.7	−73.2	−77.0	−65.5	−54.0	−56.9
7	117.0	96.5	101.6	74.1	61.1	64.4
8	66.8	55.1	58.0	118.8	109.5	115.3
9	−11.8	−9.7	−10.2	−17.2	−14.2	−14.9
10	2.1	1.7	1.8	−41.6	−34.3	−36.1
11	54.9	45.3	47.7	52.1	43.0	45.2
12	53.8	44.4	46.7	−45.4	−37.4	−39.4
13	56.9	46.9	49.4	22.4	18.5	19.5

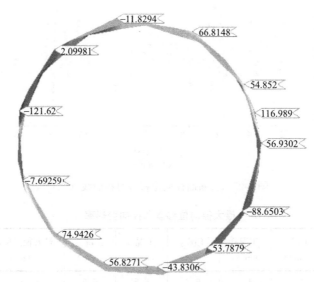

图 7-26 工况 1 下断面 1 不同位置点处弯矩值

断面 2 位置点弯矩值（单位：kN·m） 表 7-11

位置点	工况 1	工况 2	工况 3	工况 4	工况 5	工况 6
1	3.3	8.5	8.9	18.5	15.3	16.1
2	81.8	50.5	53.1	67.7	55.8	58.8
3	17.2	14.4	15.1	20.4	16.8	17.7
4	−96.8	−66.2	−69.6	−88.3	−72.8	−76.7
5	−0.1	−3.1	−3.3	−3.4	−2.8	−3.0
6	1.6	7.4	7.8	8.6	7.1	7.5
7	13.8	9.9	10.4	11.9	9.8	10.3
8	3.7	7.3	7.6	9.3	7.7	8.1
9	−0.8	0.3	0.3	0.7	0.6	0.6

续表

位置点	工况1	工况2	工况3	工况4	工况5	工况6
10	83.7	56.7	59.7	76.8	63.3	66.7
11	−55.1	−34.6	−36.5	−44.7	−36.9	−38.8
12	−41.3	−29.4	−31.0	−41.9	−34.6	−36.4
13	20.5	0.9	1.0	−1.5	−1.2	−1.3

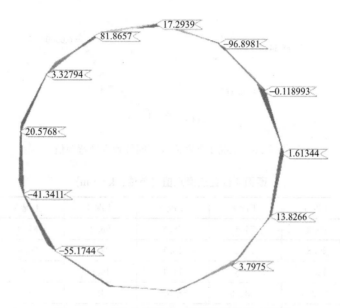

图7-27 工况1下断面2不同位置点处弯矩值

断面3位置点弯矩值（单位：kN·m） 表7-12

位置点	工况1	工况2	工况3	工况4	工况5	工况6
1	−70.4	−58.1	−61.1	−77.4	−63.8	−67.2
2	1.4	1.2	1.2	2.6	2.1	2.3
3	78.9	65.1	68.5	85.8	70.8	74.5
4	39.8	32.8	34.6	41.8	34.5	36.3
5	8.8	7.3	7.6	6.7	5.5	5.8
6	−37.6	−31.0	−32.7	−42.8	−35.3	−37.2
7	−57.3	−47.3	−49.8	−62.3	−51.4	−54.1
8	68.3	56.3	59.3	77.0	63.5	66.9
9	3.3	2.7	2.9	3.9	3.2	3.4
10	14.6	12.0	12.7	14.9	12.3	12.9
11	11.7	9.7	10.2	11.6	9.6	10.1
12	4.7	3.9	4.1	4.3	3.5	3.7
13	−6.1	−5.0	−5.3	−6.2	−5.1	−5.4

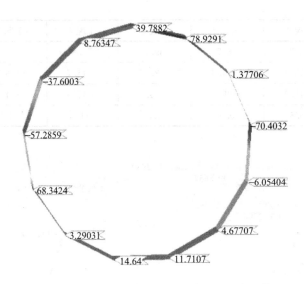

图 7-28 工况 1 下断面 3 不同位置点处弯矩值

断面 4 位置点弯矩值（单位：kN·m） 表 7-13

位置点	工况 1	工况 2	工况 3	工况 4	工况 5	工况 6
1	90.2	74.4	78.3	98.2	81.0	85.3
2	20.8	17.2	18.1	24.7	20.4	21.5
3	12.8	10.6	11.1	10.9	9.0	9.5
4	−42.3	−34.9	−36.7	−48.2	−39.8	−41.9
5	−46.2	−38.1	−40.1	−56.6	−46.7	−49.2
6	59.1	48.7	51.3	68.3	56.3	59.3
7	3.9	3.2	3.4	4.5	3.7	3.9
8	12.7	10.5	11.0	13.6	11.2	11.8
9	13.4	11.1	11.6	13.5	11.1	11.7
10	5.0	4.1	4.3	4.5	3.7	3.9
11	−5.1	−4.2	−4.4	−5.2	−4.3	−4.5
12	−85.7	−70.7	−74.4	−94.1	−77.6	−81.7
13	17.0	14.0	14.8	16.9	13.9	14.7

断面弯矩值统计 表 7-14

断面	弯矩(kN·m)	
	正值	负值
1-1	121.6	88.7
2-2	68.8	80.2
3-3	78.9	57.3
4-4	90.2	85.7

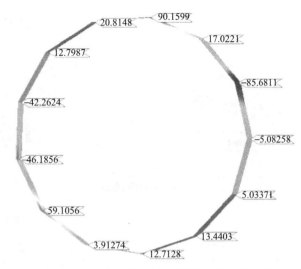

图 7-29 工况 1 下断面 4 不同位置点处弯矩值

4. 结构纵向轴向

沿区间轴线方向，如图 7-30、表 7-15 所示，工况 1 下结构轴向内力最大值为 583kN/m，工况 4 下轴向内力最大值为 564kN。在地震作用下，由于地层的相对变形，结构普遍存在受拉的情况。特别是在断面 1、断面 2 位置，即区间结构由黏质粉土层到黏土层，由黏土层到中风化灰岩层时，区间最大受拉部位均出现在盾构环的下半部。

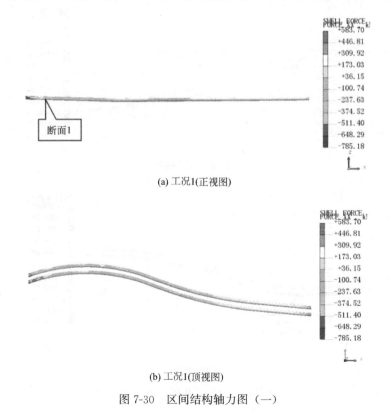

(a) 工况1(正视图)

(b) 工况1(顶视图)

图 7-30 区间结构轴力图（一）

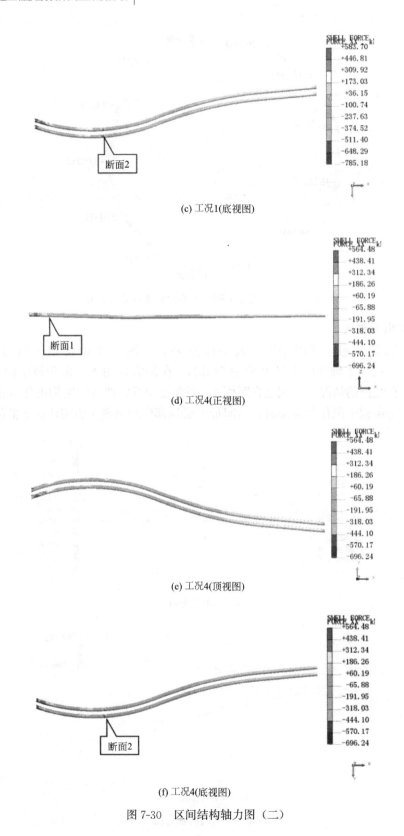

图 7-30 区间结构轴力图（二）

区间结构轴力 表 7-15

工况	1	2	3	4	5	6	最大值
轴力(kN/m)	583	567	560	564	540	492	583

5. 小结

断面上最大径向位移差为 6.7mm，最大直径变形率为 1.22‰；结构断面最大弯矩值为 121.6kN·m，满足断面配筋承载能力要求。结构轴向内力最大值为 583kN/m，最大受拉部位均出现在盾构环的下半部，螺栓强度验算满足要求。在设计地震作用下，结构设计满足抗震性能Ⅰ要求。

7.2.6 罕遇地震下结果分析

1. 结构水平位移最大值

结构位移最大值如图 7-31 所示。工况 7 下水平 X 向、水平 Y 向和竖向 Z 向位移最大值分别为 15.31mm、22.07mm 和 3.83mm，工况 10 下水平 X 向、水平 Y 向和竖向 Z 向位移最大值分别为 13.29mm、25.15mm 和 4.33mm。

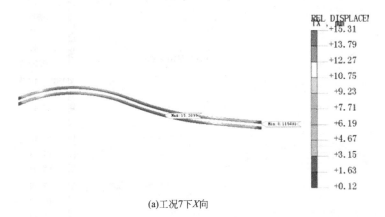

(a) 工况7下 X 向

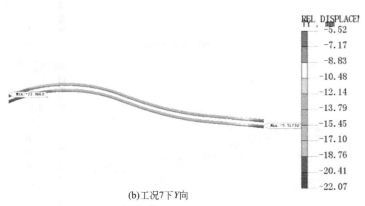

(b) 工况7下 Y 向

图 7-31 结构位移最大值（一）

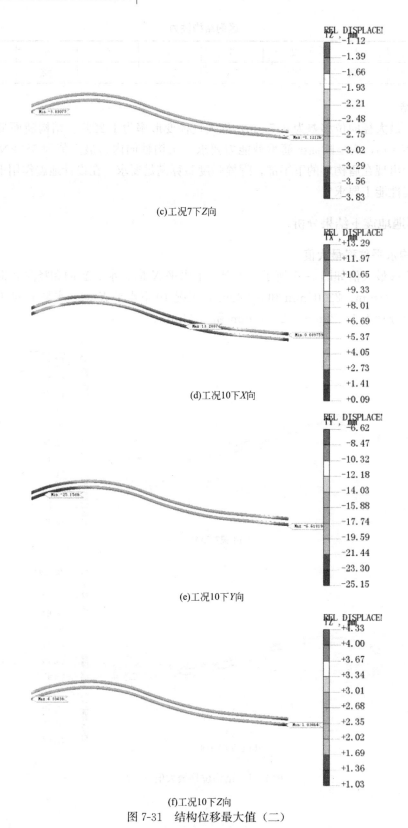

(c) 工况7下Z向

(d) 工况10下X向

(e) 工况10下Y向

(f) 工况10下Z向

图 7-31 结构位移最大值（二）

2. 结构径向位移差

右区间隧道工况 10 下 4 个断面上的径向位移差对应的时程结果曲线如图 7-32 所示。

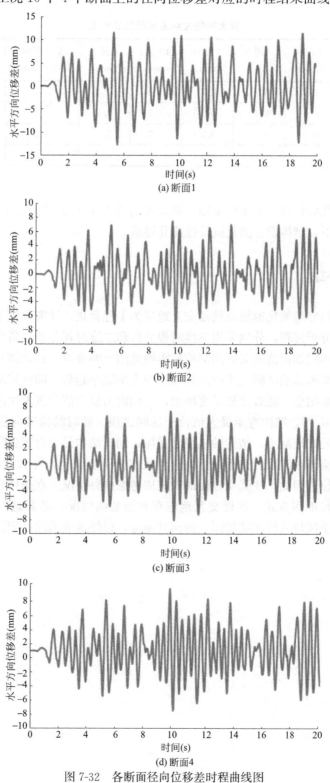

图 7-32　各断面径向位移差时程曲线图

对 4 个断面上不同位置处的水平和竖直方向的位移差进行合成统计，如表 7-16 所示，最大径向位移差为 12.7mm，最大径向变形率为 2.31‰。

最大径向位移差和径向变形率　　　　表 7-16

断面	工况 7 (mm)	工况 8 (mm)	工况 9 (mm)	工况 10 (mm)	工况 11 (mm)	工况 12 (mm)	最大径向位移差(mm)	最大径向变形率(‰)	限值 (‰)
1	8.2	7.6	7.6	12.7	11.9	12.1	12.7	2.31	6
2	6.6	6.6	6.0	9.1	7.7	7.3	9.1	1.65	
3	6.4	6.2	6.0	8.2	7.5	7.5	8.2	1.49	
4	6.9	6.9	6.2	8.2	7.9	8.1	8.2	1.50	

3. 小结

断面上最大径向位移差为 12.7mm，最大径向变形率为 2.31‰，小于规范限值 6‰；在罕遇地震作用下，结构设计满足抗震性能Ⅱ要求。

7.3　本章小结

本章以某区间穿越液化地层及软硬交互地层为工程背景，详细介绍了在此两种不利地层条件下的抗震分析过程，分别采用三维时程分析和二维时程分析，研究了液化地层加固措施的有效性及不同加固范围对区间结构抗震性能的影响规律。计算结果显示，随着注浆厚度加大，被注浆覆盖的区间上半圆结构弯矩内力呈减小趋势。即注浆加固措施对区间上半圆部分保护效果明显。随着注浆厚度增加，结构内力最大值位置发生改变，在未注浆或注浆厚度为 0.15m 时，结构弯矩最大值位于区间拱顶，此时结构轴向受拉。注浆厚度逐渐增大时，拱顶处弯矩减小，结构轴向变为受压；同时结构最大弯矩逐渐下移至区间左右拱腰下方，即注浆与未注浆的交界处。由于注浆部分刚度增大，导致此处刚度突变过大，成为结构薄弱部位。因此，注浆交界面的设定应考虑此种情况。在条件允许的情况下，建议采取全周的注浆加固方式。软硬交互地层存在类似的情况，必要时，也可采取类似措施，即对上部软土区域进行注浆加固，提高其刚度，以缓解或消除区间周边软硬土刚度不均的影响。

第8章 地上建筑与地铁车站组合结构抗震计算

本章以某大型枢纽站工程为例,详细阐述一类特殊组合结构工程(下方是轨道交通车站主体,上方是重要建筑综合体工程)的抗震专项设计过程。主要介绍该类工程的抗震计算思路及计算过程,研究组合结构工程的抗震性能特点,为类似工程提供参考。

8.1 工程概况

8.1.1 项目概况

1. 工程周边环境

拟建场地的原始地貌单元为海岸阶地,因建设需要对场地进行堆填改造。现状地貌已形成填海区,已填海段场地主要为人工填土(吹填砂)层形成了较原始地面高10~15m的台地区,场地内正进行堆载预压,高程变化较大,场地场坪正在施工,地下管线尚未铺设,场地内主要分布的抽砂管、施工用的PVC水管和一些临时施工用的电力线网,工程周边环境较简单。拟建航站区分别有地铁3、4号线和R1城际线横穿,场地平整标高为黄海高程6.50m,其中3号线北侧为拟建北停车楼和高标酒店客房;3号线和4号线间东侧为拟建交通中心;4号线和R1城际线间东侧为拟建R1线站厅层;4号线和R1城际线间西侧为拟建低标酒店客房;R1城际线间南侧为拟建南停车楼。

2. 主体结构概况

车站位于机场内、T1航站楼前、交通中心楼下,车站地下两层,为单柱双跨、局部双柱三跨岛式车站,车站有效站台长118m,站台宽12m,标准段宽度为21.30m,车站总长706.80m(主体长445.9m,折返区间段长260.9m),覆土段覆土厚度0~2.70m。车站为3号工程终点站,往小里程方向为机场西站。大里程端设置盾构拆解的接收井,并预留钢套筒接收盾构条件;小里程端接明挖区间结构。车站西侧设置1、2号出入口,消防泵房及水池,2号风亭组、2号消防疏散口等附属结构。车站顶板、中板采用平坡,底板和站台板采用0.2%的坡度,为小里程端向大里程端坡降。本工程基础采用承压兼抗拔桩，桩基采用灌注桩基础。

3. 车站上部及周边结构概况

车站 1~15 轴顶板上方为 2.7m 左右的覆土，两侧无其他建筑物；15~52 轴轨道顶板以上为北旅客过夜用房（简称酒店）、东进场道路、交通中心和机场管廊等建筑及市政设施。车站顶板上方与周边建筑多处共板，具体分布位置如下：15~19 轴轨道顶板上接酒店结构柱（局部转换上部结构柱），19~22 轴轨道顶板与下穿车道底板共板设置，22~32 轴轨道顶板与酒店地下室顶板之间设置隔振支座，32~45 轴轨道顶板与 GTC 区域共板设置，45~46 轴轨道顶板与机场管廊底板共板设置，46~48 轴轨道顶板上方为到达巴士车道，48~51 轴轨道顶板与出租车下穿车道共板设置，51~52 轴轨道顶板外接航站楼基础底板，其中 46 轴、48 轴和 50 轴的机场高架柱与车站结构共构。56~90 轴为新增折返区间段，T1 航站楼位于区间结构上方通过设置独立基础放置在区间结构顶板上，与区间结构完全脱开（除 52 轴外）。53 轴、54 轴设置变形缝。

北旅客过夜用房结构采用钢筋混凝土框架结构，地下一层、地上五层，局部二到四层，屋面结构标高为 21.60m。抗震设防类别为标准设防类（丙类），框架结构抗震等级为三级。单体结构嵌固端选取为车站顶板。

北停车楼结构采用钢筋混凝土框架结构，地下一层、地上三层，屋面结构标高为 12.00m。抗震设防类别为标准设防类（丙类），框架结构抗震等级为三级。单体结构嵌固端选取为首层楼板（±0.00m）。

交通中心结构采用钢筋混凝土框架结构，地下一层、地上三层，混凝土屋面部分结构标高为 13.00m，钢结构最高点标高为 22.90m。抗震设防类别为重点设防类（乙类），框架结构抗震等级为二级，大跨度框架抗震等级为一级。单体结构嵌固端选取为首层楼板（±0.00m）。

车站结构与各单体地下部分之间均不设置抗震缝，通过设置诱导缝及伸缩（沉降）后浇带解决结构超长问题。各建筑单体在首层（±0.00）以上根据功能分区设置抗震缝。

车站结构与陆侧结构同期施工，在完成航站楼地下部分应及时回填。施工过程应严格控制降水时间，避免出现上部荷载尚未施加而现场停止降水导致出现局部上浮情况。

车站上部及周边建筑如图 8-1 所示。

8.1.2 水文地质条件

1. 主要地层及设计参数

主要地层及设计参数如表 8-1 所示。

主要地层及设计参数　　表 8-1

层号	名称	层厚(m)	f_{aK}(kPa)	$E_{s0.1~0.2}$(MPa)	q_{sk}(kPa)	q_{sk}(MPa)
<1-3-2>	吹填砂	4.0~12.5	80	—	25	—
<4-6>	淤泥质砂	0.6~3.5	50	4.5	15	—
<8-1-1>	黏土	1.8~8.5	200	7.27	60	—
<8-4>	中、粗砂	0.4~2.7	240	—	65	1.5
<11-1-2>	残积砂质黏性土	0.7~12.3	230	5.84	50	1.1

续表

层号	名称	层厚(m)	f_{aK}(kPa)	$E_{s0.1\sim0.2}$(MPa)	q_{sk}(kPa)	q_{sk}(MPa)
<17-1>	全风化花岗岩	1.45~15.75	250	6.75	70	2.5
<17-2>	散体状强风化花岗岩	1.0~22.3	300	8.17	80	3.0
<17-3-1>	碎裂状强风化花岗岩	0.4~5.4	800	—	150	6.0
<17-4>	中等风化花岗岩	—	2000		250	10.0
<17-5>	微风化花岗岩	—	4000			
<19-1>	全风化辉绿岩	2.1~7.1	240	5.48	70	2.5
<19-2>	散体状强风化辉绿岩	2.3~18.1	300	7.63	80	3.0
<19-3>	碎裂状强风化辉绿岩	0.6~3.0	800		140	6.0
<19-4>	中等风化辉绿岩	—	2000		230	10.0
<19-5>	微风化辉绿岩	—	3800			

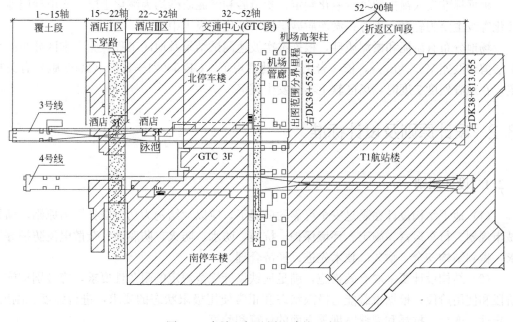

图 8-1 车站上部及周边建筑示意图

2. 抗浮设计水位

抗浮水位：建议本场区抗浮设计水位按设计室外地面以下 0.5m 考虑，且不小于最高海水水位（4.05m）。

3. 地下水腐蚀性

场区地下水对地下车站墙壁等一面接触含水层、另一面临空的混凝土结构具有中等腐蚀性，对长期浸水的混凝土内钢筋具弱腐蚀性、对干湿交替的混凝土内钢筋具强腐蚀性（按Ⅰ类环境考虑）；对桩基础等完全处于土中的混凝土结构及其内钢筋具弱腐蚀性、对长期浸水的混凝土内钢筋具弱腐蚀性、对干湿交替的混凝土内钢筋具强腐蚀性（按Ⅱ类环境考虑）；海水对混凝土结构具有弱腐蚀性、对其内钢筋具有强腐蚀性。

4. 场地类别及建筑抗震地段划分

根据《中国地震动参数区划图》GB 18306—2015，本场址区地震动峰值加速度 0.15g，Ⅱ类场地基本地震动加速度反应谱特征周期 0.45s，相当于地震基本烈度Ⅶ度；本场区建筑场地类别为Ⅲ类，调整后的地震动峰值加速度 0.173g，基本地震动加速度反应谱特征周期 0.65s。设计应根据场地地震安全性评价结果及测定的设计地震动参数进行抗震设计。车站分布有软土层淤泥、淤泥质砂和液化土吹填砂，为抗震不利地段。

5. 地震液化及软土震陷

吹填砂：位于人工填土层，灰黄色，松散至稍密，稍湿，主要为中砂，因翔安机场建设吹填形成，该层全区分布，层厚 4.0~12.5m，平均厚度 9.47m，分布于地表，堆积时间小于 5 年。淤泥质砂：深灰、浅灰色，饱和，呈松散状态，砂粒主要成分为石英，粒不均，质不纯，含泥量一般约 15%~25%。该层主要分布于海床表层，层厚 0.6~3.5m，平均厚度 2.53，层顶埋深 0~12.5m，层顶标高 −3.25~−1.10m。该层标贯原始击数平均值 4.7 击。

根据标准贯入锤击数进行液化判定，吹填砂和淤泥质砂均为液化土层，吹填砂层地基液化等级主要为轻微~中等；淤泥质砂层地基液化等级为中等。

场地分布有淤泥和淤泥质砂，根据本次波速测试结果及地区工程经验，本区分布的软土层剪切波速 $V_s>90\text{m/s}$，依《岩土工程勘察规范》GB 50021—2001（2009 版）有关规定，在地震烈度 7 度时，场区软土不会发生震陷。

8.2 设计原则及设计标准

8.2.1 设计原则

（1）地下结构设计在满足安全可靠的前提下，应以"结构为功能服务"为原则，满足城市规划、行车运营、施工、环境保护、抗震、防水、防火、防腐蚀、杂散电流防护等要求，做到结构安全、耐久、技术先进、经济合理。

（2）结构设计要采取有效措施，满足地铁设计规范规定的耐久性要求，应分别按施工阶段和使用阶段，根据承载能力极限状态和正常使用极限状态的要求，进行强度、刚度、稳定性、变形、抗浮和裂缝宽度等方面的计算和验算。

（3）结构的净空尺寸应满足地下铁道建筑限界及设备限界的要求，并考虑施工误差、结构变形、位移及后期沉降的影响。

（4）车站结构形式应与两端的区间结构施工方法相协调。当区间结构采用盾构法施工时，车站及端头井的梁柱布置以及净空尺寸应满足始发、接收、调头或过站等不同盾构施工工艺的要求。

（5）地铁车站在确保城市地下管线的埋置深度及抗浮要求前提下，车站顶板覆土尽量减小，以节省工程投资和为乘客尽可能提供方便。

（6）地下结构设计应根据施工方法、结构或构件类型、使用条件及荷载特性等，选用与其特点相近的结构设计规范和设计方法；地下结构构件进行强度、刚度计算时要选用与之适应的计算模型、计算理论、地层参数，并考虑结构整体各构件理论的协调一致性，计算模型简化符合并接近实际情况。

（7）地铁工程抗震设防烈度，应根据当地政府主管部门批准的地震安全性评价结果确定。设计地震区的结构时，应根据设防要求、场地条件、结构类型和埋深等因素选用能较好反映其地震工作性状的分析方法，并采取必要的构造措施，提高结构和接头处的整体抗震能力。

（8）结构防水应满足国家颁发的有关地下工程防水技术规范的规定。地下工程防水应遵循"以防为主，刚柔结合，多道设防，因地制宜，综合治理"的原则，采取与其相适应的防水措施。应根据气候条件、工程地质和水文地质状况、结构特点、施工方法、使用要求等因素确定合适的防水材料，以保证结构的安全、耐久性和使用要求。

（9）结构设计应采取防止杂散电流腐蚀的措施；钢结构及钢连接件应进行防锈与防火处理；地下水对混凝土结构或钢结构有腐蚀的地段，尚应进行防腐处理。

8.2.2 设计标准

（1）车站地下结构的主体结构按永久构件进行设计，设计使用年限为100年，相应结构可靠度理论的设计基准期均采用50年，并根据使用环境类别进行耐久性设计。

（2）应按荷载效应的基本组合和偶然组合进行承载能力极限状态计算，荷载效应的基本组合时结构重要性系数取1.1，荷载效应的偶然组合时结构重要性系数应取1.0，结构的安全等级为一级。

（3）地下结构应按抗浮设防水位进行抗浮稳定性验算。抗浮安全系数当不计地层侧摩阻力时不应小于1.05，当计及地层侧摩阻力时不应小于1.15。当结构抗浮不能满足要求时，应采取相应的工程措施，如压重、顶部压梁或底部抗拔桩等，但不宜采用消浮措施。

（4）地下水海洋氯化物环境作用等级为Ⅲ-C、化学腐蚀环境作用等级为V-C、V-D。

（5）本场址区地震动峰值加速度$0.15g$，Ⅱ类场地基本地震动加速度反应谱特征周期$0.45s$，相当于地震基本烈度Ⅶ度；本场区场地类别为Ⅲ类，调整后的地震动峰值加速度$0.173g$，基本地震动加速度反应谱特征周期$0.65s$；同时应满足地震安全性评价结果选择相应的设计地震参数。设计地震分组为第三组，地下车站主体结构抗震设防类别为重点设防类。覆土段车站主体结构抗震等级为二级；与上部结构共构段地下车站结构的抗震等级不应低于上部结构抗震等级，上部结构旅客过夜房、综合交通中心（GTC）和航站楼的抗震等级均不高于二级，地下车站主体结构抗震等级为二级，对于综合交通中心（GTC）大跨框架区域的抗震等级为一级，对应位置地下车站主体结构的抗震等级为一级。在结构设计时采取相应的构造措施，以提高结构的整体抗震能力。

（6）钢结构应做防腐防锈防火设计。

（7）地铁结构中永久结构构件的耐火等级为一级。其他构件应满足相应的室内建筑防火规范要求。

（8）车站主体结构防水等级为一级，即不允许渗水且结构表面无湿渍。

（9）受弯构件的最大挠度限值，计算跨度当$L_0<7m$时，$v\leqslant L_0/200$（$L_0/250$）；当$7m\leqslant L_0\leqslant 9m$时，$v\leqslant L_0/250$（$L_0/300$）；当$L_0>9m$时，$v\leqslant L_0/300$（$L_0/400$）（$L_0$为计算跨度，括号内挠度限值适用于有较高要求的构件）。

（10）永久结构构件根据承载能力极限状态及正常使用极限状态的要求分别进行荷载效应组合，并取各自的最不利组合进行承载力的计算和稳定、变形及裂缝宽度验算。处在一般环境条件中的永久结构构件，按荷载效应的准永久组合进行验算时，最大裂缝宽度控制标准为三级；最大裂缝宽度允许值满足《地铁设计规范》GB 50157—2013 中的相关要求。二类环境（迎土面）裂缝宽度应不大于 0.2mm，一类环境（非迎土面及内部）混凝土构件的裂缝宽度均应不大于 0.3mm。当计及地震、其他偶然荷载作用时，可不验算结构构件的裂缝宽度。

8.3 抗震计算参数及思路

8.3.1 抗震性能要求

依据《地铁设计规范》GB 50157—2013 结构设计使用年限为 100 年，依据住房和城乡建设部下发的《市政公用设施抗震设防专项论证技术要点（地下工程篇）》以及《建筑抗震设计规范》GB 50011—2010 和《城市轨道交通结构抗震设计规范》GB 50909—2014，抗震设防目标如下：

当遭受低于抗震设防烈度的多遇地震影响时，地下工程不损坏，对周围环境和设施正常运营无影响；

当遭受相当于本工程抗震设防烈度的地震影响时，地下工程不损坏或仅需对非重要结构部位进行一般修理，对周围环境影响轻微，不影响设施正常运营；

当遭受高于本工程抗震设防烈度的罕遇地震（高于设防烈度 1 度）影响时，地下工程主要结构支撑体系不发生严重破坏且便于修复，无重大人员伤亡，对周围环境不产生严重影响，修复后设施可正常运营。即转换梁、柱、挡墙轻微损坏，构件不屈服，修复后可正常使用。

依据《城市轨道交通结构抗震设计规范》GB 50909—2014，城市轨道交通结构的抗震性能要求应分为下列三个等级：

（1）性能要求Ⅰ：地震后不破坏或轻微破坏，应能保持其正常使用功能；结构处于弹性工作阶段；不应因结构的变形导致轨道过大变形而影响行车安全。

（2）性能要求Ⅱ：地震后可能破坏，经修补，短期内应能恢复其正常使用功能；结构局部进入弹塑性工作阶段。

（3）性能要求Ⅲ：地震后可能产生较大破坏，但不应出现局部或整体倒毁，结构处于弹塑性工作阶段。

地铁地下结构抗震设防类别为重点设防类（乙类），抗震性能要求不应低于表 8-2 的规定。

抗震设防目标　　　　　　　　　　　　　　　　　　表 8-2

地震动水准		结构抗震性能要求
等级	重现期(年)	地下结构
E1 地震作用	100	Ⅰ
E2 地震作用	475	Ⅰ
E3 地震作用	2450	Ⅱ

100年超越概率63%的地震动参数为E1地震作用，50年超越概率10%的地震动参数为E2地震作用，50年超越概率2%的地震动参数为E3地震作用。

具体为：E1、E2作用下结构处于弹性阶段；E3作用下柱、墙、转换梁受弯、受剪不屈服。

8.3.2 计算界面划分及计算方法

计算界面：本工程车站结构顶板以上及车站出图范围以外的计算模型由地上建筑设计单位提供，经与地下车站模型拼装选取车站结构及其周边两跨范围作为车站结构整体计算模型。

本工程车站上盖设置多层建筑，结构复杂，计算模型采用YJK软件进行，采用二维等代框架算法进行包络设计。

（1）覆土段主体结构：覆土段上部无机场建筑，结构计算以二维平面断面计算为主，三维空间计算为辅，结构抗震计算采用单元框架模型的反应位移法。结构构件配筋按计算结果包络配筋。

（2）车站共建段主体结构：车站共建段上部为机场陆侧建筑（酒店及GTC），车站顶板采用双向框架结构，车站结构与上部建筑连为整体，分别采用空间模型及二维模型计算结构，具体采用原则如下：

① 车站顶板、梁、柱结构采用空间模型计算，地上部分采用CQC法计算，地下部分考虑叠加反应位移法计算结果，主体框架考虑结构抗震性能设计目标。

② 车站中板、侧墙、底板采用二维单元框架计算模型结果，同时包络三维计算结果进行配筋。

篇幅所限，且反应位移法已在前述章节中详细论述。因此，本章中不再列出反应位移法的计算内容，重点论述组合段的抗震计算。选取其中三个典型区段进行介绍，分别为1~6轴覆土段（无上部建筑）、22~30轴隔震段（上部建筑为酒店主楼）和39~48轴GTC合建段（上部建筑为机场GTC），并对柱子轴压比进行抗震核算。

8.3.3 荷载分类组合

结构设计考虑的计算荷载主要有永久荷载、可变荷载、偶然荷载三种。

1. 计算模型及方法

内力计算采用荷载-结构模型进行计算。

2. 荷载

1) 恒荷载

结构自重：钢筋混凝土结构重度 $\gamma=25\mathrm{kN/m^3}$；

土压力：荷载按施工后地面标高达到规划标高考虑；

水压力：按最不利水位承受全水头水压力；

楼面建筑做法：装修层重度取 $24\mathrm{kN/m^3}$；

设备区荷载：一般按8kPa计算，超过8kPa按设备实际重量及其运输路线计算。

2) 活荷载

包括楼面人群荷载、列车荷载、地面汽车荷载、施工荷载等。

人群荷载：集散区按 4.0kPa 计算，并计及在 300mm×300mm 范围内承受 20kN 的集中荷载。

地面活荷载：地面超载可按 20kPa 计算，并考虑扩散后作用在车站结构上。

施工荷载：地面堆载 20kPa。

3）偶然荷载

7 度地震作用、本站不设防（不考虑人防荷载）。

4）车站上部机场建筑物荷载

由地上建筑设计单位提供（表 8-3）。

荷载取值　　　　　　　　　　　　　　　　　　　表 8-3

部位			活荷载标准值(kN/m²)
GTC 区域	屋面	不上人屋面(7.5m 标高以上造型)	0.5
		室外平台(7.5m)	3.5
	楼面	轨道站厅	3.5
		商业	3.5
		餐饮	2.5
		厨房	4.0
		卸货区	7
		储藏	5.0
		卫生间	2.5
		巴士车道	7
		50t 消防车通道	35（注1）
		车库连通道	4.0
		楼梯	3.5
		办公	2.0
		机房(不含轨道机房)	7.0
		候车厅	3.5
		首层施工荷载	5.0
		7.5m 标高连接通道	3.5
酒店区域	屋面	不上人屋面	0.5
		上人屋面	2.0
	楼面	种植屋面	3.5
		客房	2.0
		办公	2.0
		新风机房	7.0
		大堂	3.5
		走廊、门厅	2.0
		商业	3.5
		卫生间	2.5
		库房	5.0
		楼梯	3.5
		首层施工荷载	5.0

注：1. 楼梯、露台及上人屋面栏杆顶部水平荷载为 1.0kN/m；
　　2. 钢筋混凝土雨篷、挑檐施工或检修集中荷载取 1.0kN；
　　3. 结构首层应考虑施工堆载，取值不小于 5.0kN/m²；
　　4. 使用及施工堆载不得超过以上取值。

自动扶梯支承处的荷载 R 上下各两个，其作用点位置比扶梯净宽每侧宽出 100mm，自动扶梯活荷载按 $4kN/m^2$ 计算。自动扶梯的荷载应根据设计中选用的扶梯型号由厂家提供，方案阶段和初步设计阶段由于不能确定产品规格，自动扶梯支承处的荷载 R 估算如下：

（1）自动扶梯 1（站厅层至三层）：$R=150$kN；

（2）自动扶梯 2（站厅层至一层、一层至三层）：$R=100$kN；

（3）厨房隔油池设备活荷载由设备专业或专业厂家提供；

（4）交通中心首层管廊活荷载由设备专业提供。

8.3.4 建模计算简化原则

计算采用荷载-结构模型进行。

（1）将纵梁-立柱体系的地铁车站横断面假定符合平面应变原则，将横断面等效为宽度为单位长度的梁体系进行平面计算。根据有限元计算原理，将组成结构的各段梁柱分成梁单元，各单元之间以节点相连。划分单元时单元长度不宜过大，否则将导致计算结果误差增大。对于明挖车站的计算，单元长度可取 1m 左右。

（2）根据结构力学原理，侧墙与顶板、楼板及底板连接处相交区域需要施加刚域，刚域长度取相邻结构单元的 1/2 厚度。此外，柱子与板之间不需要施加刚域。

（3）对于车站底板弹簧刚度大小取所在土层垂直基床系数，侧墙弹簧刚度大小取所在土层水平基床系数。

（4）中柱根据等效 EA 原则换算墙厚。

（5）计算模型中的底板弹簧为仅能承受压力的弹簧。

（6）抗拔桩及压顶梁采用带有限值的弹簧单元模拟，弹簧的刚度取抗拔桩或者地墙的刚度，当弹簧的弹力超过抗拔桩或压顶梁能提供的极限值时，弹簧的弹力将不再增加，而位移将无限增加，代表抗拔桩已达极限抗拔力。

（7）当上部建筑物桩基与车站立柱在竖向不对齐时，由于此处设了转换层，故在对转换梁计算满足的情况下，依据转化层的断面计算结果，将上部建筑物荷载转化为标准段立柱或侧墙上端的等效线荷载，从而进行此段车站横断面内力计算；同理当上部建筑物桩基与车站立柱在竖向对齐时，直接将此荷载转为线性荷载，施加到车站横断面计算中。

（8）由于机场建筑物均设桩基础，故不计建筑物竖向荷载对车站结构侧向产生的附加应力。

8.3.5 结构尺寸参数

1. 车站二维断面构件尺寸和材料强度

主要构件尺寸如表 8-4 所示。

主要结构尺寸的拟定（单位：mm） 表 8-4

构件	1~6 轴	6~14 轴	14~15 轴	15~19 轴	19~22 轴	22~33 轴	33~51 轴	51~52 轴
顶板	800	800	500	400	500	400	400	600
中板	450	400	400	400	400	400	400	600
底板	1000	900	900	900	900	900	900	1000
侧墙	800	800	800	800	800	800	800	800
框柱	1000×1200	1000×1200	—	1000×1200	1000×1200	1000×1200	1000×1400	800×1500
中墙	400	400	400	400	400	—	—	—

主要工程材料如下：

钢筋：HPB300、HRB400 级钢；钢板：Q235B；焊条：HPB300 级钢筋及 Q235 钢的焊接采用 E43 系列型焊条；HRB400 级钢筋的焊接采用 E50 系列型焊条。焊条的性能和质量应符合国家现行标准的规定。当钢筋采用机械连接时，连接件必须是经国家有关职能部门批准合格的产品，符合有关质量标准，并经现场试验合格后方可使用。

混凝土强度：

（1）顶板、顶梁、底板、底梁、侧墙采用 C45 引气混凝土、P8 防水混凝土。
（2）中板、中梁、内隔墙采用 C35 混凝土；钢筋混凝土中柱采用 C50 混凝土。
（3）底板下采用 150mm 厚 C20 素混凝土垫层+50mm 厚细石混凝土保护层。
（4）桩基础采用 C40、P8 防水混凝土。
（5）后浇带应采用高于两侧结构混凝土强度等级一级的混凝土浇筑，并添加适量的微膨胀剂。

混凝土保护层厚度如表 8-5 所示。

各构件混凝土保护层厚度统计 表 8-5

结构构件	临土结构构件		非临土结构构件	
	顶(底)板、梁、外墙		板、墙、梁	柱
部位	外侧	内侧		
保护层厚度	60	40	40	35
混凝土强度等级	≥C40			

注：1. 最外层钢筋的混凝土保护层厚度是指最外层钢筋（包括箍筋、构造筋、分布筋）的外缘到构件外皮的距离。
2. 板、墙等分布钢筋置于受力钢筋的内侧。

2. 二维断面车站结构计算参数

水土侧压力采用分算，土重度取 $20kN/m^3$，浮重度取 $10kN/m^3$。近期工况坑内水位位于底板处，坑外为常水位埋深 4m；远期工况的抗浮水位埋深 0.5m。

结合地质纵段，车站底板以上主要为吹填砂、淤泥质砂和黏土层，土层信息如表 8-6 所示。

土层参数信息 表 8-6

土层	层厚(m)	黏聚力(kPa)	内摩擦角(°)	主动土压力系数	土层顶侧压力(kN)	土层底侧压力(kN)	静止土压力系数
吹填砂	8.5	0	25	0.41	0	50.7	0.43
淤泥质砂	2	8	15	0.59	61.3	73.1	0.7
黏土	6.1	40	14	0.61	26	63.2	0.4

为简化计算，依据土层的总侧土压力相同的原则，求得均质土层的等效主动侧压力系数为：

$$K=[50.7\times8.5/2+(61.3+73.1)\times2/2+(26+63.2)\times6.1/2]/20.6/16.6/10\times2=0.36$$

平均静止土压力系数为：

$(0.43×8.5+0.7×2+0.4×6.1)/16.6=0.45$

结构底板位于残积砂质黏性土,土层垂直基床系数 $K_v=50\text{MPa/m}$,水平基床系数为 $K_x=20\text{MPa/m}$。

8.3.6 三维计算结构设计总信息

1. E1 地震下结构设计总信息

1）结构总体信息

结构体系：框架结构

结构材料：钢筋混凝土

地下室层数：3

与基础相连构件最大底标高（m）：—0.100

竖向荷载计算：一次性加载

地震作用计算：计算水平地震作用

2）地震信息

按《中国地震动参数区划图》GB 18306—2015 计算：否

设计地震分组：三

地震烈度：7（0.15g）

场地类别：Ⅲ

特征周期：0.65

阻尼比确定方法：全楼统一

结构的阻尼比：0.050

周期折减系数：0.70

特征值分析类型：WYD-RITZ

振型数确定方式：程序自动计算

自动计算振型数时，振型参与质量系数需达到总质量的百分比：90%

自动计算振型数时，是否指定最多振型数量：否

自动计算振型数时，最多振型数量：150

按主振型确定地震内力符号：否

框架的抗震等级：2

抗震构造措施的抗震等级：不改变

框支剪力墙结构底部加强区剪力墙抗震等级自动提高一级：否

地下一层以下抗震构造措施抗震等级逐层降级及抗震措施 4 级：否

是否考虑偶然偏心：是

X 偶然偏心值：0.05

Y 偶然偏心值：0.05

偶然偏心计算方法：等效扭矩法（传统法）

是否考虑双向地震扭转效应：是

自动计算最不利地震方向的作用：是

斜交抗侧力构件方向的附加地震数：0

活荷载重力荷载代表值组合系数：0.50
使用自定义地震影响系数曲线：否
地震影响系数最大值：0.168
罕遇地震影响系数最大值：0.720
地震作用放大方法：全楼统一
全楼地震作用放大系数：1.00
减震隔震附加阻尼比算法：强制解耦
最大附加阻尼比：0.25
调整后的水平向减震系数：1.00
地震计算时不考虑地下室以下的结构质量：否
连接单元的有效刚度和阻尼自动采用直接积分法时程计算结果：否

3）性能设计信息
是否考虑性能设计：是
性能设计规范依据：抗震规范
正截面性能设计：弹性
斜截面性能设计：弹性
地震水准：小震

4）设计信息
是否按《建筑抗震设计规范》GB 50011—2010 第 5.2.5 条调整楼层地震作用：是
是否扭转效应明显：否
是否自动计算动位移比例系数：否
第一平动周期方向动位移比例（0~1）：0.50
第二平动周期方向动位移比例（0~1）：0.50
梁端弯矩调幅系数：0.85
框架梁调幅后不小于简支梁跨中弯矩的倍数：0.50
非框架梁调幅后不小于简支梁跨中弯矩的倍数：0.33
梁扭矩折减系数：0.40
9 度结构及一级框架梁柱超配筋系数：1.15
按层刚度比判断薄弱层方法：《高规》和《抗规》从严
底部嵌固楼层刚度比执行《高规》3.5.2-2：否
自动对层间受剪承载力突变形成的薄弱层放大调整：否
自动根据层间受剪承载力比值调整配筋：否
是否转换层指定为薄弱层：是
薄弱层地震内力放大系数：1.25
强制指定的薄弱层层号：0
与柱相连的框架梁端 M、V 不调整：否
$0.2V_0$ 调整分段数：0
$0.2V_0$ 调整规则：min（$0.20V_0$，$1.50V_{fmax}$）
$0.2V_0$ 调整时楼层剪力最小倍数：0.20

$0.2V_0$ 调整时各层框架剪力最大值的倍数：1.50
$0.2V_0$ 调整上限：2.00
框支柱调整上限：5.00
支撑按柱设计临界角：20
按竖向构件内力统计层地震剪力：否
位移角小于此值时，位移比设置为 1：0.00020
剪力墙承担全部地震剪力：否
零应力区验算时底面尺寸确定方式：质心到最近边距离的 2 倍
考虑双向地震时内力调整方式：先考虑双向地震再调整
剪力墙端柱的面外剪力统计到框架部分：否
转换结构构件（三、四级）水平地震作用效应放大系数：1.00

5）活荷载信息
柱、墙活荷载是否折减：否
按建模菜单"房间属性"计算活荷载折减系数：否
考虑活荷载不利布置的最高层号：0
梁活荷载内力放大系数：1.00
楼面梁活荷载折减：不折减

6）构件设计信息
柱配筋计算原则：单偏压
连梁按对称配筋设计：否
抗震设计的框架梁端配筋考虑受压钢筋：是
矩形混凝土梁按 T 形梁配筋：否
按简化方法计算柱剪跨比（$H_n/2h_0$）：是
墙柱配筋设计考虑端柱：否
墙柱配筋设计考虑翼缘墙：否
与剪力墙面外相连的梁按框架梁设计：是
验算一级抗震墙施工缝：是
梁压弯设计控制轴压比：0.40
梁端配筋内力取值位置（0—节点，1—支座边）：0
不计算地震作用时按重力荷载代表值计算柱轴压比：否
框架柱的轴压比限值按框架结构采用：否

7）材料信息
混凝土重度（kN/m^3）：26.00
砌体重度（kN/m^3）：22.00
钢材重度（kN/m^3）：78.00
轻骨料混凝土重度（kN/m^3）：18.50
轻骨料混凝土密度等级：1800
梁箍筋间距（mm）：100
柱箍筋间距（mm）：100

墙水平分布筋最大间距（mm）：200
墙竖向分布筋最小配筋率（%）：0.30
结构底部单独指定墙竖向分布筋配筋率的层号：0
结构底部 NSW 层的墙竖向分布配筋率：0.60

8）钢筋强度

HPB300 钢筋强度设计值（N/mm^2）：270
HRB400 钢筋强度设计值（N/mm^2）：360

9）地下室信息

土的水平抗力系数的比例系数（MN/m^4）：10.00
扣除地面以下几层回填土约束：0
外墙分布筋保护层厚度（mm）：35
回填土重度（kN/m^3）：18.00
回填土侧压力系数：0.50
室外地平标高（m）：—0.35
地下水位标高（m）：—20.00
室外地面附加荷载（kN/m^2）：20.00
基础水工况组合方式：叠加+包络
地下室侧土约束施加方式：外墙单压弹簧
按反应位移法计算地下结构的地震作用：是
基床系数（kN/m^3）：20000
X 向场地设计地震动峰值位移 U_{max}（m）：0.13
Y 向场地设计地震动峰值位移 U_{max}（m）：0.15
地震动剪切模量 G（MPa）：6.00
设计地震作用基准面的深度 H（m）：44.00

10）荷载组合

采用自定义组合：否
使用建模自定义组合模板：否
结构重要性系数：1.10
执行《建筑结构可靠性设计统一标准》GB 50068—2018：是
刚重比按 1.3 恒+1.5 活计算：否
恒荷载分项系数：1.30
活荷载分项系数：1.50
活荷载组合值系数：1.00
活荷载频遇值系数：0.60
活荷载准永久值系数：0.80
考虑结构设计使用年限的活荷载调整系数：1.1
风荷载分项系数：1.50
风荷载组合值系数：0.60
风荷载频遇值系数：0.40

风荷载是否参与地震组合：否
重力荷载分项系数：1.20
水平地震作用分项系数：1.30

2. E2 地震下结构设计总信息

1) 结构总体信息：同"E1 地震下结构设计总信息"
2) 地震信息

按《中国地震动参数区划图》GB 18306—2015 计算：否
设计地震分组：三
地震烈度：7（0.15g）
场地类别：Ⅲ
特征周期：0.65
阻尼比确定方法：全楼统一
结构的阻尼比：0.050
周期折减系数：0.70
特征值分析类型：WYD-RITZ
振型数确定方式：程序自动计算
自动计算振型数时，振型参与质量系数需达到总质量的百分比：90%
自动计算振型数时，是否指定最多振型数量：否
自动计算振型数时，最多振型数量：150
按主振型确定地震内力符号：否
框架的抗震等级：2
抗震构造措施的抗震等级：不改变
框支剪力墙结构底部加强区剪力墙抗震等级自动提高一级：否
地下一层以下抗震构造措施抗震等级逐层降级及抗震措施 4 级：否
是否考虑偶然偏心：是
X 向偶然偏心值：0.05
Y 向偶然偏心值：0.05
偶然偏心计算方法：等效扭矩法（传统法）
是否考虑双向地震扭转效应：是
自动计算最不利地震方向的作用：是
斜交抗侧力构件方向的附加地震数：0
活荷载重力荷载代表值组合系数：0.50
使用自定义地震影响系数曲线：否
地震影响系数最大值：0.34
罕遇地震影响系数最大值：0.720
地震作用放大方法：全楼统一
全楼地震力放大系数：1.00
减震隔震附加阻尼比算法：强制解耦
最大附加阻尼比：0.25

调整后的水平向减震系数：1.00
地震计算时不考虑地下室以下的结构质量：否
连接单元的有效刚度和阻尼自动采用直接积分法时程计算结果：否
3) 性能设计信息
是否考虑性能设计：是
性能设计规范依据：抗震规范
正截面性能设计：弹性
斜截面性能设计：弹性
地震水准：中震
4) 设计信息：同"E1地震下结构设计总信息"
5) 活荷载信息
柱、墙活荷载是否折减：否
按建模菜单"房间属性"计算活荷载折减系数：否
考虑活荷载不利布置的最高层号：0
梁活荷载内力放大系数：1.00
楼面梁活荷载折减：不折减
6) 构件设计信息
柱配筋计算原则：单偏压
连梁按对称配筋设计：否
抗震设计的框架梁端配筋考虑受压钢筋：是
矩形混凝土梁按T形梁配筋：否
按简化方法计算柱剪跨比（$H_n/2h_0$）：是
墙柱配筋设计考虑端柱：否
墙柱配筋设计考虑翼缘墙：否
与剪力墙面外相连的梁按框架梁设计：是
验算一级抗震墙施工缝：是
梁压弯设计控制轴压比：0.40
梁端配筋内力取值位置（0—节点，1—支座边）：0
不计算地震作用时按重力荷载代表值计算柱轴压比：否
框架柱的轴压比限值按框架结构采用：否
7) 材料信息：同"E1地震下结构设计总信息"。
8) 钢筋强度：同"E1地震下结构设计总信息"。
9) 地下室信息
土水平抗力系数的比例系数（MN/m^4）：10.00
扣除地面以下几层回填土约束：0
外墙分布筋保护层厚度（mm）：35
回填土重度（kN/m^3）：18.00
回填土侧压力系数：0.50
室外地平标高（m）：−0.35

地下水位标高（m）：-20.00
室外地面附加荷载（kN/m²）：20.00
基础水工况组合方式：叠加+包络
地下室侧土约束施加方式：外墙单压弹簧
按反应位移法计算地下结构的地震作用：是
基床系数（kN/m³）：20000
X 向场地设计地震动峰值位移 U_{max}（m）：0.13
Y 向场地设计地震动峰值位移 U_{max}（m）：0.15
地震动剪切模量 G（MPa）：6.00
设计地震作用基准面的深度 H（m）：44.00
10）荷载组合：同"E1 地震下结构设计总信息"。

3. E3 地震下结构设计总信息

1）结构总体信息：同"E1 地震下结构设计总信息"。
2）地震信息
按《中国地震动参数区划图》GB 18306—2015 计算：否
设计地震分组：三
地震烈度：7（0.15g）
场地类别：Ⅲ
特征周期：0.70
阻尼比确定方法：全楼统一
结构的阻尼比：0.050
周期折减系数：0.70
特征值分析类型：WYD-RITZ
振型数确定方式：程序自动计算
自动计算振型数时，振型参与质量系数需达到总质量的百分比：90%
自动计算振型数时，是否指定最多振型数量：否
自动计算振型数时，最多振型数量：150
按主振型确定地震内力符号：否
框架的抗震等级：2
抗震构造措施的抗震等级：不改变
框支剪力墙结构底部加强区剪力墙抗震等级自动提高一级：否
地下一层以下抗震构造措施抗震等级逐层降级及抗震措施 4 级：否
是否考虑偶然偏心：是
X 向偶然偏心值：0.05
Y 向偶然偏心值：0.05
偶然偏心计算方法：等效扭矩法（传统法）
是否考虑双向地震扭转效应：是
自动计算最不利地震方向的作用：是
斜交抗侧力构件方向的附加地震数：0

活荷载重力荷载代表值组合系数：0.50
使用自定义地震影响系数曲线：否
地震影响系数最大值：0.720
罕遇地震影响系数最大值：0.720
地震作用放大方法：全楼统一
全楼地震力放大系数：1.00
减震隔震附加阻尼比算法：强制解耦
最大附加阻尼比：0.25
调整后的水平向减震系数：1.00
地震计算时不考虑地下室以下的结构质量：否
连接单元的有效刚度和阻尼自动采用直接积分法时程计算结果：否

3）性能设计信息
是否考虑性能设计：是
性能设计规范依据：抗震规范
正截面性能设计：不屈服
斜截面性能设计：不屈服
地震水准：大震

4）设计信息
是否按《抗规》第5.2.5条调整楼层地震作用：是
是否扭转效应明显：否
是否自动计算动位移比例系数：否
第一平动周期方向动位移比例（0～1）：0.50
第二平动周期方向动位移比例（0～1）：0.50
梁端弯矩调幅系数：0.85
框架梁调幅后不小于简支梁跨中弯矩的倍数：0.50
非框架梁调幅后不小于简支梁跨中弯矩的倍数：0.33
梁扭矩折减系数：0.40
9度结构及一级框架梁柱超配筋系数：1.15
按层刚度比判断薄弱层方法：《高规》和《抗规》从严
底部嵌固楼层刚度比执行《高规》第3.5.2-2条：否
自动对层间受剪承载力突变形成的薄弱层放大调整：否
自动根据层间受剪承载力比值调整配筋：否
是否转换层指定为薄弱层：是
薄弱层地震内力放大系数：1.25
强制指定的薄弱层层号：0
支撑按柱设计临界角：20
按竖向构件内力统计层地震剪力：否
位移角小于此值时，位移比设置为1：0.00020
剪力墙承担全部地震剪力：否

零应力区验算时底面尺寸确定方式：质心到最近边距离的2倍
考虑双向地震时内力调整方式：先考虑双向地震再调整
剪力墙端柱的面外剪力统计到框架部分：否
转换结构构件（三、四级）水平地震作用效应放大系数：1.00

5）活荷载信息：同"E1地震下结构设计总信息"。
6）包络设计：同"E1地震下结构设计总信息"。
7）材料信息
混凝土重度（kN/m^3）：26.00
砌体重度（kN/m^3）：22.00
钢材重度（kN/m^3）：78.00
梁箍筋间距（mm）：100
柱箍筋间距（mm）：100
墙水平分布筋最大间距（mm）：200
墙竖向分布筋最小配筋率（%）：0.30
结构底部单独指定墙竖向分布筋配筋率的层号：0
结构底部NSW层的墙竖向分布配筋率：0.60
8）钢筋强度：同"E1地震下结构设计总信息"。
HPB300钢筋强度设计值（N/mm^2）：270
HRB400钢筋强度设计值（N/mm^2）：360
9）地下室信息
土水平抗力系数的比例系数（MN/m^4）：10.00
扣除地面以下几层回填土约束：0
外墙分布筋保护层厚度（mm）：35
回填土重度（kN/m^3）：18.00
回填土侧压力系数：0.50
室外地平标高（m）：-0.35
地下水位标高（m）：-20.00
室外地面附加荷载（kN/m^2）：20.00
基础水工况组合方式：叠加+包络
地下室侧土约束施加方式：外墙单压弹簧
按反应位移法计算地下结构的地震作用：是
基床系数（kN/m^3）：20000
X向场地设计地震动峰值位移U_{max}（m）：0.13
Y向场地设计地震动峰值位移U_{max}（m）：0.15
地震动剪切模量G（MPa）：6.00
设计地震作用基准面的深度H（m）：44.00
10）荷载组合：同"E1地震下结构设计总信息"

8.4 1~6轴计算(覆土段/单柱双跨)

主体结构1~6轴剖面如图8-2所示。

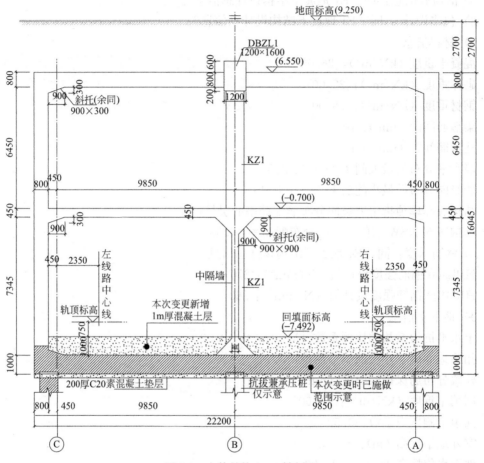

图8-2 主体结构1~6轴剖面

8.4.1 二维断面荷载及抗浮计算

1. 计算模型

计算时沿车站纵向取1延米作为分析框架单元,按照底板支持在弹性地基上的平面框架进行内力分析。

1~6轴断面为覆土段,地面标高约为9.25m,根据地勘报告,车站的远期抗浮设防水位取地面以下0.5m,近期常水位埋深6.1m(距规划地面标高)。顶板埋深约为2.7m,底板埋深约为19.1m,结构高16.4m,垂直基床系数$K_v=100$MPa/m,侧向基床系数$K_x=20$MPa/m。

地面超载考虑20kPa,土重度取20kN/m³,土体加权静止侧压力系数为0.45,等效主动侧压力系数0.36。

2. 荷载计算

1) 近期施工工况（常水位）

（1）土压力计算

顶板土压力：$2.7 \times 20 = 54 \text{kPa}$

侧墙顶侧土压力：$2.7 \times 20 \times 0.36 = 19.5 \text{kPa}$

水位线处侧土压力：$6.1 \times 20 \times 0.36 = 43.9 \text{kPa}$

侧墙底侧土压力：$[6.1 \times 20 + (19.1 - 6.1) \times (20 - 10)] \times 0.36 = 90.72 \text{kPa}$

（2）水压力计算

水位线处水压力：0kPa

侧墙底水压力：$(19.1 - 6.1) \times 10 = 130 \text{kPa}$

近期施工阶段不计入底板水压力。

（3）超载计算

地面超载：按 20kPa 考虑

侧墙超载水平分力：$20 \times 0.36 = 7.2 \text{kPa}$

2) 远期使用阶段低水位工况（常水位）

（1）土压力计算

顶板土压力：$2.7 \times 20 = 54 \text{kPa}$

侧墙顶侧土压力：$2.7 \times 20 \times 0.45 = 24.3 \text{kPa}$

水位线处侧土压力：$6.1 \times 20 \times 0.45 = 54.9 \text{kPa}$

侧墙底侧土压力：$[6.1 \times 20 + (19.1 - 6.1) \times (20 - 10)] \times 0.45 = 113.4 \text{kPa}$

（2）水压力计算

水位线处水压力：0kPa

底板水浮力＝侧墙底水压力：$(19.1 - 6.1) \times 10 = 130 \text{kPa}$

（3）超载计算

地面超载：按 20kPa 考虑

侧墙超载水平分力：$20 \times 0.45 = 9.0 \text{kPa}$

3) 远期使用阶段高水位工况（设防水位）

（1）土压力计算

顶板土压力：$0.5 \times 20 + (2.7 - 0.5) \times (20 - 10) = 32 \text{kPa}$

侧墙顶侧土压力：$32 \times 0.45 = 14.4 \text{kPa}$

侧墙底侧土压力：$[0.5 \times 20 + (19.1 - 0.5) \times (20 - 10)] \times 0.45 = 88.2 \text{kPa}$

（2）水压力计算

顶板水压力＝侧墙顶水压力：$(2.7 - 0.5) \times 10 = 22 \text{kPa}$

底板水浮力＝侧墙底水压力：$(19.1 - 0.5) \times 10 = 186 \text{kPa}$

（3）超载计算

地面超载：按 20kPa 考虑

侧墙超载水平分力：$20 \times 0.45 = 9 \text{kPa}$

3. 抗浮计算

1～5 轴每轴范围内采用 2 根 1m 直径的抗拔桩（1～5 轴单桩抗拔承载力特征值为

2200kN）即可满足抗浮要求。

8.4.2 二维断面框架计算

用于计算跨中板带范围侧墙、顶板、中板、底板配筋计算。

1. 近期工况计算结果（低水位-承载工况）

（1）准永久组合内力计算结果如图 8-3 所示。

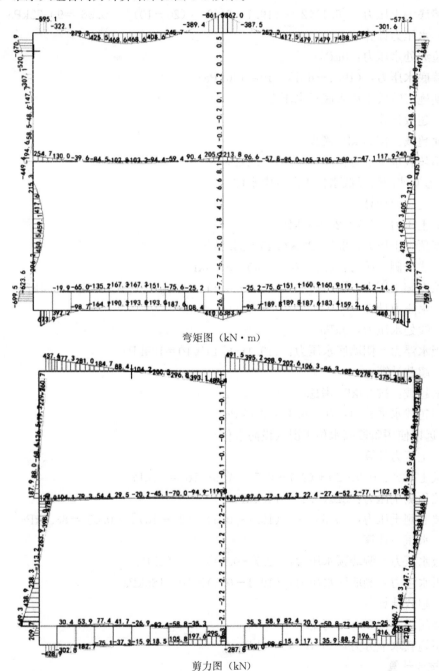

弯矩图（kN·m）

剪力图（kN）

图 8-3 准永久组合内力计算结果（一）

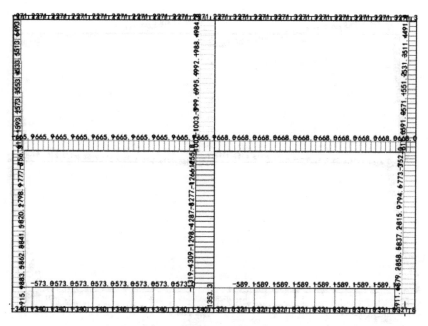

轴力图（kN）

图 8-3 准永久组合内力计算结果（二）

(2) 基本组合内力计算结果如图 8-4 所示。

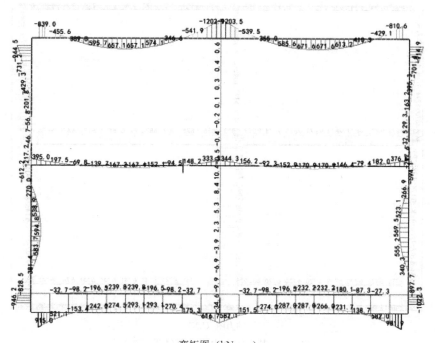

弯矩图（kN·m）

图 8-4 基本组合内力计算结果（一）

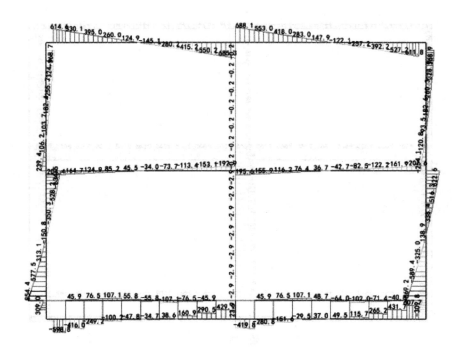

剪力图（kN）

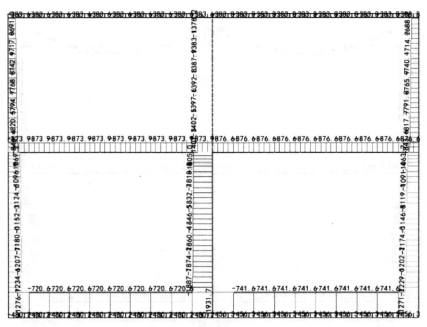

轴力图（kN）

图 8-4 基本组合内力计算结果（二）

2. 远期工况计算结果（常水位工况）

（1）准永久组合内力计算结果如图 8-5 所示。

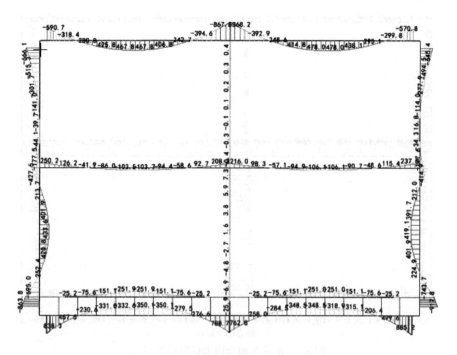

弯矩图（kN·m）

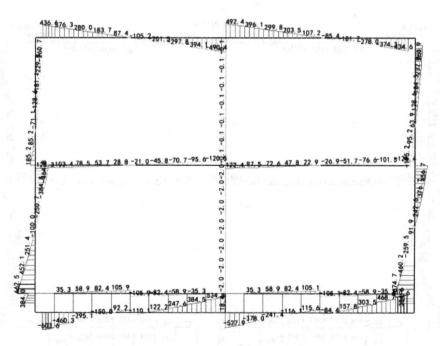

剪力图（kN）

图 8-5　准永久组合内力计算结果（一）

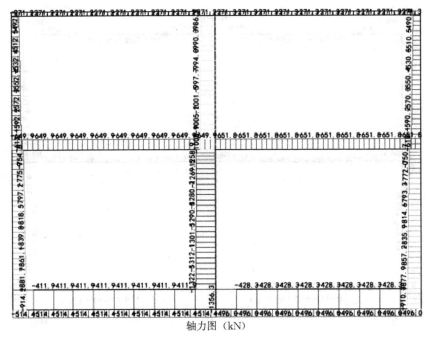

轴力图（kN）

图 8-5　准永久组合内力计算结果（二）

（2）基本组合内力计算结果如图 8-6 所示。

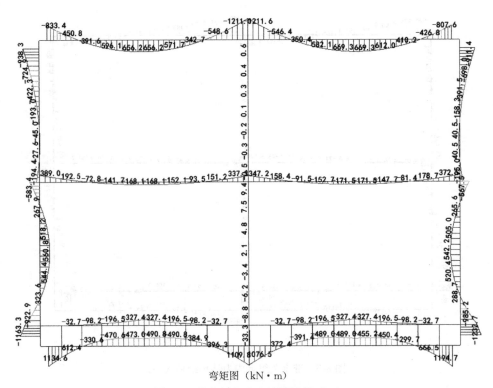

弯矩图（kN·m）

图 8-6　基本组合内力计算结果（一）

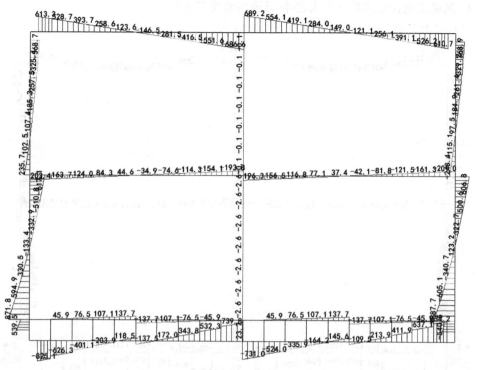

剪力图（kN）

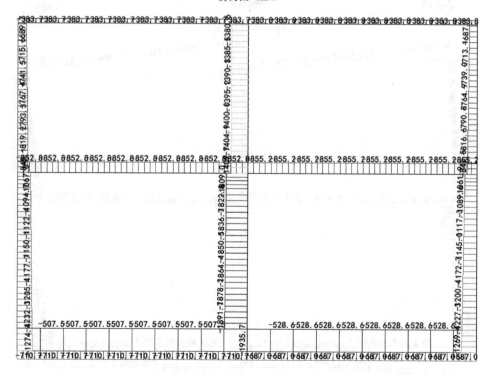

轴力图（kN）

图 8-6　基本组合内力计算结果（二）

3. 远期工况计算结果（高水位-抗浮设防水位工况）

（1）准永久组合内力计算结果如图 8-7 所示。

图 8-7　准永久组合内力计算结果（一）

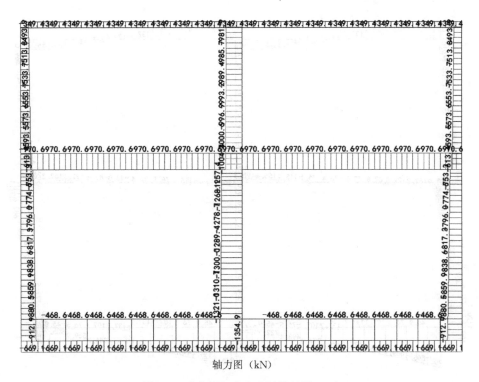

轴力图（kN）

图 8-7　准永久组合内力计算结果（二）

（2）基本组合内力计算结果如图 8-8 所示。

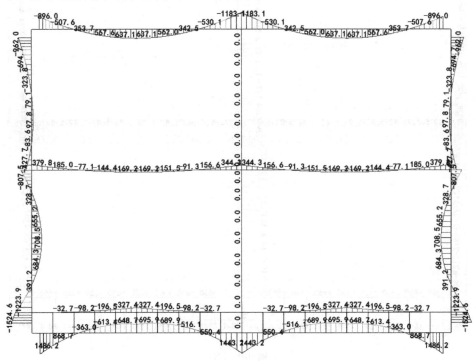

弯矩图（kN·m）

图 8-8　基本组合内力计算结果（一）

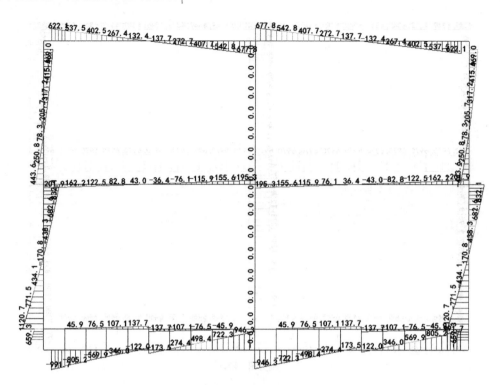

剪力图（kN）

轴力图（kN）

图 8-8　基本组合内力计算结果（二）

4. 结构构件配筋

取近期施工工况和远期使用工况等不同工况下构件的基本组合承载力计算和准永久组合裂缝验算得到的构件配筋结果进行包络设计。根据《混凝土结构设计规范》GB 50010—2010（2015版）进行的配筋计算结果如表8-7所示，仅列取控制工况（远期使用工况）下准永久组合构件的裂缝验算结果。

1～6轴剖面配筋计算结果　　　表8-7

位置	断面名称	内力			配筋值					结构配筋
		M_k (kN·m)	V_k (kN)	N_k (kN)	配筋面积 (mm^2)	通长筋直径 (mm)	钢筋间距 (mm)	附加筋直径 (mm)	钢筋间距 (mm)	配筋率 (%)
顶板 (800mm厚)	边支座	614.50	437.90	175.00	7378	28	150	25	150	1.01
	跨中	450.50	0	175.00	3272	25	150		150	0.45
	中支座	878.20	489.10	175.00	9467	28	150	32	150	1.28
中板 (450mm厚)	边支座	235.60	125.80	485.00	3393	18	150	18	150	0.89
	跨中	104.60	0	485.00	1340	16	150		150	0.35
	中支座	220.70	123.00	485.00	3393	18	150	18	150	0.87
底板 (1000mm厚)	边支座	1177.50	747.70	335.00	9467	28	150	32	150	1.02
	跨中	546.90	0	335.00	4105	28	150		150	0.44
	中支座	1040.10	715.10	335.00	8210	28	150	28	150	0.87
侧墙 (800mm厚)	上支座	660.80	330.70	493.90	7378	28	150	25	150	1.01
	跨中	62.30	0	533.70	3272	25	150		150	0.44
	中支座	592.70	624.20	613.00	4105	28	150		150	0.55
	跨中	538.00	0.00	817.30	3272	25	150		150	0.44
	下支座	1189.80	855.40	912.90	9467	28	150	32	150	1.14

注：侧墙下支座为考虑腋角影响之后的厚度。

8.4.3　1～6轴三维抗震计算

本工程采用YJK2.0.3进行整体模型计算，车站主体范围（A～C轴交1～56轴）及地上建筑组合三维模型如图8-9所示。

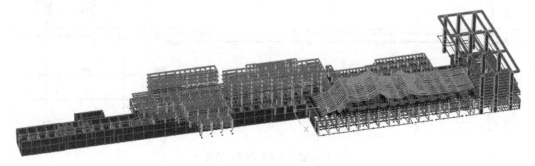

图8-9　车站段整体计算模型

1~6 轴范围顶板梁、中板梁、底板梁和中柱、边柱配筋计算结果如图 8-10 所示。

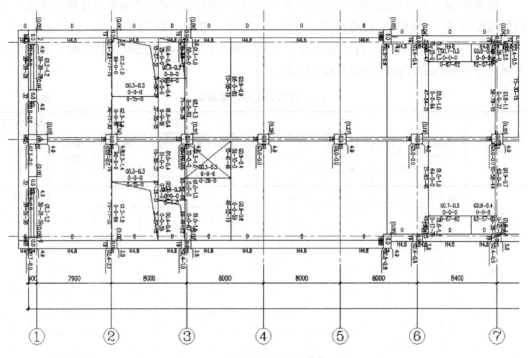

1~6 轴顶板梁柱钢筋配筋值

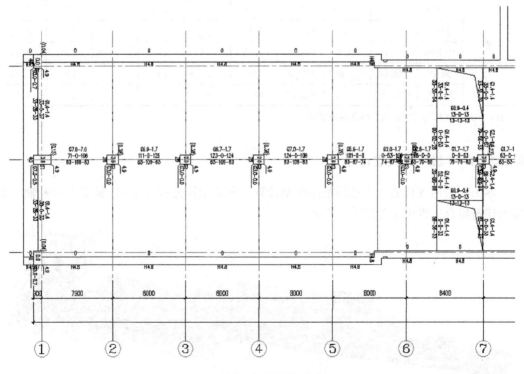

1~6 轴中板梁柱钢筋配筋值

图 8-10　主体结构 1~6 轴板、梁、柱配筋计算结果

8.5 22~30轴计算（隔振段）

隔振段结构剖面如图8-11所示。

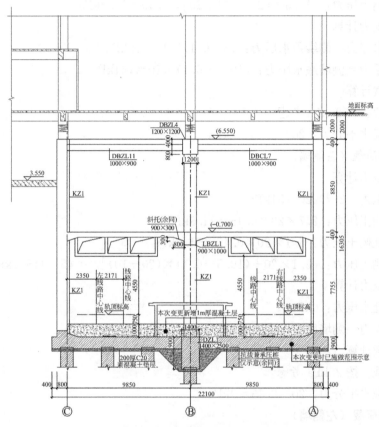

图8-11 隔振段结构剖面图

8.5.1 二维断面荷载及抗浮计算

1. 计算模型

计算时沿车站纵向取1延米作为分析框架单元，按照底板支持在弹性地基上的平面框架进行内力分析，计算模型详见后续章节。

2. 计算过程

22~30轴断面上为酒店主楼，设隔振层，地面标高约为9.25m，根据地勘报告，车站的抗浮设防水位取地面以下0.5m，近期常水位埋深6.1m（距规划地面标高）。顶板埋深约为2.7m，底板埋深为18.979~19.503m，结构高16.279~16.803m，垂直基床系数 $K_v = 70MPa/m$，水平基床系数 $K_x = 20MPa$，地下室垂直基床系数 $K_v = 6MPa/m$。

土重度取 $20kN/m^3$，土体静止加权侧压力系数为0.45，等效主动土压力系数为0.36。

1) 近期荷载（左侧墙）

(1) 土压力计算

顶板荷载：10kPa

临周边建筑底板底侧墙侧土压力：$20\times0.45=9$kPa

侧墙底侧土压力：$[13.6\times(20-10)+20]\times0.45=70.2$kPa

(2) 水压力计算

地下室水浮力＝侧墙顶水压力：$(8-6.1)\times10=19$kPa

底板水浮力＝侧墙底水压力：$(19.5-6.1)\times10=134$kPa

(3) 超载计算

地面超载：按20kPa考虑

侧墙超载水平分力：$20\times0.45=9$kPa

2) 近期荷载（右侧墙）

(1) 土压力计算

顶板土压力：$2.7\times20=54$kPa

侧墙顶侧土压力：$2.7\times20\times0.45=24.3$kPa

水位线处侧土压力：$6.1\times20\times0.45=54.9$kPa

侧墙底侧土压力：$[6.1\times20+(19.5-6.1)\times(20-10)]\times0.45=115.2$kPa

(2) 水压力计算

水位线处水压力：0kPa

底板水浮力＝侧墙底水压力：$(19.5-6.1)\times10=134$kPa

(3) 超载计算

地面超载：按20kPa考虑

侧墙超载水平分力：$20\times0.45=9$kPa

3) 远期荷载（左侧墙）

(1) 土压力计算

顶板荷载：10kPa

临周边建筑底板底侧墙侧土压力：$20\times0.45=9$kPa

侧墙底侧土压力：$[13.6\times(20-10)+20]\times0.45=70.2$kPa

(2) 水压力计算

地下室水浮力＝侧墙顶水压力：$(8-0.5)\times10=75$kPa

底板水浮力＝侧墙底水压力：$(19.5-0.5)\times10=190$kPa

(3) 超载计算

地面超载：按20kPa考虑

侧墙超载水平分力：$20\times0.45=9.0$kPa

4) 远期荷载（右侧墙）

(1) 土压力计算

顶板土压力：$0.5\times20+(2.7-0.5)\times(20-10)=32$kPa

侧墙顶侧土压力：$32\times0.45=14.4$kPa

侧墙底侧土压力：$[0.5×20+(19.5-0.5)×(20-10)]×0.45=90$kPa

（2）水压力计算

顶板水压力＝侧墙顶水压力：$(2.7-0.5)×10=22$kPa

底板水浮力＝侧墙底水压力：$(19.5-0.5)×10=190$kPa

（3）超载计算

地面超载：按20kPa考虑

侧墙超载水平分力：$20×0.45=9$kPa

（4）地上建筑物荷载

附加恒荷载：858kN（左侧墙）、294kN（中柱）

附加活荷载：148kN（左侧墙）、49kN（中柱）

地下室传递水平力（最不利）：$[0.5×20×0.45+(6.7-0.5)×(20-10)×0.45+6.2×10]×6.7×0.5×2/3×0.5=105.4$kN

3. 抗浮计算

24～32轴范围内（采用最不利部位28轴验算，未计入400mm厚回填层自重）采用7根1m直径的抗拔桩（24～32轴单桩抗拔承载力特征值为900kN）即可满足抗浮要求。

8.5.2 二维断面框架计算

1. 近期工况计算结果（低水位-承载工况）

（1）准永久组合内力计算结果如图8-12所示。

（2）基本组合内力计算结果如图8-13所示。

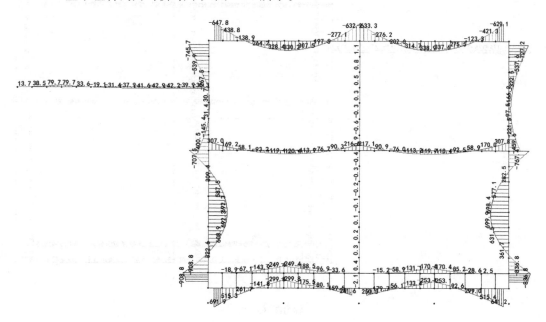

弯矩图（kN·m）

图8-12 准永久组合内力计算结果（一）

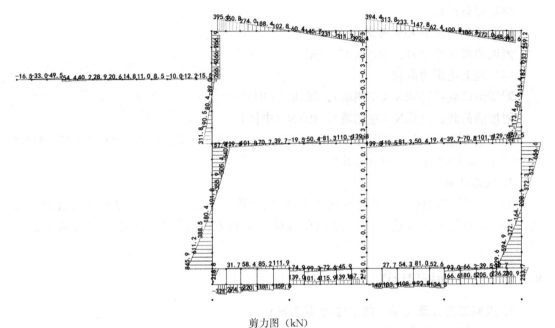

剪力图（kN）

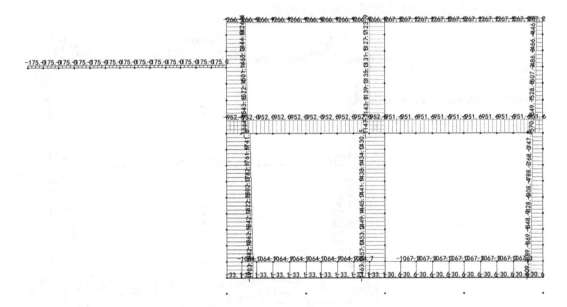

轴力图（kN）

图 8-12 准永久组合内力计算结果（二）

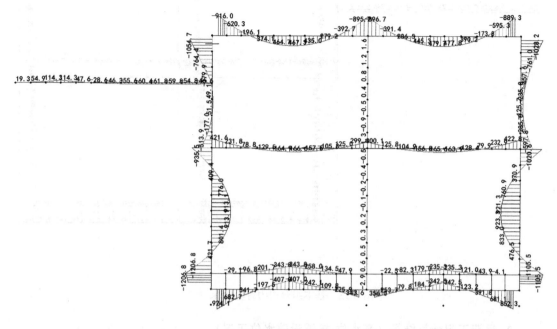

弯矩图 (kN·m)

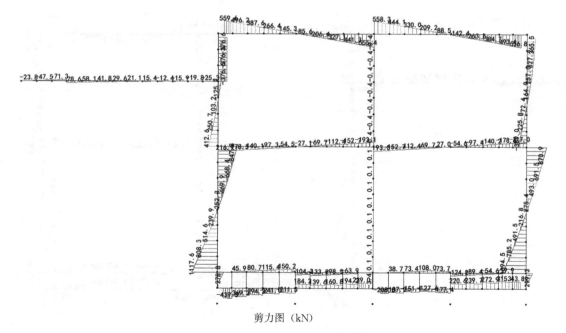

剪力图 (kN)

图 8-13 基本组合内力计算结果（一）

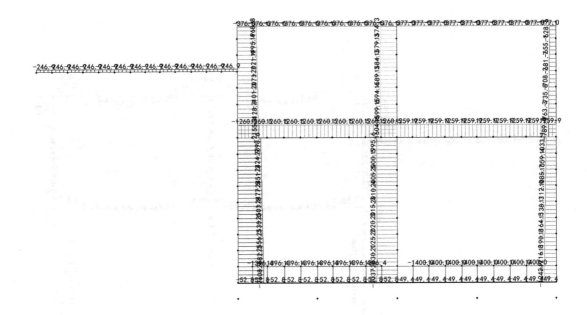

轴力图（kN）

图 8-13 基本组合内力计算结果（二）

2. 远期工况计算结果（高水位-抗浮设防水位工况）

（1）准永久组合内力计算结果如图 8-14 所示。

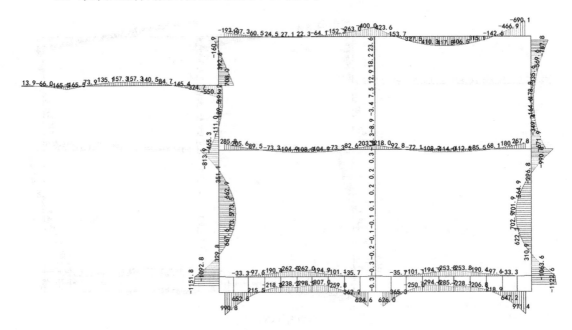

弯矩图（kN·m）

图 8-14 准永久组合内力计算结果（一）

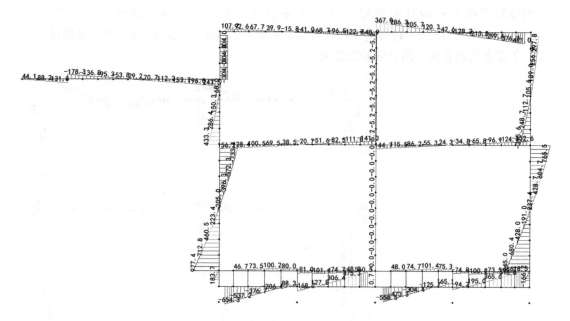

剪力图（kN）

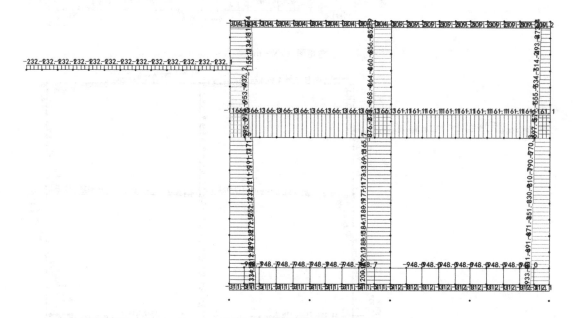

轴力图（kN）

图 8-14 准永久组合内力计算结果（二）

（2）基本组合内力计算结果如图 8-15 所示。

3. 结构构件配筋

取近期施工工况和远期使用工况等不同工况下构件的基本组合承载力计算和准永久组合裂缝验算得到的构件配筋结果进行包络设计。根据《混凝土结构设计规范》GB 50010—2010（2015 版）进行的配筋计算结果如表 8-8 所示，仅取控制工况（远期使用工况）下准永久组合构件的裂缝验算结果。

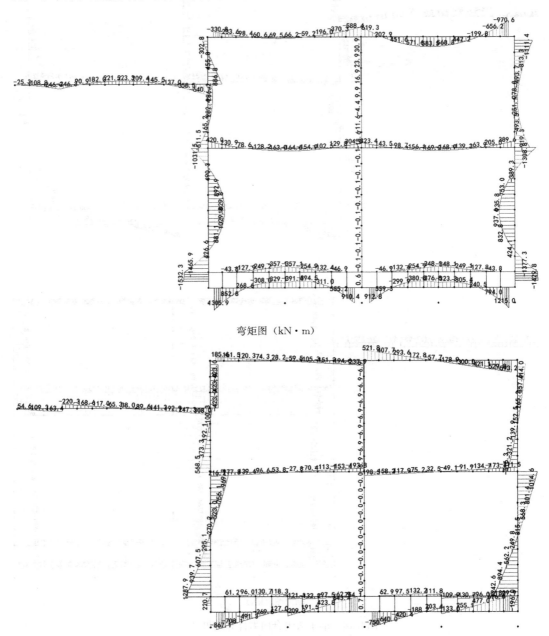

图 8-15 基本组合内力计算结果（一）

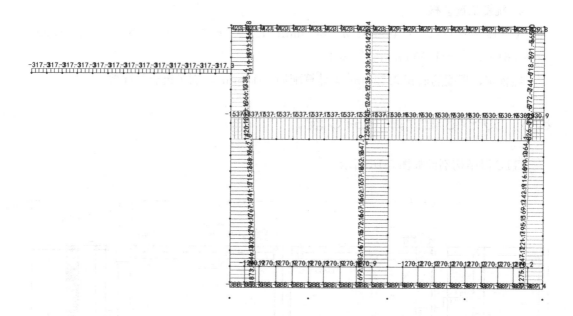

轴力图（kN）

图 8-15　基本组合内力计算结果（二）

22～30 轴剖面配筋计算结果　　表 8-8

位置	断面名称	内力			配筋值(mm²)					结构配筋
		M_k (kN·m)	V_k (kN)	N_k (kN)	配筋面积	通长筋直径	钢筋间距	附加筋直径	钢筋间距	配筋率 (%)
顶板 (400mm 厚)	边支座	689.10	421.00	155.00						
	跨中	418.50	0	155.00						
	中支座	423.20	367.00	155.00						
中板 (400mm 厚)	边支座	285.80	156.20	580.00	3435	16	150	20	150	1.04
	跨中	114.00	0	580.00	1340	16	150		150	0.41
	中支座	218.00	144.70	580.00	2681	16	150	16	150	0.78
底板 (900mm 厚)	边支座	990.80	654.30	155.00	8210	28	150	28	150	0.88
	跨中	307.00	0	155.00	3272	25	150		150	0.39
	中支座	626.00	565.50	155.00	4105	28	150		150	0.49
侧墙 (800mm 厚)	上支座	787.80	304.00	470.00	6639	28	150	22	150	0.91
	跨中	708.00	304.00	550.00	4105	28	150		150	0.55
	中支座	990.80	765.50	776.00	8210	28	150	28	150	1.11
	跨中	773.50	0	800.00	4105	28	150		150	0.55
	下支座	1151.80	997.40	900.00	8210	28	150	28	150	0.99

注：侧墙跨中受拉侧钢筋在背土一侧，裂缝宽度限值 0.3mm，顶板为双向纵横梁结构，具体配筋以三维计算为准。

4. 抗震工况复核

$X=49.6939444711544\text{mm}$；$h=800\text{mm}$；$x/h_o=6.85\times10^{-2}$，$A_s=2912.61\text{mm}^2$；$\rho=0.364\%$；$A_s'=1600\text{mm}^2$；$\rho'=0.2\%$。

经核实，现配筋面积 3272mm^2 > 计算配筋 2913mm^2，满足抗震工况要求。

8.6 39～48轴计算（GTC段）

GTC段结构剖面如图 8-16 所示。

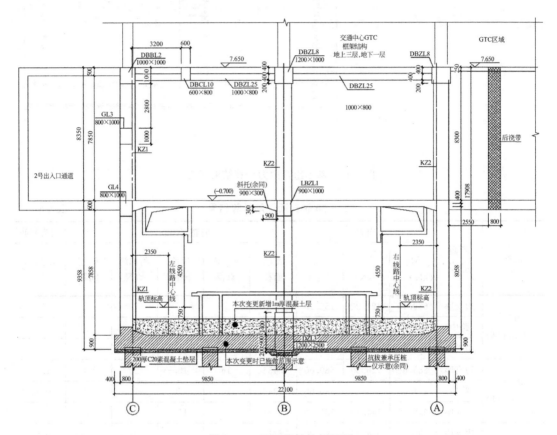

图 8-16 GTC 段结构剖面图

8.6.1 二维断面荷载及抗浮计算

1. 计算模型

计算时沿车站纵向取1延米作为分析框架单元，按照底板支持在弹性地基上的平面框架进行内力分析。

2. 计算过程

39～43轴断面为与机场GTC共建段，地面标高约为7.15m，根据地勘报告，车站的抗浮设防水位取地面以下0.5m，近期常水位埋深6.1m（距规划地面标高）。顶板埋深约为 1.4m，底板埋深约为 17.2m，结构高 15.6m，垂直基床系数 $K_v=50$MPa/m，水平基床系数 $K_x=20$MPa/m，GTC 位置处垂直基床系数为 42MPa/m。

土重度取 20kN/m³，土体静止加权侧压力系数为 0.45，等效主动侧压力系数为 0.36。

1) 近期荷载（左侧墙）

(1) 土压力计算

顶板土压力：$1.6\times20=32$kPa

侧墙顶侧土压力：$1.6\times20\times0.45=14.4$kPa

中板底侧土压力：$[6.1\times20+(10.15-6.1)\times(20-10)]\times0.45=73.125$kPa

侧墙底侧土压力：$[6.1\times20+(19.355-6.1)\times(20-10)]\times0.45=114.55$kPa

(2) 水压力计算

中板底水压力：$(10.15-6.1)\times10=40.5$kPa

底板水浮力＝侧墙底水压力：$(19.355-6.1)\times10=132.55$kPa

(3) 超载计算

地面超载：按 20kPa 考虑

侧墙超载水平分力：$20\times0.45=9$kPa

2) 近期荷载（右侧墙）

(1) 土压力计算

侧墙顶侧土压力：$1.6\times20\times0.45=14.4$kPa

侧墙底侧土压力：$[6.1\times20+(19.355-6.1)\times(20-10)]\times0.45=114.55$kPa

(2) 水压力计算

中板底水压力：$(10.15-6.1)\times10=40.5$kPa

底板水浮力＝侧墙底水压力：$(19.355-6.1)\times10=132.55$kPa

(3) 超载计算

地面超载：按 20kPa 考虑

侧墙超载水平分力：$20\times0.45=9$kPa

3) 远期荷载（左侧墙）

(1) 土压力计算

顶板土压力：$0.5\times20+(1.6-0.5)\times(20-10)=21$kPa

侧墙顶侧土压力：$21\times0.45=9.45$kPa

中板底侧土压力：$[0.5\times20+(10.15-0.5)\times(20-10)]\times0.45=47.93$kPa

侧墙底侧土压力：$[0.5\times20+(19.355-0.5)\times(20-10)]\times0.45=89.35$kPa

(2) 水压力计算

顶板水压力＝侧墙顶水压力：$(1.6-0.5)\times10=11$kPa

中板底水压力：$(10.15-0.5)\times10=96.5$kPa

底板水浮力＝侧墙底水压力：$(19.355-0.5)\times10=188.55$kPa

(3) 超载计算

地面超载：按 20kPa 考虑

侧墙超载水平分力：$20\times0.45=9$kPa

4) 远期荷载（右侧墙）

（1）土压力计算

顶板土压力：$0.5 \times 20 + (1.6 - 0.5) \times (20 - 10) = 21 \text{kPa}$

侧墙顶侧土压力：$21 \times 0.45 = 9.45 \text{kPa}$

侧墙底侧土压力：$[0.5 \times 20 + (19.355 - 0.5) \times (20 - 10)] \times 0.45 = 89.35 \text{kPa}$

（2）水压力计算

顶板水压力＝侧墙顶水压力：$(1.6 - 0.5) \times 10 = 11 \text{kPa}$

底板水浮力＝侧墙底水压力：$(19.355 - 0.5) \times 10 = 188.55 \text{kPa}$

（3）超载计算

地面超载：按20kPa考虑

侧墙超载水平分力：$20 \times 0.45 = 9 \text{kPa}$

（4）地上建筑物荷载

附加恒荷载：162kN（左侧墙）、484kN（中柱）、436kN（左边柱）、334kN（GTC柱）

附加活荷载：34kN（左侧墙）、83kN（中柱）、80kN（左侧墙）、79kN（GTC柱）

3. 抗浮计算修改建议同上抗浮计算

39～43轴范围内采用6根1m直径的抗拔桩（39～43轴单桩抗拔承载力特征值为1550kN）即可满足抗浮要求。

8.6.2 二维断面框架计算

1）近期工况计算结果（低水位-承载工况）

（1）准永久组合内力计算结果如图8-17所示。

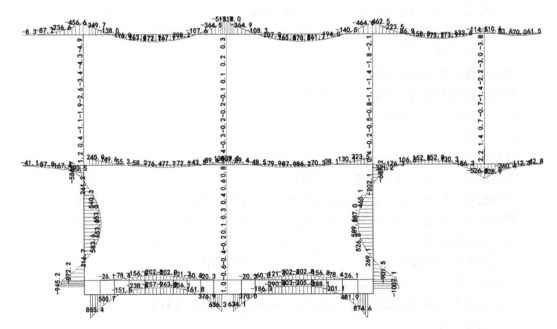

(a) 弯矩图（kN·m）

图8-17 准永久组合内力计算结果（一）

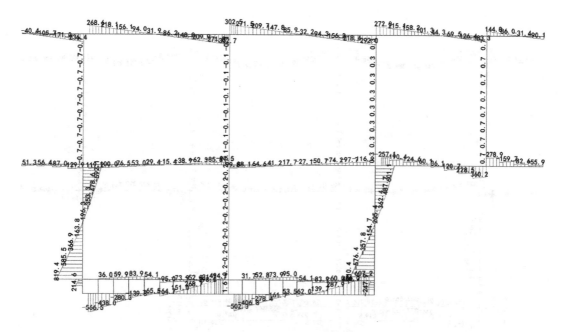

(b) 剪力图（kN）

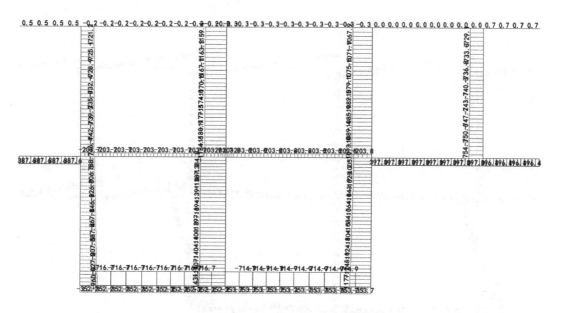

(c) 轴力图（kN）

图 8-17 准永久组合内力计算结果（二）

(2) 基本组合内力计算结果如图 8-18 所示。

2) 远期工况计算结果（高水位-抗浮设防水位工况）

(1) 准永久组合内力计算结果如图 8-19 所示。

(2) 基本组合内力计算结果如图 8-20 所示。

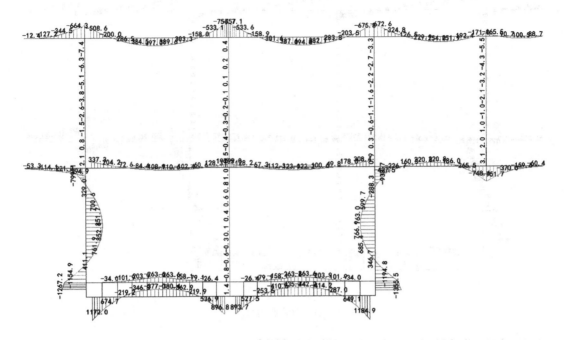

(a) 弯矩图（kN·m）

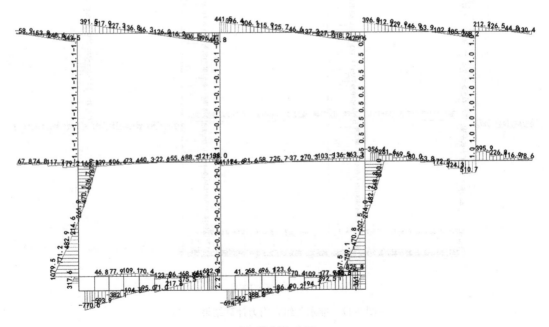

(b) 剪力图（kN）

图 8-18 基本组合内力计算结果（一）

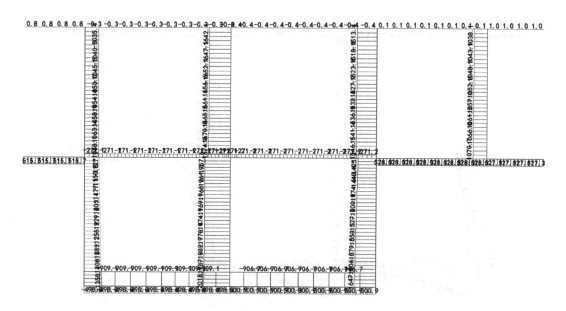

(c) 轴力图（kN）

图 8-18　基本组合内力计算结果（二）

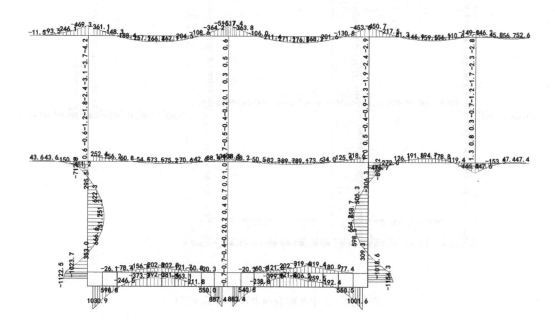

(a) 弯矩图（kN·m）

图 8-19　准永久组合内力计算结果（一）

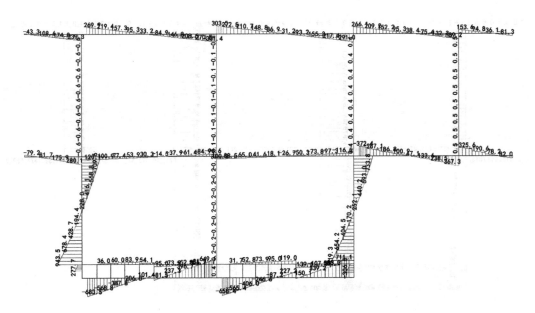

(b) 剪力图(kN)

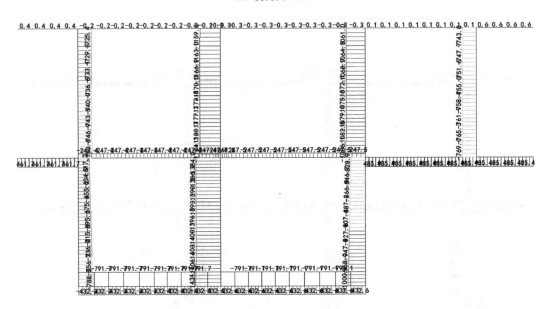

(c) 轴力图(kN)

图 8-19 准永久组合内力计算结果(二)

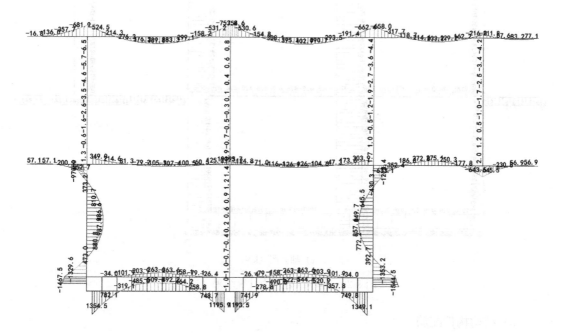

(a) 弯矩图 (kN·m)

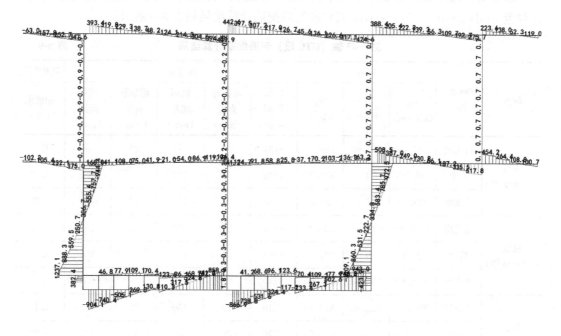

(b) 剪力图 (kN)

图 8-20 基本组合内力计算结果（一）

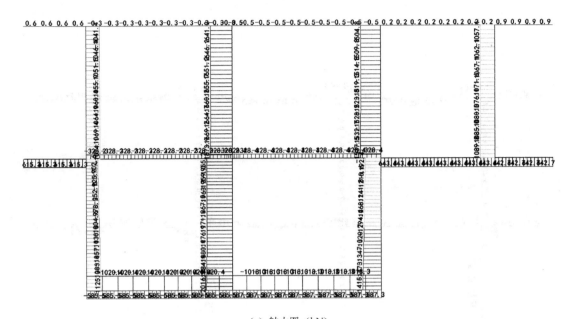

(c) 轴力图（kN）

图 8-20 基本组合内力计算结果（二）

3）结构构件配筋

取近期工况和远期工况构件不同工况的内力包络进行配筋计算。根据《混凝土结构设计规范》GB 50010—2010（2015 版）进行的配筋计算结果如表 8-9 所示。

39～43 轴（GTC 段）剖面配筋计算结果　　　　　　　　表 8-9

位置	断面名称	内力			配筋值					结构配筋
		M_k (kN·m)	V_k (kN)	N_k (kN)	配筋面积 (mm^2)	通长筋直径 (mm)	钢筋间距 (mm)	附加筋直径 (mm)	钢筋间距 (mm)	配筋率 (%)
中板 (400mm 厚)	边支座	252.40	123.60	120.00	3791	18	150	20	150	1.15
	跨中	89.10	0	120.00	1340	26	150		150	0.41
	中支座	138.50	105.10	120.00	2681	26	150	16	150	0.78
底板 (900mm 厚)	边支座	1030.90	714.20	220.00	9467	28	150	32	150	1.02
	跨中	421.80	0	220.00	3272	25	150		150	0.39
	中支座	887.40	654.30	220.00	8210	28	150	28	150	0.98
侧墙 (800mm 厚)	中支座	897.20	723.90	610.00	8210	28	150	28	150	1.11
	跨中	751.20	0	660.00	7378	28	150	25	150	0.99
	下支座	1154.30	947.70	782.00	9467	28	150	32	150	1.14

注：中板裂缝宽度限值 0.3mm，站厅层与 GTC 连通无侧墙，顶板为双向纵横梁结构，具体配筋以三维计算为准。

8.7 框架柱轴压比验算

轴压比计算轴力为考虑地震作用的柱轴力：

$$u = N/(Af_c) \tag{8-1}$$

式中　u——轴压比；
　　　N——轴力设计值（考虑地震作用）；
　　　A——截面面积；
　　　f_c——混凝土轴心抗压强度设计值。

根据本工程特点，对于覆土段轴压比计算，采用通常地铁设计方式列出，对于上下结构共构段，采用整体计算模型，给出各框架柱柱底最大轴力和轴压比计算值。

8.7.1 覆土段轴压比计算

覆土段框柱主要截面为 KZ1（1200×1000）和 KZ2（1400×1000），考虑到覆土段柱跨 10.7m，为单柱双跨结构，中柱受力较不利，设计时中柱轴压比保留部分富裕，轴压比计算如表 8-10 所示。

覆土段轴压比计算结果　　　　表 8-10

一般车站框架柱尺寸计算					
计算名称	数值	单位	计算名称	数值	单位
柱短边尺寸	1000	mm	吊顶荷载	2	kN
柱长边尺寸	1200	mm	设备荷载	8	kN
柱子净长度（扣除板梁厚度）	22.27	m	人群荷载	4	kN
柱截面面积	1.2	m²	地面超载重	1712	kN
覆土厚度	2.7	m	覆土重	4662	kN
车站纵向柱与相邻左柱中心距	8	m	顶板重	1712	kN
车站纵向柱与相邻右柱中心距	8	m	顶梁重	192	kN
车站横向柱与其上侧墙(柱)中心距	10.7	m	顶板吊顶	171	kN
车站横向柱与下侧墙(柱)中心距	10.7	m	中板重	856	kN
顶梁高	1.6	m	中梁重	0	
顶梁宽	1.2	m	中板装修重	256.8	kN
顶板厚度	0.8	m	中板吊顶	168.8	kN
中梁高	0	m	中板设备	684.8	kN
中梁宽	0	m	人群荷载	337.6	kN
中板厚度	0.4	m	柱自重	668.1	kN
受荷载板带面积	85.6	m²	轴力标准值	9332.1	kN
地面超载	20	kN	轴力设计值	16726.7	kN
覆土重度	20	kN	轴压比（二级抗震需小于 0.75）	0.6，满足构造	

最大轴压比为 0.6<0.75，满足规范要求。

8.7.2 整体建模部分轴压比计算

对于上部结构和下部结构共构段,采用 YJK 软件整体建模计算,框架柱柱底内力计算结果如图 8-21 所示,最大轴压比为 0.68<0.75,满足规范要求。

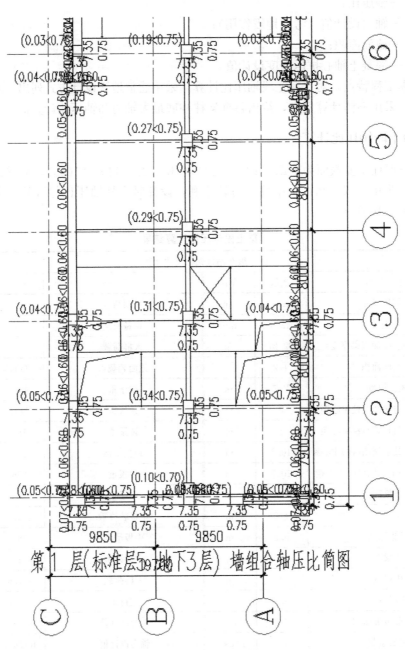

图 8-21 框架柱柱底内力计算结果(一)

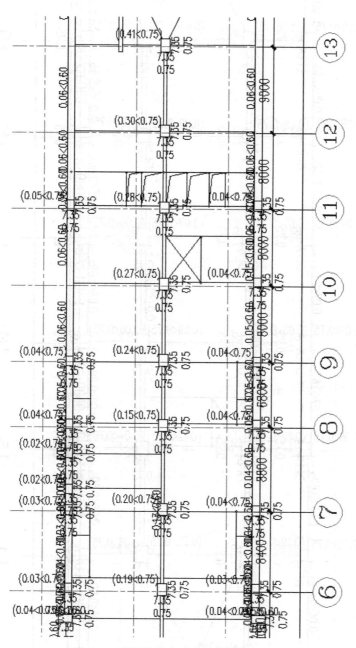

图 8-21 框架柱柱底内力计算结果（二）

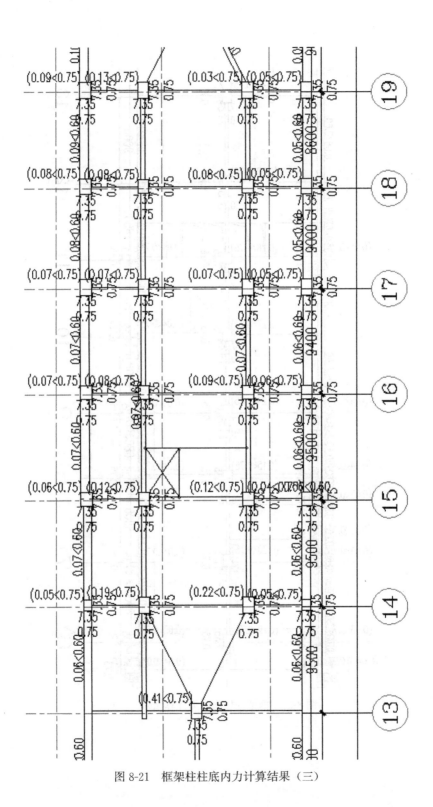

图 8-21 框架柱柱底内力计算结果（三）

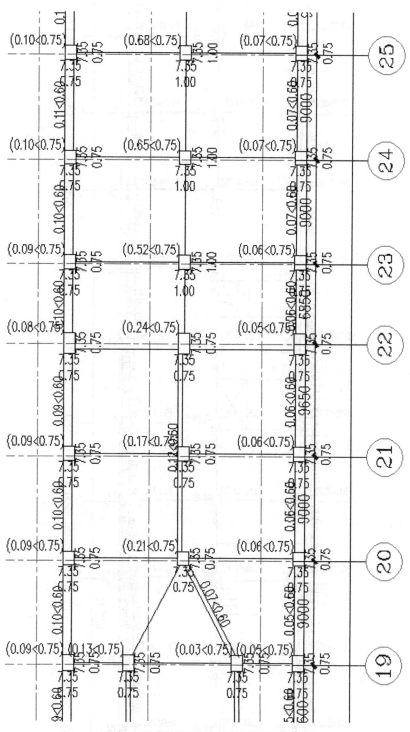

图 8-21 框架柱柱底内力计算结果（四）

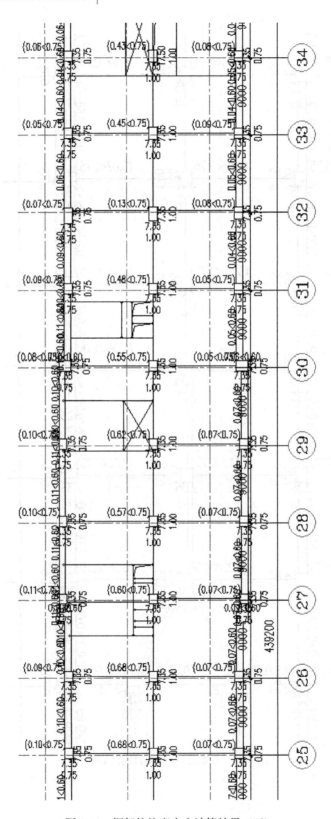

图 8-21 框架柱柱底内力计算结果（五）

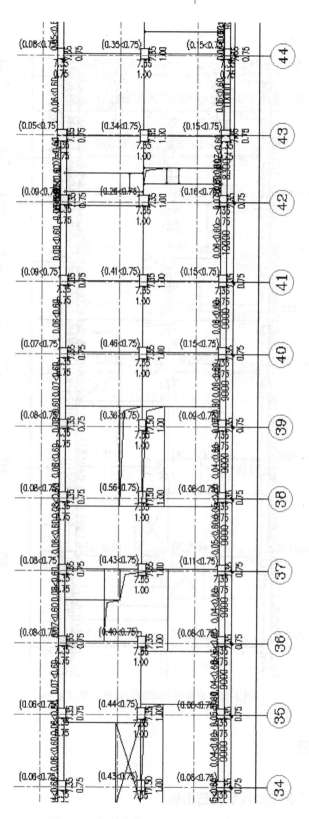

图 8-21 框架柱柱底内力计算结果（六）

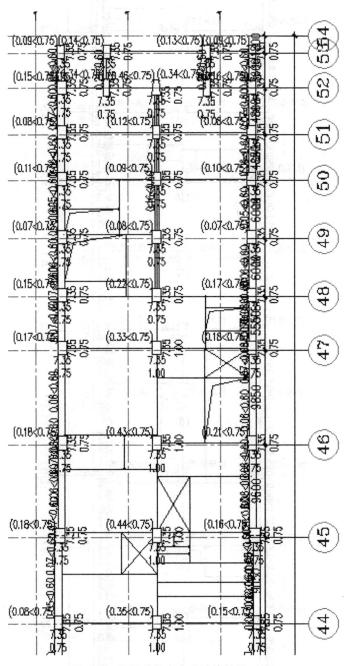

图 8-21 框架柱柱底内力计算结果（七）

8.8 抗震措施

8.8.1 地下车站主体结构抗震构造措施

钢筋混凝土框架梁、板、柱的配筋方式、截面尺寸和轴压比，纵向受力钢筋的最小配筋率、锚固长度和搭接长度，箍筋的最小直径、最大间距和加密区长度，（抗震）墙的厚度及其竖向和横向分布筋的最小配筋率和布置方式，以及带有孔洞时结构的构造等抗震构造措施，均按抗震等级为二级的同类地面框架和板柱-抗震墙钢筋混凝土框架结构确定 [满足《建筑抗震设计规范》GB 50011—2010（2016 版）的相关要求]。具体措施内容参见本书 4.8.1 节。

8.8.2 主体结构薄弱部位工程措施

对于主体结构出入口、预留出入口及风道接主体结构处等有可能存在薄弱部位的重点部位，加强环梁设计，完善结构受力转换体系，保证结构承载力和安全性，采取必要的辅助施工措施，同时优化施工步序和现场组织。

车站范围内吹填砂层在地震作用下产生中等至严重液化，主体围护结构采用地下连续墙措施隔离液化砂层，且车站底板位于残积砂质黏性土、全风化花岗岩和散体状强风化花岗岩土层中。满足抗液化相关要求。

附属出入口埋深较小区域，围护结构为 SMW 工法桩已对围护外侧液化砂层进行隔离，并对坑底仍存在的液化砂层进行满堂加固。采用加固后的砂层作为附属结构的承载基础。

8.8.3 非结构构件抗震计算措施

非结构构件除满足承载能力要求外，还应按地震工况进行验算。非结构构件抗震计算采用等效侧力法，水平地震作用标准值按下式计算：

$$F = \gamma \eta \zeta_1 \zeta_2 \alpha_{max} G \tag{8-2}$$

非结构构件因支承点相对位移产生的内力，可按该构件在位移方向的刚度乘以其位移计算，水平位移按中震条件下的层间位移限制（即层间位移角 1/550）确定：

$$F = k \Delta_{max} \tag{8-3}$$

8.8.4 非结构构件抗震构造措施

参见 4.8.3 节内容。

8.9 本章小结

本章以某大型枢纽工程为背景，详细介绍了下方为轨道交通设施、上方为地面建筑的组合结构的抗震分析过程。主要采用三维建模辅以二维反应位移法的分析手段，采用 YJK2.0.3 进行整体三维模型计算。对于组合结构，遵循"就高不就低"的设计原则，考虑到地上建筑的抗震等级为一级，因此，在结合段的地铁主体结构抗震等级也提高至一级。同时，在高层建筑与地铁结合段，采用设置隔震层的方式，进一步减小地上结构与地下结构之间的叠加效应。

第 9 章 基于 Pushover 法的地下结构弹塑性抗震分析

9.1 Pushover 法应用背景

结构静力弹塑性分析（Pushover 法）也被称为推覆分析法，是一种逐渐得到广泛应用的评估结构抗震性能的简化分析方法，一些国家（如日本、美国等）已经或计划将这种分析方法写入抗震规范，我国也在抗震规范中将静力弹塑性分析法与动力弹塑性分析法并列为验算高层建筑结构在罕遇地震作用下抗震变形验算的基本方法。应用该方法可以对建筑结构的受力特点和性能有一个全方位的了解，进而对结构的整体抗震性能做出评估。

Pushover 法是通过对结构施加沿高度呈一定分布的水平单调递增荷载来将结构推至某一预定的目标位移或者使结构成为机构后，则停止加大水平荷载，并对结构进行评价，以判断结构是否能够经受得住未来可能发生的地震作用，如不满足，则应采取相应的抗震加固措施。它实际上是一种结构静力非线性分析方法，与以往的抗震静力计算方法不同之处主要在于它将设计反应谱引入了计算过程和计算成果的工程解释。其大致步骤是：根据结构的具体情况在 结构上施加某种分布的水平力，逐渐增加水平力使结构各构件依次进入塑性。因为某些构件进入塑性以后，整个结构的特性会发生改变，因此又可以反过来调整水平力的大小和分布。这样交替进行下去，直到结构达到预定的破坏（成为机动体系或位移超限）。这种方法的优点在于：水平力的大小是根据结构在不同工作阶段的周期由设计反应谱求得，而分布则根据振型变化求得。

Pushover 分析方法是一种评估建筑抗震性能是否满足要求的简化分析法，已经得到了世界公认，目前主要应用在如下几个方面：

（1）进行结构行为分析。可以大概预测在侧向荷载作用下结构的反应，从而使我们对于结构在侧向荷载作用下的变形阶段及变形特点有一个全面清晰的认识，为设计人员进行结构设计以及结构分析提供一定的参考；

（2）为进行弹塑性时程分析打下基础。众所周知，在对结构进行弹塑性时程分析时，需要建立适合于结构的恢复力模型，而恢复力模型建立中的一个关键因素是骨架曲线的确定。所谓的骨架曲线为将同方向（拉或压）加载的应力-应变曲线中超过前一次加载最大应力的区段平移相连后得到的曲线。这恰巧就是对结构进行分析时所绘制的层间剪力-层间位移曲线。

（3）判断结构的变形能力是否足够。在对结构进行分析时所确定的结构目标位移以及层间位移均是由结构杆件的变形引起的，因此可以通过位移来判断结构的变形能力是否满足要求。

（4）判断结构抗震承载能力。可以通过曲线把握结构的抗侧力性能，并对结构关键机构及单元进行评估，从而对整个结构的抗震承载力做出准确判断。

基于目前地下结构的抗震研究成果，可知地下结构，特别是地铁结构的抗震性能受控于抗震工况下周围地层的变形程度，即地震作用下，地铁结构的横向位移及由此产生的横向剪切力是造成结构破坏的主要因素。而 Pushover 法的研究内容之一就是绘制层间剪力-层间位移曲线，进而判断衡量结构在地震作用下的弹塑性变形过程。

Pushover 法直接施加水平分布力得到的结果与动力时程分析法的结果完全不同，因而无法将地上结构的 Pushover 方法推广应用至地下结构的抗震分析。其根本原因在于地下结构 Pushover 方法必须反映地下结构与地基之间以运动相互作用为主的动力特性，周围地基的约束使得地下结构的地震反应特性与地上结构完全不同，因此如何合理简化地下结构在此方法下的受力模型是关键所在。本书结合相关文献研究成果，利用 MIDAS GTS NX 分析软件，模拟计算北京地区标准明挖站主体框架结构在设防抗震作用下的推覆过程，可为类似工程设计中提供一定的经验参考。

9.2 Pushover 法在标准明挖站中的应用分析

9.2.1 案例背景

本书以北京某明挖车站为工程背景，车站为两层单柱双跨混凝土框架结构，位于卵石层，顶板覆土约 3m，侧墙厚 700mm，顶板厚 800mm，底板厚 900mm，中柱采用 700mm×1200mm 混凝土柱，车站剖面如图 9-1 所示。

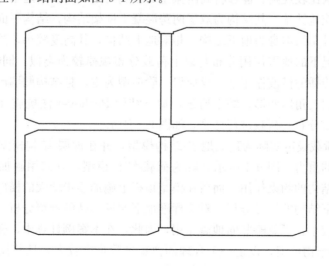

图 9-1　车站主体结构剖面

9.2.2 加载条件的确定

应用 Pushover 法对结构进行分析时，总是认为所建立的侧向荷载分布模式跟结构在地震作用下惯性力的分布模式是一致的，以此为前提将侧向荷载施加于结构上并按照要求把此荷载一步步增大调整后，对结构在变化荷载作用下的地震反应进行计算，这样就可以得到结构的基底剪力和顶点位移关系曲线。通过对此曲线进一步的研究，就能够得到实际结构的地震弹塑性反应全貌。但是结构在地震作用下惯性力的分布是很复杂的，不一定或很难与所建立的某一种侧向荷载分布模式一致，这势必导致对于结构的分析结果精确度降低。这样不仅不会对设计人员进行结构分析起到有效的帮助作用，反而会误导设计人员，甚至酿成事故。所以建立适应于结构的侧向荷载分布模式就显得尤为重要。

侧向荷载分布模式比较常见的有三种，分别是均匀分布模式、倒三角形分布模式和指数分布模式，如图 9-2 所示。

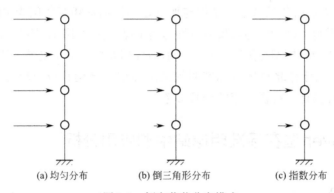

图 9-2 侧向荷载分布模式

这几种分布形式因其对结构进行的分析简单，并且具有一定的精确度而深受工程设计人员的喜爱，经过工程实践证明这几种侧向荷载分布模式在一定范围内（如结构高度比较小、结构平面形状比较规则、能够将高阶振型的影响忽略）可以满足结构分析的要求。

对于标准明挖地铁站，其结构为双层两跨混凝土框架结构，结构平面为长条形，平面形状比较规则。且车站本身为地下结构，相对地上结构，其高度较小，静力工况下的土压力分布及地震工况下的地震作用分布与以上荷载分布规律较为类似。同时，土-地下结构系统在垂直向上传播的横波作用下，反应以一阶振型为主，且结构侧墙产生最大侧向变形时呈现为规律的倒三角形变形。综上所述，地下结构 Pushover 法抗震计算中，横向推覆力可选取"倒三角分布"荷载进行计算，如图 9-3 所示。

图 9-3 所示荷载设定实际为建立地层-结构模型，并在地层-结构模型的基础上施加水平推覆力及竖向的重力；图 9-4 所示实际为荷载-结构模型，其采用施加弹簧边界的形式近似模拟地层对结构的约束作用，而后在模型顶板上施加逐步增大的横向集中力，进而模拟地震作用下地下结构的推覆分析。对于标准地下明挖车站的推覆分析，其结构断面形式简单，刚度变化较小，可忽略竖向地震作用，因此，在本案例计算中，暂不考虑竖向地震作用。对于荷载-结构模型，设定一个合理的弹簧参数难度较大，且其仅模拟了地层对结构的约束作用，忽略了地层初始地应力状态及地层本身对结构的土压力。本案例结合以上

两种模式，并进行相应的简化调整，采用如图 9-5 所示加载形式。

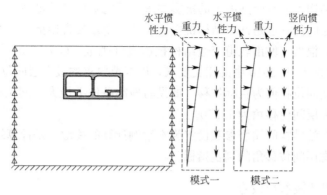

图 9-3　荷载分布示意图一

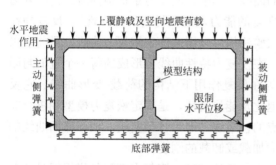

图 9-4　荷载分布示意图二

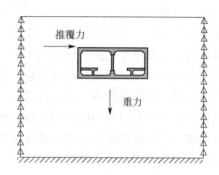

图 9-5　本案例所采用荷载分布示意图

9.2.3　评价指标的确定

传统 Pushover 法一般是通过推覆分析计算的结果，将每一个不同的结构自振周期及其对应的水平力总量与结构自重（重力荷载代表值）的比值（地震影响系数）绘成曲线，也把相应场地的各条反应谱曲线绘在一起，如图 9-6 所示。这样，如果结构反应曲线能够穿过某条反应谱，就说明结构能够抵抗那条反应谱所对应的地震烈度。

对于地下结构，特别是地层-结构模型中，进行模态分析时可以明显看出，因整个模型的质量大部分被地层所占，结构质量占比很小，即模态分析得到的一阶模态其实是地层的变形模态，并不是结构本身的直接反应。因此，地下结构无法像传统 Pushover 法那样，利用结构反应的曲线直接判定。

综合相关文献资料，Pushover 法分析的主要目的是研究结构由弹性变为塑性的过程，并由此计算过程得到的结果进一步评价结构的抗震性能。因此，基于前述荷

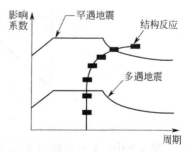

图 9-6　结构反应评判曲线示意图

载分布的讨论结果，对于地下结构的推覆分析，可行的思路是赋予车站结构弹塑性铰的参数设定，在车站顶板施加逐步增大的横向集中力，直至模型无法满足塑性铰中屈服参数的要求而停止计算。由此得到停止计算时对应施加的横向集中力，并与相应场地内不同地震

烈度换算后的最大地震作用进行对比，如此横向集中力小于某一烈度对应的最大地震作用，即说明地下结构不满足此烈度下的抗震要求，反之则可以满足。

同时，结构层间位移也是衡量结构抗震性能的一个重要直接指标，本案例为北京地区的实际工程项目，根据《城市轨道交通结构抗震设计规范》GB 50909—2014 及《建筑抗震设计规范》GB 50011—2010 中的相关要求，以规范要求的最大层间位移角对应的顶板、中板及底板最大横向位移值为目标位移。即设防地震条件下最大层间位移角为 1/550，罕遇地震条件下最大层间位移角为 1/250。

综上所述，车站结构的屈服参数设定为本案例计算的关键，是计算结果评价的重要指标，同时综合考虑层间位移角的判定指标。

9.2.4 结构弹塑性铰参数设定

恢复力特性曲线是恢复力随着变形变化的曲线。其中，恢复力是指构件或结构在外力作用下发生变形，当外力撤销以后变形能够恢复的能力，也叫材料的"弹性"。反复静荷载试验法、周期循环动荷载试验法和振动台试验法均可以用来确定恢复力曲线，目前多采用拟静力试验（又称反复静荷载试验）方法。在恢复力特性曲线上形成的每一个近似封闭的环形曲线，叫作滞回环。对应的滞回曲线为在反复作用下结构的荷载-变形曲线。它反映结构在反复受力过程中的变形特征、刚度退化及能量消耗，是确定恢复力模型和进行非线性地震反应分析的依据。滞回环开始卸载点的包络线，即为骨架曲线。根据滞回曲线的形状，荷载为零时所确定的切线刚度，可作为加载或卸载的刚度。

在结构抗震分析中，恢复力模型是进行抗震分析的基础。恢复力模型是指根据骨架曲线、标准滞回环和零载刚度退化规律，得出各种曲线或折线。

根据相关研究资料成果，本书中选取的屈服函数为人工输入的"三折线"曲线，如图 9-7 所示，滞回模型选择经典的"武田"模型。

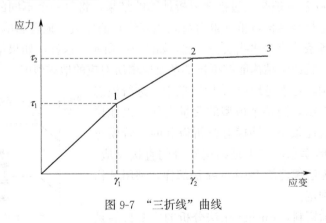

图 9-7 "三折线"曲线

图 9-7 中，1 点坐标可表示为 $(0.6\times 0.15 f_{ck}/0.4E_c, 0.6\times 0.15 f_{ck})$；2 点坐标可表示为 $(0.004, 0.15 f_{ck})$；3 号点的坐标可表示为：$(0.01, 0.15 f_{ck})$。车站主体均按照 C40 混凝土材料设定，进而可以计算出 1 点的坐标为 (0.0018m，2412kN)，2 点的坐标为 (0.004m，4020kN)，3 点的坐标为 (0.01m，4020kN)。把上述坐标点输入模型中即可得到混凝土材料的屈服函数曲线，由屈服函数曲线可以看出，车站结构进入塑性阶段对

应的梁铰力为 2412kN，进入屈服阶段对应的梁铰力为 4020kN，即前述评价指标之一。

9.2.5 推覆力设定

结合前述评价指标，并根据相关文献资料，推覆力加载设定如表 9-1 所示。

推覆力加载设定　　表 9-1

序号	1	2	3	4	5	6	7	8	9	10	11	12	13	14
推覆力(kN)	63	260	531	816	1102	1387	1681	1977	2217	2456	2750	3042	3335	3631
序号	15	16	17	18	19	20	21	22	23	24	25	26	27	28
推覆力(kN)	3927	4223	4519	4777	5035	5331	5626	5922	6218	6494	6770	7066	7362	7564
序号	29	30	31	32	33	34	35	36	37	38	39	40	41	42
推覆力(kN)	7766	8062	8420	8776	8985	9193	9489	9785	10081	10377	10673	10969	11292	11614
序号	43	44	45	46	47	48								
推覆力(kN)	11910	12206	12502	12797	13102	13433								

每一个推覆力对应一个计算工况，共 48 个工况，由小到大依次加载，直至结构屈服停止计算。

9.3　Pushover 法计算结果与分析

9.3.1　建立模型

根据 9.2 节的分析结论，采用 MIDAS GTS NX 建立二维地层-结构模型。车站结构采用一维梁单元，地层采用二维平面应变单元，模型底边采用全固定边界，两侧采用 Y 向约束，模型网格如图 9-8 所示。

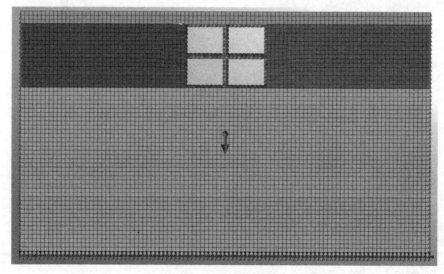

图 9-8　模型网格划分

9.3.2 进入塑性阶段计算结果

根据施加推覆力的不同，模型共设置 48 个工况，在进行到第 7 个工况时，显示结构塑性铰的梁铰力达到 2548kN，大于 9.2.4 节中设定的 2412kN 临界值，结构进入塑性阶段，此时对应的推覆力为 1681kN。梁铰力计算结果云图如图 9-9 所示。

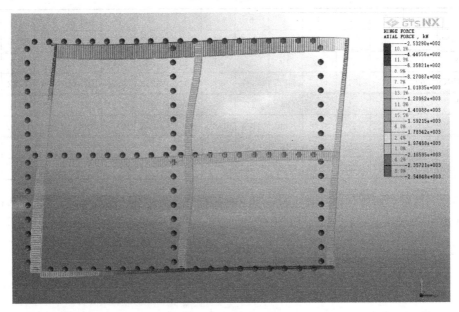

图 9-9 梁铰力云图

此工况对应的车站结构内力云图如图 9-10、图 9-11 所示。

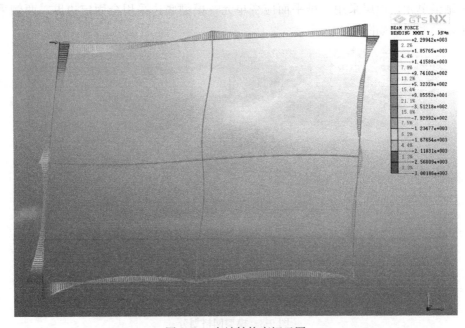

图 9-10 车站结构弯矩云图

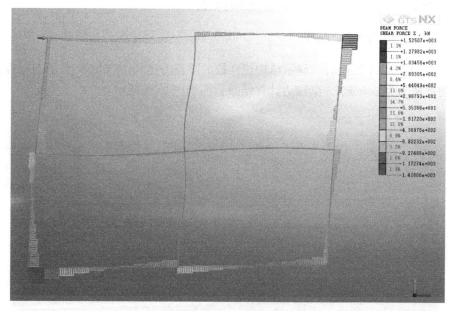

图 9-11　车站结构剪力云图

此工况对应的车站结构横向位移云图如图 9-12 所示。

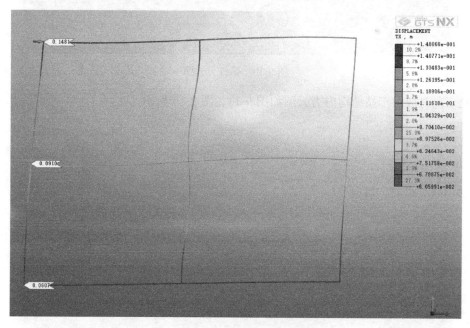

图 9-12　车站结构横向位移云图

提取此工况下各层板的横向位移值,并根据地下一层及地下二层的层高,计算得到层间位移角分别为 1/133 和 1/250。由此可见,当判定结构进入塑性阶段时,地下一层因受推覆力影响更大,其层间位移角已不满足罕遇地震下的性能要求,地下二层的层间位移角虽然刚好满足罕遇地震下的性能要求,但不满足设防地震条件的抗震性能。即说明当以结构塑性铰力的标准判定结构进入塑性阶段时,从层间位移角的判定,此时地下一层结构已进入屈服阶段，地下二层结构已基本完成塑性阶段。

9.3.3 进入屈服阶段计算结果

在进行到第 30 个工况时，显示结构塑性铰的梁铰力达到 4020kN，计算自动停止，此时对应的推覆力为 8060kN。梁铰力计算结果云图如图 9-13 所示。

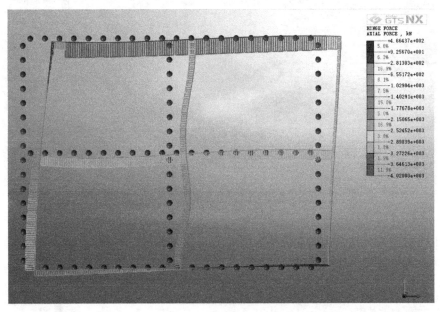

图 9-13 梁铰力云图

此工况对应的车站结构内力云图如图 9-14、图 9-15 所示。

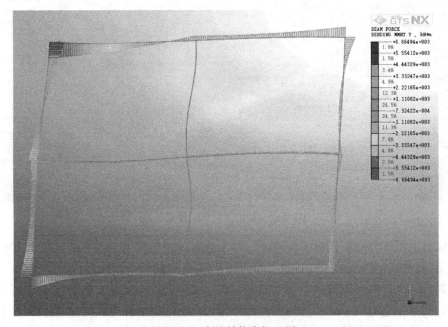

图 9-14 车站结构弯矩云图

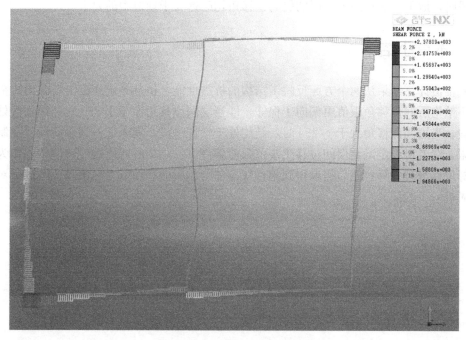

图 9-15　车站结构剪力云图

此工况对应的车站结构横向位移云图如图 9-16 所示。

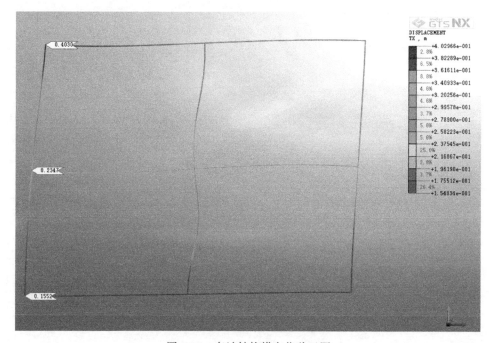

图 9-16　车站结构横向位移云图

提取此工况下各层板的横向位移值，并根据地下一层及地下二层的层高，计算得到层间位移角分别为 1/45 和 1/95。由此可见，当以结构塑性铰力的屈服标准判定结构进入屈服阶段时，地下一层和地下二层的层间位移角均已远大于规范中的要求。

9.4 本章小结

此推覆计算结果从两个方面反映了结构的抗震性能，也从一定程度上反映出规范中有关地下结构层间位移角限值更偏向于保守。即当层间位移角大于 1/550 时，结构尚处于弹性阶段，当层间位移角大于 1/250 时，结构处于塑性阶段，尚未进入屈服阶段。受制于篇幅所限，读者可设定满足层间位移角规范限值条件下，结构所对应的位移值，并作为模型的目标位移进行计算；然后提取得到塑性铰力并与相应的塑性铰力标准对比，即可对以上结论做进一步验证。

第 10 章
地下结构减隔震措施

10.1 减隔震意义及前景

为了减轻强震对结构的破坏，近年来，抗震保护技术得到了很大的发展。利用减隔震装置可以改变结构振动频率，减少输入结构中的地震能量，并在结构振动中耗散部分能量。震害调查表明，减隔震等抗震保护技术起到了减轻结构震害的作用。

传统的抗震理论：为了提高结构的抗震性能，往往采取加大结构截面与提高材料的强度等级，增加结构的刚度，但在地震作用时结构的刚度越大，产生的地震作用也会越大，同时浪费材料使得建筑造价昂贵还会减少使用面积。

隔震原理：建筑隔震技术就是在建筑物的基础或下部结构和上部结构之间设置隔震装置（由隔震器、阻尼装置等组成），形成隔震层，隔离地震能量向上部结构传递，减少输入上部结构的地震能量，同时延长上部结构的自振周期，降低上部结构的地震反应，达到预期的抗震防震要求，使建筑物的安全得到更可靠的保证。

减震原理：建筑减震（结构消能减震技术）是在结构物某些部位（如支撑、剪力墙、连接缝或连接件）设置耗能装置（阻尼器），通过该装置产生摩擦，弯曲（或剪切、扭转）、弹塑性（或黏弹性）滞回变形来耗散或吸收地震输入结构的能量，以减小主体结构的地震反应，从而避免结构产生破坏或倒塌，达到减震控制的目的。

总结减隔震意义：

（1）避免因抗震工况而增加结构尺寸，从而节省工程造价；

（2）控制在地震工况下建筑物的变形，减小上部建筑内部的损害（如医院等建筑内部有贵重设备等）；

（3）震后便于修复，更换减隔震构件即可，避免对主体结构本身的修复。

比较典型的案例如 1994 年洛杉矶 6.7 级地震，当地一所采取了减隔震措施的医院未发生任何损失，设备完好，震后成为救援中心；而相邻 1km 的洛杉矶中心医院未采取减隔震措施，地震中造成了严重的结构损害，直接经济损失 3.89 亿美元。应用抗震措施的效果强弱一般为：隔震＞消能减震＞传统抗震。

10.2 减隔震支座

目前减隔震措施主要用于市政桥梁、地面建筑、大型枢纽类工程（TOD）等领域，但在轨道交通领域，特别是地下车站及区间，减隔震措施的应用较少。地铁作为城市重要交通命脉，震害后果更严重，也更难修复。因此，推广地下结构的减隔震措施势在必行。

目前地上建筑及桥梁常用的减隔震措施较多，相关应用案例也较为常见。主要方式有：

(1) 设置减隔震支座；
(2) 设置阻尼耗能装置；
(3) 设置组合减震装置。

常见的减隔震支座包括：盆式支座（抗震型）、球形支座、高阻尼橡胶支座、铅芯橡胶支座、摩擦摆支座、刚阻尼支座等。

10.2.1 盆式支座

盆式支座是利用设置在钢盆中的橡胶板承压并实现转动，利用四氟板与不锈钢之间的滑动来满足梁体位移的一种常用支座，在当前我国城市轨道交通高架区间中应用最为广泛。

典型盆式支座的构造如图10-1所示，固定支座由上支座板、密封圈、橡胶承压板、底盆等构件组成。其中，底盆主要用来约束橡胶板的变形，橡胶承压板用来传递支座反力。在钢盆中安装高质量的天然橡胶块（弹性体），在高压的情况下，天然橡胶发挥类似液体的功能，因此，在任何水平方向都可以进行倾斜位移。密封圈有效地密封了盆环和活塞之间的缝隙，可防止因天然橡胶块倾斜位移产生的磨损，还能帮助调节各种变形。聚四氟乙烯滑板与不锈钢板之间的相对滑移可以满足活动支座位移的要求。中间钢衬板位于橡胶板与四氟乙烯滑板之间，其下面凸出嵌入底盆凹槽内，可灵活转动，上顶面预留有镶嵌聚四氟乙烯滑板的凹槽。

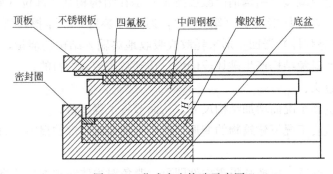

图 10-1　盆式支座构造示意图

10.2.2 球形支座

球形支座是通过支座板平面部分沿曲面的滑动实现平动和转动。若曲面部分做成球面，支座就成为可全方位转动的球形支座；若做成圆柱面，则变成单向移动的摆柱支座。球形支座由上支座板（含不锈钢板）、球冠衬板、下支座板、平面聚四氟乙烯板、球面聚四氟乙烯板和防尘结构等组成。

球形支座的构造见图 10-2，其工作原理是，通过上下部相吻合的球形部件来吸收构件的摆动，同时将垂直竖向力传给下部结构。下支座板主要起到固定球面聚四氟乙烯板的作用，并传递支座反力给下部结构；支座的转动是通过球冠衬板与球面聚四氟乙烯板之间的滑动实现；支座的水平位移是通过平面聚四氟乙烯板与上支座板的不锈钢板之间的滑动来实现；上支座板上设置不同的导向构造可约束支座的单向或多向的位移。

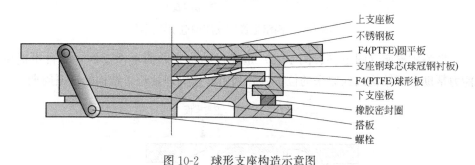

图 10-2 球形支座构造示意图

与盆式支座相比，球形支座的设计转角和承载能力的适用范围要更大一些。在球形支座上设置由销钉和螺栓连接的抗震挡条，当地震水平作用超过设定的销钉承载力后，销钉被剪断，支座可发生少量地震位移，从而达到减震消能的目的。

10.2.3 隔震支座

隔震支座主要通过柔性支撑来抵抗水平力，通过阻尼耗散振动能量、限制过大位移。在支座的布置方面，尽量使各下部结构共同承担地震作用，从而改善原有非隔震桥梁地震作用集中于某一固定支座桥墩的情况。对于高架区间，由于采用整体道床无缝线路，桥梁下部结构所承受的水平力除了普通公路桥梁所承受的水平力外，还增加了长钢轨的伸缩、挠曲、断轨力，这就更易使固定支座处的桥墩承受大的集中力。

目前应用较为广泛的隔震支座主要有两类：橡胶隔震支座和滑动摩擦隔震支座。橡胶隔震支座常见的有铅芯橡胶支座、高阻尼橡胶支座等；滑动摩擦隔震支座常见的有摩擦摆隔震支座、回弹摩擦基底隔震支座等。

铅芯橡胶支座（图 10-3）主要是通过在层叠橡胶支座中插入铅芯，使支座在低水平力作用下具有较高的初始刚度，变形小；在强震作用下，因铅芯屈服而消耗地震能量，并延长结构的自振周期，从而达到隔震的目的。层叠橡胶因其垂直承压、水平受剪传递荷载，剪切水平移动、全方位弹性转动变形起到了隔震器的功效，而可与铅芯较好地结合，具有较低屈服剪力和较高的初始剪切刚度，耐疲劳性能好的铅芯则起到阻尼器的作用。

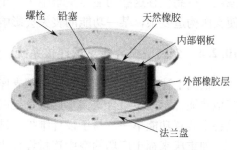

图 10-3 弹簧约束铅芯橡胶支座构造示意图

高阻尼橡胶支座（图 10-4）是采用特殊配制的橡胶材料制成，具有较大耗能能力。它主要是通过高阻尼橡胶使地震作用迅速衰减，达到减震目的。

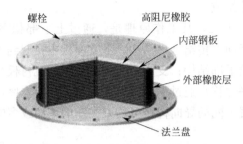

图 10-4　高阻尼橡胶支座构造示意图

摩擦摆隔震支座（图 10-5、图 10-6）是通过结构在曲面上滑动时，其自重提供的自复位能力帮助上部结构回到原来的位置，并利用钟摆机理延长了结构的自振周期。

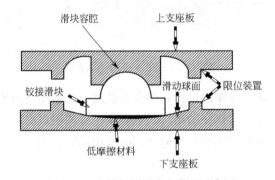

图 10-5　摩擦摆隔震支座截面示意图

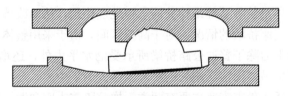

图 10-6　摩擦摆隔震支座运行示意

这类支座在国内外铁路桥中应用较多，国内城市轨道交通上应用尚不广泛，但北京地铁 15 号线一期采用了此类隔震思路的隔震支座。总的来说，隔震支座发展思路是将隔震、减震、控制位移这些功能尽量集中于一个隔离支座，占据空间小，安装工序少，但同时会使支座构造复杂，某一功能的丧失会影响到其他功能。

10.2.4　分离型组合式支承连接系统

依据上述分析，对于功能一体型支座，其构造相对复杂，且某一功能的丧失会影响到其他功能。分离型组合式支承连接系统的设计理念，是将不同功能的装置分离设置，优点是各个装置功能单一，易于设计维护；缺点是设计时需要考虑相互协调和制约。

如重庆来福士广场的空中连桥设计中，采用了组合的减震器取得较好的抗震效果，主要为黏滞阻尼器＋剪切型金属阻尼器的组合（图 10-7、图 10-8）。

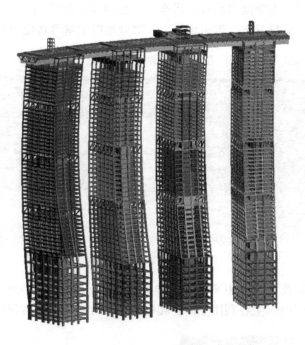

图 10-7 三维模型

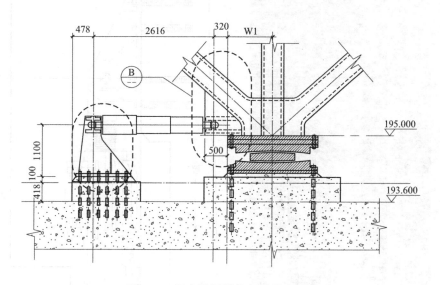

图 10-8 组合阻尼器节点断面示意图

10.2.5 阻尼耗能装置

耗能缓冲装置种类众多,在交通结构中应用较多的是流体黏滞阻尼器和钢阻尼器等。由于金属材料在弹塑性范围具有较好的滞回性能,因而可被用来制造各种类型的耗能装置。常见的金属阻尼器有软钢阻尼器、铅阻尼器、形状记忆金属阻尼器等。

其中常用的流体黏滞阻尼器(图 10-9)能吸收能量,结构类似油缸,有特殊构造的活塞和缸体,内含特殊材质的液体,结构呈封闭状态。阻尼器一端连着梁体,一端连着桥墩；当梁体相对桥墩发生缓慢移动时，活塞一边的液体可以流到另一边；当地震来临时，由于液体通过活塞的流量一定，流速缓慢，一部分地震能量可转化为热量被消耗掉。

图10-9 黏滞阻尼器

高层建筑中比较典型的应用案例如菲律宾马尼拉 StFrancis Towers 项目中采用伸臂阻尼器系统（图10-10），主要利用支撑、腰桁架、伸臂桁架，消震作用明显。

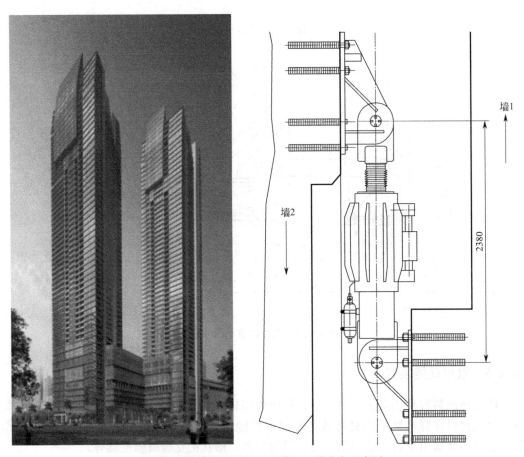

图10-10 建筑效果图及黏滞阻尼器节点示意图

10.3 地下结构减隔震技术

10.3.1 改变结构性能

地下结构处于围岩之中，地震作用主要为地层变形所致。根据大开地铁站的震害研究成果及相关理论研究，对于地下结构可采取的减震技术主要是通过改变结构的强度、阻尼、刚度等动力特性以达到减震效果。

1. 改变强度和阻尼

采用钢纤维混凝土或聚合物混凝土，提高混凝土延性、抗折性、抗拉性、韧性等，使地下结构在地震中吸能耗能，减轻地震反应。

在地下结构中添加高阻尼材料，使其成为高阻尼复合结构，也可起到减震效果。增加阻尼有两种方法：一种是在地下结构衬砌表面或内部增加阻尼材料，通过地下结构的拉伸或剪切变形来耗能减震；另一种是在地下结构的接头部位施加减震装置，在地震中，这些减震装置耗能减震，从而避免地下结构进入非弹性状态或发生损坏。

2. 改变刚度

地震过程中地下结构主要随地层一起运动，因此地下结构刚度越大，其内力就会越大，但刚度过小，地下结构的变形过大，因此可以适当调整地下结构刚度使内力和变形达到合理平衡。

（1）设置可动连接结构。对于隧道与竖井的结合部，采用可动连接结构。当地震引起隧道轴向变形或剪切变形时，能够通过可动连接结构的变形减少隧道衬砌内力。

（2）降低盾构隧道环间连接刚度。对于盾构隧道而言，环间连接刚度影响着隧道轴向刚度，因此降低环间连接刚度能降低隧道内力。与前述的可动连接相比，该做法构造简单，易于施工。降低环间刚度可以通过延长环间连接螺栓和利用弹性垫片等方法实现。

（3）环间连接使用预应力。环间插入橡胶，用预应力钢筋拉紧，橡胶压缩变形。插入橡胶使得连接刚度变小，压缩变形吸收地震时地层传给隧道的拉压应变，并确保止水性能。

10.3.2 设置减震层

爆炸冲击下设置减震层的研究已取得很多成果，例如设置减震地板、整体减震、离壁式减震、多级减震等。地下结构隔震最早在日本提出，其基本思想是在隧道衬砌与地层之间设置减震层，隔断周围地层对隧道的约束力，并利用减震层吸收隧道结构和地层之间的应变和相对位移。该方法对横向和纵向均有效，地震中地层剪应力是一项重要荷载，减小地下结构周围剪应力可减小地下结构内力。由于减震层吸收的是动应变，因此减震层的材料必须具有一定的弹性，使其在地震中不产生塑性，以便下次地震中仍可使用。减震材料可采用压注方式注入衬砌与围岩之间的空隙内，从而形成隔震层。在隧道和竖井周围充填缓冲材料，可吸收破坏荷载引起的位移、变形，在一次衬砌和二次衬砌之间注入加气砂浆作为缓冲材料，可减少二次衬砌的震害。

部分学者通过数值计算和模型试验，认为隔震层材料的刚度对地震波中的低频成分具有较好的减震效果，而对高频成分不起作用，但材料阻尼的效果正好相反；隔震层刚度存在一个合理的取值范围；隔震层不会改变衬砌的破坏形式。

研究者以软土隧道采用减震层为例，减震层厚度分别为0.2m、0.4m、0.8m，计算结果显示，随着减震层厚度的增加，隧道衬砌的顶部底部相对最大位移、最大弯矩、最大剪力均减小，但轴力会增大。

地铁车站的中柱是抗震工况的薄弱环节，因此可行的思路是在中柱顶底段设置隔震层，把固端的连接方式改为铰接的方式，释放两端的弯矩和剪力，最大限度地发挥中柱的承压特性，进而提高车站整体的抗震性能。相关研究资料显示，在车站中柱顶端设置RFPS滚轴摩擦摆隔震系统，具有一定的工程可实施性。通过数值模拟分析，减震效果可达50%～70%。

参 考 文 献

[1] 郑永来，杨林德，李文艺，等. 地下结构抗震 [M]. 上海：同济大学出版社，2005：3-5.
[2] 戚承志，张玉佳，丁常树，等. 地铁结构抗震研究中的若干问题 [J]. 北京建筑工程学院学报，2007，23（1）：1-5.
[3] Shukla D K, Rizzo P C. Stephenson D E. Earthquake load analysis of tunnel sand shafts [C]. Proceeding of the Seventh World Conference on Earthquake Engineering，1980（8）：201-208.
[4] C. M. St John, T. F. Zahrah. Aseismic design of under-ground structures [J]. Tunneling and Underground Space Tech-nology，1987，2（2）：165-197.
[5] Thomas R K. Earthquake design criteria for subways [J]. Journal of the Structural Division, Proceedings of ASCE，1969（6）：1213-1231.
[6] 川岛一彦. 地下构筑物の耐震设计 [M]. 日本：鹿岛出版会，1994.
[7] 林皋. 地下结构抗震分析综述（下）[J]. 世界地震工程，1990，5（3）：1-10.
[8] 钱七虎，陈志龙，王玉北，等. 地下空间科学开发与利用 [M]. 南京：江苏科学技术出版社，2007.
[9] Samata S, Ohuchi H, Matsuda T. A study of the damage of subway structures during the 1995 Hanshin：Awaji earthquake [J]. Cement and Concrete Composites，1997，19（3）：223-239.
[10] 张栋梁，杨林德，谢永利. 盾构隧道抗震设计计算的解析解 [J]. 岩石力学与工程学报，2008，27（3）：543-549.
[11] 郑永来，刘曙光，杨林德，等. 软土中地铁区间隧道抗震设计研究 [J]. 地下空间，2003，23（2）.
[12] 余行，黄茂松，曹杰. 隧道结构的简化抗震计算方法 [J]. 铁道勘察与设计，2010（5）：57-61.
[13] Seyyed M, Hasheminejad, Amir K. Miri. Seismic iso-lation effect of lined circular tunnels with damping treatments [J]. Earthquake Engineering and Engineering Vibration，2008，7（3）：305-319.
[14] 刘如山，胡少卿，石宏斌. 地下结构抗震计算中拟静力法的地震荷载施加方法研究 [J]. 岩土工程学报，2007，29（2）：237-242.
[15] John P Wolf, Chongmin Song. Dynamic-stiffness matrix of unbounded soil by finite-element cloning [C]. Earthquake Engineering, Tenth World Conference，1992：1645-1650.
[16] 周健，孔戈，秦天，等. 盾构隧道动力有效应力分析方法研究 [J]. 岩石力学与工程学报，2007，26（7）：1416-1425.
[17] 刘艳军，顾俊，丁向东. 地铁隧道非线性地震响应动力分析 [J]. 盐城工学院学报：自然科学版，2007，20（1）：68-71.
[18] 严松宏，高峰，梁波，等. 地下结构非平稳随机地震响应分析 [J]. 岩土工程学报，2004，26（2）：220-224.
[19] 郭毅之，金先龙，丁峻宏，等. 并行数值仿真技术在盾构隧道地震响应分析中的应用 [J]. 应用基础与工程科学学报，2005，13（1）：43-49.
[20] 邓芃，都浩，刘艳. 基于耦合模型的地下隧道抗震分析研究 [J]. 地下空间与工程学报，2005，1（3）：363-366.
[21] 姜忻良，徐余，郑刚. 地下隧道—土体系地震反应分析的有限元与无限元耦合法 [J]. 地震工程与工程振动，1999，19（3）：22-26.